Gerhard Jelinek

Eine Frage der Herkunft

Familien, die Geschichte machten

Mit 22 Abbildungen

Amalthea
Verlag

Inhalt

Vorwort

D er Apfel fällt nicht weit vom Stamm« – empirisch richtig, metaphorisch fraglich. Das weltweit verbreitete Sprichwort unbekannter Herkunft behauptet, dass die Lebenswege von Menschen durch Geburt und wohl auch familiäre Prägung vorherbestimmt sind. Hat der Volksmund recht? Verpflichtet die Herkunft die Nachgeborenen, in die größeren oder kleineren Fußstapfen der Väter und Mütter zu treten? Sind Begabung und Erfolg der Eltern Belastung oder Bereicherung für die Kinder?

In diesem Buch werden etwas mehr als ein Dutzend Beispiele durch die Jahrhunderte ausgebreitet, in denen sich Generationen ihrer Herkunft verpflichtet gefühlt haben (nicht immer mit großer Begeisterung). Mit einer einzigen Ausnahme werden »bürgerliche« Familien beschrieben, die zumindest in den ersten Generationen durch Können, Fleiß und auch Glück in irgendeiner Form Geschichte geschrieben haben. Aristokratische Familien bleiben ausgeblendet, sie haben das Dynastische ja – laut eigenem Anspruch – im Blut. Und da wäre ein Vergleich mit Familien, die durch Leistung, Begabung, Erbschaften, ja oft auch durch schieres Glück zumindest für mehrere Generationen etwas geschaffen haben, unfair. So wie es im Umkehrschluss auch unfair wäre, alten Familien – ob »von« oder nicht – zu unterstellen, alles nur ihrer Herkunft zu verdanken zu haben. Schließlich müssen auch sie wohl ein Quäntchen tüchtiger und begabter (gewesen) sein als die anderen, um zumindest ein paar Generationen das zu vererben, was sie auszeichnet.

Die erste Familie, die hier vorgestellt wird, sind die Eppensteiner, die im frühen Mittelalter gelebt haben. Diesem Geschlecht verdankt das heutige Österreich einen Teil seiner Identität. Ohne Eppensteiner kein »Rot-Weiß-Rot«.

Die Augsburger Fugger werden von einfachen Webern zu Tuchhändlern, Bankiers und Financiers der Kaiser. Ohne Fugger kein Kaiser Maximilian I.: eine Familie, die über mehr als fünf Jahrhunderte Europa finanziert, ein soziales Wohnprojekt gründet und die italienische Renaissance über die Alpen holt.

Pieter Bruegel begründet eine flämische Malerdynastie, die über vier Generationen auf hohem Niveau ein Bild der Zeit malt und einen neuen Blick auf die Menschen öffnet. Das Genie des Ältesten erreichen die Jüngeren allerdings nicht. Malkunst definiert sich in der blühenden Stadtkultur der flämischen Handelsmetropolen als Handwerk. Können kommt vor Kunst. Begabung, Genie, Prägung erweisen sich dabei als eher flüchtige (Gottes-)Gaben. Wie Handwerk zu höchster Kunst wird und der kaiserlichen Erbauung dient, zeigt die Mailänder Dynastie der Miseroni. Ihre vollendete Steinbearbeitung ziert die habsburgischen Wunderkammern.

In der Familie Mozart komponieren Vater (Leopold), Sohn (Wolfgang Amadeus) und Enkel, dann erlischt das musikalische Gen (falls es so etwas gibt). W. A. Mozarts Söhne bleiben unverheiratet und kinderlos, aber sie waren musikalisch hochbegabt – Genies wie der Vater waren sie nicht. Ein Wissen, das ihr Leben überschatten sollte.

Die Familie Wittgenstein wandert aus Schwaben in die k. u. k. Metropole Wien ein. Innerhalb von zwei Generationen werden die Wittgensteins zu den bestimmenden Industriellen des Gründerzeitalters, vernetzt mit Politik und Künstlern von Gustav Klimt bis Arnold Schönberg. Die Kinder entwickeln in Opposition zum patriarchalischen Vater andere Talente. Ludwig Wittgenstein schreibt mit dem *Tractatus logico-philosophicus* ein philosophisches Meisterwerk, verschenkt sein Erbe und arbeitet als Volksschullehrer in der niederösterreichischen Provinz, ehe er an den ihm anvertrauten Kindern scheitert. Sein Bruder Paul verliert im Ersten Weltkrieg einen Arm und wird dennoch ein international gefeierter Klaviervirtuose. Gustav Klimt malt die Grande Dame der Wiener Gesellschaft, Margaret Stonborough-Wittgenstein, die sich in diesem Porträt nicht so dargestellt sieht, wie sie zu sein wünscht. Das Gemälde verstaubt jahrzehntelang hinterm Sofa.

Der Wiener k. u. k. Hofjuwelier A. E. Köchert lässt Kaiserin Elisabeth im Glanz seiner Diamantsterne strahlen und fertigt in der fünften Generation Schmuck für Fürstinnen und Könige. Vergänglichere Waren bäckt der »Zauner« in Bad Ischl. Eine Dynastie der süßen Sünden, geschätzt von der k. k. Hofburgschauspielerin Katharina Schratt, noblen Kurgästen und zwei Generationen von Operettenkomponisten, bäckt sich zum Weltkulturerbe im Salzkammergut hoch.

Gabor Steiner rettet im ausgehenden 19. Jahrhundert Wiens Ruf als Theaterstadt, als die Stadt der Musik, des Tanzes und der Lebensfreude. Der umtriebige Impresario lässt in Wien als neue Attraktion das Riesenrad erbauen und eröffnet den ersten Themenpark der Welt: »Venedig in Wien«. Sein Sohn wird in Hollywood die Filmmusik zu *Vom Winde verweht* schreiben, während sein Vater *Die Fledermaus* von Johann Strauss auf die Bühne bringt.

Die irische Einwandererfamilie der Kennedys kommt in drei Generationen – auch aufgrund von nur wenig Berührungsängsten zur organisierten Kriminalität – zu Reichtum und zum angestrebten gesellschaftlichen Erfolg. Ein Kennedy wird zum mächtigsten Mann der Welt, ein anderer zum Liebhaber der schönsten Frau der Welt. Die Kennedys zahlen aber einen blutigen Preis für ihren politischen Ehrgeiz.

Zeitgleich mit der Ermordung John F. Kennedys, seines Bruders Robert, Martin Luther Kings, brutalen Rassenunruhen, dem Beginn des Vietnamkrieges und einer neuen Generation von Musikern wie den Rolling Stones, Grateful Dead oder Pink Floyd kommt ein Musical in die amerikanischen Filmpaläste. In *The Sound of Music* ist nichts vom Zeitgeist der Sechzigerjahre

9

zu finden. Eine alpenländische Familie singt und tanzt vor Salzburgs Kulisse: »Edelweiß«. Die überlange Geschichte einer jungen Nonne, die einen alten österreichischen Kapitän ehelicht und Stiefmutter seiner Kinderschar wird, avanciert zu einer der erfolgreichsten Produktionen der Filmgeschichte. Und der Film prägt bis heute Österreichs Bild in der Welt, nur in Österreich wird das souverän ignoriert. Dabei verlief das echte Leben der Familie des Ritters Georg von Trapp über Generationen hinweg keineswegs so ohne Brüche wie in diesem Drehbuch für einen Hollywood-Blockbuster.

Familien, die Chancen nutzen, Werte leben und prägen. Dynastien, die sich im Spannungsfeld von Genie, Erbe, Glück, Begabung und harter Arbeit bewegen, die mehrere Generationen überspannen, Erfolg und Misserfolg erleben.

Immer legt eine Generation den Grundstein zu Wachstum, die zweite Generation baut auf und aus, schon in der dritten Generation werden die ersten Risse sichtbar, und nur wenige Familien erhalten jene Bande, wie das jahrhundertealte aristokratische Familien vermochten. Vielleicht liegt (lag) das Geheimnis ja in der »Heiratspolitik« des Adels, die weniger die Erfüllung des romantischen Konstruktes der »Liebe« als die Mehrung und Erhaltung von Besitz und Macht durch eheliche Bande bezweckte. Auch die historisch überaus erfolgreiche Familie der Rothschilds ehelichte und verehelichte ihre Familienmitglieder mit dem alleinigen Ziel, Vermögen zu mehren, jedenfalls »zusammenzuhalten«. Das ging nicht immer gut.

Künstlerische Begabung ist offenbar ein Geschenk des Himmels, sie lässt sich nur sehr selten und dann kaum mehr als über eine Generation vererben. Wirtschaftlicher Erfolg ist da schon ein wenig stabiler. Die Nachkommen des Jakob Fugger sind ein Beispiel für ein halbes Jahrtausend Kontinuität. Die Familie Porsche ist bis heute eine Marke, die Quandts, die Piëchs sind Namen, die für tradierten Reichtum stehen: deutsche Milliardäre.

Herkunft verpflichtet nirgendwo stärker als dort, wo die Wurzeln der Bäume wie die Wurzeln von Generationen in festem Grund verankert sind. Im Alpenland werden bäuerliche Erbhöfe seit Jahrhunderten bewirtschaftet, Leben und Tradition zeitgemäß interpretiert, aber dort fällt der Apfel wirklich nicht weit vom Stamm. Die Familie Geisler bewirtschaftet seit fünf Generationen das Tauernhaus im Krimmler Achental. Ihre Geschichte schließt das Buch ab.

Vorwort

Eine tausend Jahre alte Zeugin vergangener Macht und Größe: die Burg-
ruine Eppenstein oberhalb des engen Granitztales im steirisch-kärntneri-
schen Grenzgebiet. Dem ersten österreichischen Herzogsgeschlecht der
Eppensteiner verdankt das Land seine rot-weiß-rote Fahne.

Die Eppensteiner

Am Anfang war »Rot-Weiß-Rot«

Das fängt ja gut an. Denn schon mit der ersten Familiengeschichte werden die Ankündigungen des Vorwortes über
den Haufen geworfen. Aber es gibt eine gute Begründung dafür,
warum wir hier in den historischen Rückspiegel schauen und in
weiter, sehr weiter, Ferne eine Familie auf ihren Burgen und Wohn-
sitzen zwischen dem Friaul und St. Lambrecht besuchen wollen.

Im frühen Mittelalter – so um die erste Jahrtausendwende
herum – begegnen die geneigte Leserin und der geneigte Leser
einem Geschlecht, das in der historischen Überlieferung
»Eppensteiner« genannt wird oder aber auch »Markwarte«. Im
frühen Mittelalter gab es diesen Familiennamen aber noch gar
nicht. Die Eppensteiner werden erst nach ihrem Aussterben so
genannt. Wie gesagt: Es fängt schon gut an.

Warum verleugnen wir unsere wohlbegründeten Absichten
und widmen uns einer Familie, die – zweifellos – (Früh-)
Geschichte gemacht hat, aber doch eine adelige Dynastie dar-
stellt und von der wir sehr wenig wissen? Der Buchdruck war
noch nicht erfunden, und Informationen aus dieser Epoche
erreichen uns vielfach nur über Zufallsfunde in Urkunden über
Streitfälle und deren Schlichtung, über Urteile und Stiftungen
sowie Verkäufe an Klöster oder Pfarren. Auch der Name Ostar-
richi taucht ja erstmals in einem Kaufvertrag aus dem Jahr 996
auf. Die erste Erwähnung Österreichs? Eher die erste erhalten
gebliebene Erwähnung dieses Landstrichs im Osten des bayrischen Herzogtums.

Also, warum die Eppensteiner? Weil sie Geschichte gemacht,
aber nicht darüber geschrieben haben.

Unter diesem posthumen Namen werden einige Herzöge von Kärnten zusammengefasst, deren Aussterben mangels männlicher Sprösslinge Anno Domini 1122 Österreich die rot-weiß-rote Fahne verdankt. Das ist doch ein wirklich bedeutender historischer Meilenstein (von vielen, aber nicht allen Geschichtsschreibern erkannt). Und das kam so:

Die Eppensteiner gelten als erstes »heimisches« Herzogsgeschlecht, das sein Eigengut und die kaiserlichen Lehen (vom Kaiser geliehene Herrschaftsrechte über Landstriche inklusive der daraus zu erzielenden Einnahmen) zunächst an die steirischen Traungauer und diese wiederum nach zwei Generationen an die Babenberger, damals schon Herzöge von Österreich, vererbten.

Das »rot-weiß-rote Bindenschild« ist demnach keine geschichtliche Randnotiz der Belagerung von Akkon, die sich im Dritten Kreuzzug anno 1191 zugetragen hat. Dort soll Herzog Leopold V., »der Tugendhafte«, im Schlachtgetümmel gegen die muslimischen Mauren derart aktiv gewesen sein, dass sein weißer Waffenrock sich vom Blut der Feinde tiefrot färbte: tugendhaft vielleicht, sanftmütig sicher nicht.

Nach geschlagener Schlacht nimmt Leopold seinen breiten Waffengürtel ab und steht im schönsten Rot-Weiß-Rot vor seinen Mitstreitern. Das Corpus Delicti, der blutgetränkte Waffenrock, soll noch ein halbes Jahrtausend in Maria Enzersdorf bei Wien und später in der Perchtoldsdorfer Burg aufbewahrt worden sein, ehe die osmanischen Heerscharen das Beweisstück ihrer Niederlage vor Akkon um 1529 verschwinden lassen. Wieder eine Legende, die aber einen wahren Kern haben könnte. Immerhin hielten sich die Babenberger gern im südlichen Wiener Umland auf. Leopolds Bruder Heinrich der Ältere, der sich »Herzog« nannte und einen eigenen Hof hielt, lebte auf der von ihm errichteten Burg Mödling.

Ein schwarzer Panther auf silbernem Grund. Das eigentliche Banner des kampfesmutigen Babenberger-Herzogs Leopold V. ist in der Schlacht von Akkon verloren gegangen. Genauer gesagt: Es wurde von den Zinnen der Mauer gestoßen. Der Übeltäter ist bekannt. Es war König Richard Löwenherz, der solcherart die Hierarchie wiederherstellte. Das Banner eines Herzogs hat nichts neben den siegreich über Akkon wehenden Flaggen eines englischen oder französischen Königs zu suchen, dachte der Engländer. Außerdem musste Englands König den Anspruch eines eher unbedeutenden Herzogs auf ein Drittel der Kriegsbeute als Anmaßung empfinden, weil das Häufchen der deutschen Kreuzritter unter dem Kommando Leopolds nur einen bescheidenen Anteil am Sieg über Sultan Saladin hatte. Dennoch: Das eigene stolze Banner im Dreck vor der Küstenstadt Akkon liegen zu sehen, muss Leopold als Demütigung empfinden, obwohl ihm Kaiser Heinrich VI. das Recht verleiht, fürderhin einen rot-weiß-roten Schild zu tragen. Die Geschichte wird in den österreichischen Lehrbüchern über Jahrhunderte, in denen Patriotismus noch als Tugend gilt, abgedruckt.

Die historische Tatsache, dass Österreichs Fahne als Lehenszeichen der Kärntner Otakare, also von vergleichsweise bescheidenen Landgrafen mit ihrem Lebensmittelpunkt im friulanischen Cordenons in der Provinz Pordenone und später den Eppensteinern abgeleitet werden kann, taugt nicht als Gründungslegende eines Gemeinwesens, das »einem starken Herzen gleich dem Erdteil inmitten liegt«. Die Farbwahl dürfte – darin liegt ein wahrer Kern der Kreuzfahrerlegende – dem Banner des Johanniterordens, einem silbernen Kreuz auf rotem Grund, geschuldet sein. Denn das, was heute im Rot-Weiß-Rot als weißer Balken gilt, gleißte ursprünglich silbern.

Im Mittelalter sind Symbole und Hierarchien wichtig. Die Aktion vor Akkon wird König Richard teuer zu stehen kommen. Leopold lässt den Engländer in einem Wirtshaus in Erdberg bei Wien verhaften und als Geisel auf der Kuenringer-Burg Dürnstein festsetzen. Erst nach jahrelangem Gefeilsche zwischen dem Kaiser, dem Herzog und dem König darf dieser gegen die Bezahlung von 100 000 Kölner Mark – das entspricht etwa 24 Tonnen Silber – wieder nach England ziehen und dort Robin Hood treffen. Ersteres ist keine Legende. Die Sache mit Robin Hood ist allerdings Walt Disney eingefallen. Mit seinem Anteil am erpressten Silber lässt Herzog Leopold Wiens Stadtmauern befestigen, eine Münzstätte errichten und Wiener Neustadt gründen.

Damit endet der kurze Ausflug in die Welt der Wappenkunde mit einer schönen Erkenntnis: »Rot-Weiß-Rot« hat nichts mit Feindesblut zu tun, sondern eher mit der Farbwahl der Kärntner Herzöge, deren Einflussbereich um die erste Jahrtausendwende vom oberitalienischen Friaul bis ins steirische Murtal reichte. Fahnen, Kriegszeichen, Standarten sind keineswegs belangloser Zierrat der Geschichte. Die Belehnung eines Grafen oder eines Herzogs erforderte ein sichtbares Zeichen, das vor Zeugen stattfand – eben die Übergabe der Lehensfahne. Symbole waren im alten deutschen Recht rechtsbegründend.

Bis heute hält die Gesellschaft an diesem Brauch fest. Vor jedem Fußballspiel werden Wimpel in den Vereinsfarben getauscht, Nationen identifizieren sich noch immer mit »ihrer« Fahne, Eide werden auf die Fahne abgelegt, und auch in den brutalen Kriegen unserer Tage werden Panzer und Geschütze mit Symbolen beschmiert: das »Z« als Erkennungsmerkmal des russischen Angreifers.

Es ist jetzt ziemlich genau eintausendundzehn Jahre her, dass ein gewisser Adalbero aus dem Haus Eppensteiner ums Jahr 1012 die Kärntner Herzogswürde übertragen bekommt. Familiäre Beziehungen mögen dabei eine Hauptrolle gespielt haben. Adalbero war mit Beatrix, einer Tochter des Herzogs von Schwaben, verheiratet und hatte sich als Markgraf von Verona und Friaul sowie als Vogt der Patriarchen von Aquileia auch Amtslehen in ganz Oberitalien gesichert.

Das Herzogtum Kärnten ist eine Schöpfung von Kaiser Otto II. Er trennt drei große Grafschaften von Bayern ab. Es ist die Strafe dafür, dass der bayrische Stammesführer Heinrich II. (genannt »der Zänker«) eine Verschwörung gegen den jungen

Kaiser Otto angezettelt hatte. Der Bayer hätte sich nur zu gern die deutsche Königskrone aufs Haupt gesetzt. Dieser Ehrgeiz wird von den anderen deutschen Fürsten nicht geschätzt. Heinrich »der Zänker« wird jedenfalls besiegt, und Otto II. beschneidet die Macht der Herzöge von Bayern, indem er ein eigenständiges Herzogtum Kärnten, zu dem große Teile der heutigen Steiermark und des Friauls gehören, errichtet.

Die Eppensteiner werden Nutznießer dieser bayrischen Niederlage gegen die Ottonen, doch nicht lange. Nach nur zweieinhalb Jahrzehnten verscherzt es sich der erste Herzog Adalbero mit dem Kaiser. Er wird vor dem Fürstengericht in Bamberg angeklagt. Die Vorwürfe und das angebliche Delikt bleiben im historischen Dunkel. Ein Mönch berichtet vom »Hervortreten alten Hasses«. Immerhin ist die Angelegenheit so bedeutsam, dass Kaiser Konrad II. bei der Verhandlung öffentlich einen Ohnmachtsanfall erleidet (vortäuscht?), um das Gericht von der Schuld Adalberos zu überzeugen.

Der Herzog aus dem Haus Eppensteiner wird degradiert und muss Kärnten verlassen, weil er 1036 überdies einen Rivalen, den Friesacher Markgrafen Wilhelm von der Sann, eigenhändig erschlagen hat. Das war unelegant und unklug. Denn der ermordete Graf war mit Hemma von Gurk verheiratet, einer Verwandten des Kaisers, eine fromme Frau, Kirchengründerin und später eine verehrte Heilige.

Der abgesetzte Herzog und Gewalttäter muss ins Exil, wo er drei Jahre später stirbt. Seine Söhne dürfen die privaten Güter und damit ihre Machtbasis allerdings behalten. Die Zeit heilt alle Wunden, und Adalberos Sohn Markwart bewahrt – auch ohne formalen Herzogstitel – seine herzogähnliche Machtfülle. Die Eppensteiner machen durch umfangreiche Rodungen den Grundbesitz nutzbar. Das Land gehörte zunächst einmal demjenigen, der aus Wald und Gestrüpp fruchtbare Felder machte und dem es danach gelang, seinen Besitz verbriefen zu lassen und sich dort zu behaupten.

Das können die Eppensteiner. Die Familie gilt zu jener Zeit als reichstes und mächtigstes Geschlecht in der Region Steiermark, Kärnten und Friaul. Ihr Name leitet sich von einer nicht gerade besonders mächtigen Burg bei Obdach ab. Dieser Ort oberhalb von Judenburg war einst ein regional bedeutender Handelsplatz. Die Straße durch das Tal des Granitzenbachs verbindet die Steiermark über den Obdacher Sattel mit Kärnten und weiter mit dem Friaul bis an die Adriaküste bei Aquileia. Es ist eine uralte Handelsstraße. Die Eppensteiner kontrollieren sie und alle anderen Übergänge in den Süden. So verdienen sie am Warentransport. Ursprünglich ist die Familie aus Bayern einge-wandert. Ein gewisser Markwart III. wird Graf an der Mur. Über die Jahrzehnte vergrößert die Sippe ihren Grundbesitz und ihren Einfluss auch durch kaiserliche Schenkungen.

Nach der Absetzung von Adalbero feiern die Eppensteiner ein paar Jahrzehnte später ein Comeback. Die eigenen Güter durften sie ja behalten. Schon Adalberos Sohn Markwart handelt mit dem Salzburger Erzbischof Gebhard einen Vergleich aus. Dabei geht es um die Aufteilung der Steuerrechte (die Bauern mussten ein Zehn-tel der Einnahmen abgeben) und um die Pfarrrechte. Der Besitz einer »Eigenkirche« verspricht regelmäßige Einnahmen. Das gläu-bige Volk muss zur Sicherung des Seelenheils für kirchliche Dienst-leistungen zahlen. Später wird der Eppensteiner Liutold wieder Herzog von Kärnten und erhält die Mark Verona gleich dazu. Das Herrschaftsgebiet reicht nun vom Murtal bis nach Verona, ist also durchaus beachtlich und wirtschaftlich einträglich.

Die großen Entfernungen zwischen den zahlreichen Besitz-tümern waren vor tausend Jahren offenbar kein großes Problem. Die Könige zogen von Pfalz zu Pfalz und nährten sich üppig von den angesammelten Vorräten. Zwischen dem Deutschen Reich und Italien gab es regen Austausch. Wichtig war es, ein Netz von Beziehungen zu verschiedenen Adelsfamilien zu pflegen, um in deren Burgen bequem nächtigen zu können, und an den Han-delsrouten Stützpunkte zu halten.

Die Eppensteiner erkennen diese strategische Notwendigkeit. Sie kontrollieren rund ums Jahr 1000 alle wichtigen Pässe zwischen der heutigen Steiermark und Kärnten, und sie beherrschen mit der Markgrafschaft Verona und der Vogtei über Aquileia schließlich zwei Hauptwege nach und von Italien.

Leider, aus der Sicht der Eppensteiner, versagen in der männlichen Linie die Lenden. Liutold und später sein Bruder Heinrich bleiben trotz zweifacher Eheschließung ohne männliche Nachkommen. Damit der »geliehene« Besitz nicht vollständig an den Kaiser zurückfällt, beschließt Heinrich von Eppenstein, in einer waldreichen Gegend ein Stift zu gründen und es mit umfangreichem Grundbesitz auszustatten. So entsteht aus der Kirche des heiligen Lambert im Walde das prächtige Stift St. Lambrecht. Auch der Kaiser bestätigt später die Klostergründung.

Die Ausstattung St. Lambrechts ist fürstlich. Ganze Landstriche werden ans neue Kloster übertragen. Der letzte Eppensteiner will mit »seinem« Kloster etwas für den Nachruhm und sein Seelenheil tun. Er wird mit seiner Frau direkt unterm Altar in der Stiftskirche begraben werden. Je näher beim Allerheiligsten in der Kirche, desto näher bei Gott im Leben danach. Daran glauben die Menschen im Mittelalter. Die Benediktinermönche aus St. Lambrecht machen aus der einstigen Waldkirche ein geistiges Zentrum. Von St. Lambrecht aus wandern immer wieder Mönche nach Norden und Osten, gründen Pfarren und Klöster. So entsteht das spätere Marienheiligtum Mariazell.

Mit Heinrichs Tod am 4. Dezember 1122 erlischt die Familie der Eppensteiner. Das rot-weiß-rote Wappen wird vererbt und kommt über Umwege an die Babenberger; später wird es die 640-jährige Herrschaft der Habsburger begleiten, ehe das Lehenszeichen 1918 zur Fahne der Republik Österreich wird. Vor dem Einmarsch der deutschen Wehrmacht Adolf Hitlers wird der letzte Bundeskanzler Kurt von Schuschnigg im Wiener Parlament seine Rede mit dem Ruf »Bis in den Tod! Rot-Weiß-Rot! Österreich!« beenden.

Die Fugger

»Stillschweigen stehet wohl an!«

Fürstin Nora Fugger spielt die Rolle ihres Lebens. Sie »verkörpert«, wie das *Wiener Salonblatt* im Juni 1934 den mehr oder minder aristokratischen Leserinnen und Lesern mitzuteilen geruht, in »würdevoller Anmut« die vor mehr als 150 Jahren gestorbene Kaiserin Maria Theresia. Frau Fugger schreitet in »einer wundervollen Prachtrobe aus schwerster Seide mit langer Kurschleppe, die von herzigen Pagen getragen wird, unter dem Aufrauschen der Musik die Stufen zum Throne empor«.

Diese Szene ist Teil der Eröffnung der Wiener Festwochen. Kaum vier Monate nach der Niederschlagung der blutigen Februarkämpfe 1934, wenige Wochen nach der Ausrufung einer »ständischen« – gleichwohl antidemokratischen – und autoritären Verfassung am 1. Mai und vor der Ermordung des österreichischen Bundeskanzlers Engelbert Dollfuß im Metternich'schen Palais am Ballhausplatz durch nationalsozialistische Putschisten, spielt Wiens ehemalige Hocharistokratie Monarchie, als gäbe es weit und breit keine Probleme.

Diese schrillen politischen Dissonanzen werden an diesem geschichtsbezogenen und gegenwartsvergessenen Abend durch »schmetternde Fanfarenklänge« übertönt. Die anachronistische Festwochen-Eröffnung findet nicht am Rathausplatz, sondern im Prunksaal von Schloss Schönbrunn statt. Auch das ist ein politisches Statement des autoritären Ständestaates, der mit historischen Rückgriffen seine Legitimität begründen und so etwas wie ein Österreich-Bewusstsein schaffen möchte.

Mit geziertem Spiel feiert sich ein Stand, den es in der Republik Österreich seit 1919 gar nicht mehr gibt, nicht mehr geben

Den scharfsinnigen Beobachtungen der Fürstin Nora Fugger verdankt die Nachwelt Einblicke in die »erste Gesellschaft« der untergehenden Habsburgermonarchie.

darf: der alte Adel. Der ist vom Untergang der k. u. k. Monarchie, einer Weltwirtschaftskrise, Arbeitslosigkeit und Diktatur freilich kaum betroffen und vor allem mit sich selbst beschäftigt.

Zur Huldigung von Kaiserin Maria Theresia alias Fürstin Nora Fugger, die in jenen Tagen unbestritten Wiens wichtigste Salonnière ist (natürlich versuchten andere, ihr diesen Ruf streitig zu machen), versammelt sich ein Hofstaat, der sich gewissermaßen selbst spielt.

Gräfinnen werden von Freifrauen, Fürsten von Baronen und ehrwürdige Ahnen wie der Obrist-Cämmerer Johann Joseph Fürst von Khevenhüller-Metsch praktischerweise von einem Nachfahren, Graf Franz Khevenhüller, verkörpert.

Die Handlung dieser Festwochen-Eröffnung ist wenig elaboriert. Der frühere Adel spielt echten Adel und darf die alten Kostüme vorführen. Männer haben elegant, Frauen anmutig und schön zu sein. Der Reporter des *Wiener Salonblattes* notiert: »Paarweise zogen nun die Herren und Damen des Gefolges auf, erwiesen der Majestät die Reverenz und nahmen ihre Plätze zu beiden Seiten des Thrones ein. Wiens schöne Frauen und Mädchen mimten die Hofdamen, in den entzückenden stilechten Toiletten und weißen Perücken ein reizender Anblick.« Und im Mittelpunkt steht Eleonora Aloysia Maria Fürstin Fugger von Babenhausen, geborene Prinzessin zu Hohenlohe-Bartenstein und Jagstberg. Sie hat zwei Jahre zuvor im Wiener Amalthea Verlag ein Buch über den »Glanz der Kaiserzeit« geschrieben. Es ist ihre Lebensgeschichte.

Die verehelichte Fürstin Fugger gilt als Auskunftsperson ersten Ranges und gebildete Beobachterin ihrer aristokratischen Standesgenossen der »ersten« und »zweiten« Gesellschaft. Ihr familiärer Stammbaum liest sich wie das Inhaltsverzeichnis des *Gotha*. Dieses »genealogische Handbuch des Adels« gibt Auskunft über die geschichtlichen Ursprünge und die Herkunft der adeligen Familien. Alle lebenden und die im Erwachsenenalter verstorbenen Mitglieder einer Adelsfamilie sind einzeln angeführt. Finanzielle Fragen hat Nora Fugger nie gekannt, auch wenn ihr Vater an unheilbarer »Schwermut«, also wohl an einer schweren Depression, litt und die Familie auf den böhmischen Gütern des betuchten Großvaters aufwuchs. Privatlehrer waren eine Selbstverständlichkeit, die sommerliche Erholung in – der Familie gehörenden – Landschlössern (da gab es mehrere zur Auswahl) gehörte zum Lebensstil der hocharistokratischen Sippe, genauso wie der winterliche Wien-Aufenthalt mit all seinen musikalischen Zerstreuungen und gesellschaftlichen Ereignissen, deren Höhepunkt natürlich der Hofball war.

Wer da eingeladen war und gar dem Kaiser vorgestellt wurde, der hatte es in der »ersten« Gesellschaft zu Ansehen und Stand gebracht. Die 17-jährige Nora machte im Februar 1882 bei ihrem Debüt am Hof gar vor Kaiserin Elisabeth einen tiefen Knicks. Das gelang ihr offenbar derart anmutig, dass die spätere Fürstin der kaiserlichen Familie so nahe kommen sollte wie nur wenige Hofdamen. Sie bewohnte eine Villa in in enger Nachbarschaft zum Anwesen der Hofschauspielerin Katharina Schratt, wodurch sich fast zwangsläufig wiederholte Besuche des Kaisers selbst ergaben. Franz Joseph schätzte ja den Gugelhupf der Frau Schratt, nach Originalrezept der Ischler Konditorei Zauner gebacken, ganz besonders.

Im Laufe ihres Lebens durfte die in den diversen aristokratischen Klatschblättern als »feueräugig, anmutig und geistvoll« beschriebene Erbgräfin 25 Mal am Hofball tanzen, ein seltenes Privileg. Fünf Jahre nach ihrem Debüt in Wien ehelichte die 22-Jährige den Kammerherrn am Hof des Kaisers, Karl Georg Ferdinand Jakob Maria Fürst Fugger von Babenhausen. Von Beruf »Gutsherr« und österreichischer Leutnant in einem Ulanen-Regiment, stationiert im westungarischen Ödenburg, dem heutigen Sopron. Als Erbgraf wäre Karl Georg zur Nachfolge seines Vaters in der Kammer der bayrischen Reichsräte (was etwa dem englischen Oberhaus entspricht) berechtigt gewesen, doch der Leutnant sammelte Schulden – sprichwörtlich – wie ein Stabsoffizier. Er spielte gern, oft und offenbar grottenschlecht. Seine üppige Apanage wanderte über die Wiener Spieltische, und selbst im noblen Jockey-Club stand der junge Fugger-Erbe bald mit 1,5 Millionen Mark in der Kreide. Das entspräche nach heutigem Geldwert etwa zwölf Millionen Euro.

Die Familie hatte lange mit Missvergnügen zugeschaut, ehe Karl Georg vom »Seniorenrat« der Fugger wegen »Verschwendung« entmündigt wurde und einen Vormund bekam. Darben musste die wachsende Familie des Fürsten Fugger von Babenhausen dennoch nicht. Es war genug Kapital da.

Die Unfähigkeit, mit einer Riesensumme Geld umzugehen, widersprach freilich der Familientradition. Immerhin sollte der spielwütige Fürst am Beginn des 20. Jahrhunderts Chef des Hauses Fugger-Babenhausen werden und damit in eine Ahnengalerie eintreten, die sechs Jahrhunderte und zwei Dutzend Generationen zurückreichte: die der Fugger.

Diese Dynastie prägte ein Zeitalter. Am Höhepunkt ihres Einflusses und ihrer Macht finanzierte die schwäbische Handelsfamilie europäische Kaiser und Könige, organisierte und betrieb ein dicht gewebtes Handelsnetz, das sich über vier Kontinente erstreckte. Im Mittelpunkt dieses Netzes an Bergwerken, Handelsniederlassungen und mittelalterlichen Industriebetrieben lag die Heimat der Fugger: Augsburg. Von dieser süddeutschen Stadt aus beherrschte die Familie große Teile des europäischen Handels, in Konkurrenz, oft aber auch in Zusammenarbeit mit anderen Familienunternehmen wie etwa den Welsern. Generation für Generation arbeiteten die Fugger an ihrem Reichtum, ihrer Macht und ihrem Einfluss. Darauf verstanden sie sich hervorragend.

Am Beginn des familiären Aufstiegs stand der Entschluss eines Mannes. Der Weber Hans Fugger aus einem Dorf namens Graben, das am Lechfeld rund eine damalige Tagesreise von der »Freien Reichsstadt« Augsburg entfernt liegt, beschloss im Jahr 1367, sein Glück in der nahen Stadt zu versuchen. Hans war kein armer Weber, er hatte es zu bescheidenem Wohlstand gebracht. Die Reichsstadt Augsburg mit ihren Kirchen, Türmen, Schenken und herrschaftlichen Häusern lockte ihn. Längst hatte er das mühevolle Weben von Stoff aufgegeben und sich auf den Handel von Barchent – ein Mischgewebe aus Leinen und Baumwolle – verlegt. Beim Kauf und beim Verkauf konnten Tüchtige schon im 14. Jahrhundert mehr verdienen als nur mit ihrer Hände Arbeit. Aus dem Wappen seines Heimatdorfs nahm Hans die beiden späteren Symbole der zwei familiären Hauptlinien mit: das Reh für die »Fugger vom Reh« und die Lilie für die »Fugger von der Lilie«. Deshalb darf sich das jeweilige Oberhaupt der fürstlichen Linie Fugger-Babenhausen auch heute noch Ehrenbürger von Graben nennen.

Hans Fugger war fleißig und klug. Er mehrte das Familienvermögen durch zwei finanziell nicht unvorteilhafte Ehen und legte damit das Fundament für den gesellschaftlichen Erfolg seines Sohnes Jakob, der später als »der Ältere« in der Familienchronik den ersten Rang einnehmen sollte. Schon Hans brachte es zum

Albrecht Dürers Porträt von Jakob Fugger. Der wichtigste Vertreter eines weltumspannenden Handelskonzerns finanziert Kaiser und Könige, Krieg und Frieden.

Zunftmeister der Weber in Augsburg und war damit ein angesehener Mann. Der Beginn eines unaufhaltsamen Aufstiegs.

Augsburg ist um 1450 keine kleine Provinzstadt. Günstig an den bedeutenden Handelsrouten gelegen, gehört die Reichsstadt mit Köln und Nürnberg zu den wirtschaftlichen Zentren des Heiligen Römischen Reiches Deutscher Nation. Von Augsburg führen die Handelswege über die Tiroler Alpen nach Norditalien und in den Norden nach Danzig, Hamburg und Antwerpen.

Das späte Mittelalter – finster und rückständig? Keineswegs. Schon vor sechshundert Jahren sind der Handel und der Transport über weite Distanzen »internationalisiert« und vernetzt. Eine Warenlieferung von Augsburg nach Venedig ist knapp zwei Wochen unterwegs. Das Handelszentrum an der Adria bildet eine maritime Brücke nach Kleinasien und nach Nordafrika. Entlang der Handelsrouten werden die Zentren wohlhabend, die Serenissima unfassbar reich. Und die Fugger sind im deutschen Handelshaus der Fondaco dei Tedeschi mit einer eigenen Niederlassung vertreten.

Damals wie heute bildeten der Norden Italiens, Österreich und Süddeutschland einen der zentralen – und wohlhabendsten – Wirtschaftsräume des Kontinentes. Auf dem Weg von Süddeutschland nach Mailand und Venedig liegt verkehrsgünstig das Land Tirol mit seinen Alpenübergängen, reich gesegnet durch die Silberbergwerke von Hall und regiert von Fürsten wie zum Beispiel Sigmund, der nicht zu Unrecht den Beinamen »der Münzreiche« trägt – oder wie sein Nachfolger Maximilian I., der Kaiser wird und sich romantisch als »letzten Ritter« sieht, der er nie war.

Die metallischen Schätze im Gestein gehören dem Landesherrn, der die Ausbeutung derselben meist nicht auf eigene Faust betreibt, sondern sein Recht gegen bare Münze an tüchtigere Unternehmer weitergibt. Fürsten sind schließlich damit beschäftigt, ihre Macht auszubauen, zu sichern oder zu verteidigen. Und sie sind keine oder sehr schlechte Unternehmer. Für ihre Kriege brauchen die Herzöge, Fürsten und Könige einfache Soldaten, denen Sold zu zahlen ist, Waffen, die teuer geschmiedet werden müssen, und jemanden, der die Feldzüge finanziert. Das tun die Fugger, aber auch andere Handelshäuser. Noch mehr Geld als mit dem Handel von Waren aller Art lässt sich mit dem Verleihen von Geld verdienen. Eine Nullzinspolitik ist dem Mittelalter fremd.

Die fünf Söhne Jakobs des Älteren, also die zweite Generation nach Hans Fugger, dem Weber, verstehen sich als weltweit agierender Mischkonzern und weiten die Geschäftsfelder großräumig aus. In den Jahrzehnten von 1470 bis 1510 entsteht ein multinationales Handelsimperium. Die Fugger sind in unter anderem in Venedig, Mailand, Rom, Antwerpen, Nürnberg und Lissabon vertreten. Sie finanzieren eine Handelsflotte, die von Portugal aus die Segel Richtung Indien setzt und das Investment durch Gewürze wieder hereinbringen soll. Nicht alle Seereisen werden für die Fugger ein Geschäft. Eine spanische Flotte geht auf dem Weg zu den Molukken unter. Die Schiffe sinken mit Mann und

Maus, und Jakob Fugger der Jüngere versenkt 10 000 Gulden. Für die Familie ist das längst bloß Spielgeld.

Schon 1486 wird im Augsburger Rat die örtliche Fugger-Bank genannt. Auch heute noch können Vermögende ihr Geld bei der Augsburger Fürst Fugger Privatbank anlegen. Das kleine Geldinstitut steht freilich in keiner direkten Beziehung zur einstigen Fugger-Bank und wurde erst 1954 gegründet, immerhin von Friedrich Carl Fürst von Fugger-Babenhausen, der damit an die Familientradition anknüpfte.

Das hauseigene Transportsystem für Waren erweist sich im fernen Mittelalter auch für den Bargeldtransfer als nützlich. Die Fugger übernehmen für den Papst in Rom den Geldtransport aus dem Norden, natürlich nicht für Gotteslohn. So landen etliche St. Peter-Pfennige, die brave katholische Gläubige in Deutschland in den Klingelbeutel werfen, auf Umwegen in den Kassen der Fugger. Die Augsburger richten für die römisch-katholische Kirche sogar eine eigene Münzprägeanstalt ein. Das ganz große Rad drehen die Fugger aber mit dem König und Kaiser Maximilian. Die Augsburger finanzieren den Habsburger (auch dessen Wahl zum römisch-deutschen Kaiser erfolgt mit Bestechungsgeldern aus der Fugger-Kasse) und erhalten dafür als Sicherheit die ertragreichen Bergrechte in Tirol, aber auch in der heutigen Slowakei.

Tirol wird so zur Schatzkammer des Heiligen Römischen Reiches. Silber aus den Bergen finanziert Erzherzog Sigmund und Kaiser Maximilian sowie dessen Enkel Kaiser Ferdinand I. und Karl V. Das Bank- und Handelshaus verleiht großzügig Geld – meist mit Gewinn, aber nicht ohne Risiko. Wer sich eng an die Politik bindet, muss die Erfolgschancen genau kalkulieren. Die Fugger setzen auf die Fortüne der Habsburger und streifen den Gewinn derer Macht- und Heiratspolitik ein. Die Mailänder Niederlassung der Fugger etwa wickelt 1493 den pekuniären Teil der Hochzeit von Maximilian mit Bianca Maria Sforza, der Schwester des Mailänder Herrschers Ludovico »il Moro« Sforza, ab.

Die als zweite Ehegattin des Kaisers Auserwählte stammt zwar nicht aus dem europäischen Hochadel, das wird aber durch andere Qualitäten ausgeglichen. Der Mailänder Herrscher Ludovico Sforza ist ein Condottiere, also ein Söldnerführer, erfolgreich, aber nicht von vornehmstem Geblüt. Die von Bianca Marias Bruder angebotene Mitgift in der stattlichen Höhe von 400 000 Gulden macht das wett. Maximilian hat die Kreditverträge seines Vorgängers Herzog Sigmund anerkannt und nimmt selbst 1491 beim Haus Fugger ein großes Darlehen auf. Angesichts der horrenden Schulden des Kaisers kommt die deutliche Verbesserung seiner Bonität durch die Mailänder Braut auch den Augsburger Bankern zugute. Der Habsburger pflegt auch persönlich gute Beziehungen zu Jakob Fugger, der sich den Beinamen »der Reiche« buchstäblich verdient hat. Machtmenschen liegen oftmals auf einer Wellenlänge. »Der Reiche« hat das Handelsgeschäft von der Pike auf gelernt. Die kaufmännische Lehre absolviert er in Venedig, dann übernimmt er die Innsbrucker Filiale des Firmenbetriebes und finanziert die prächtige Hofhaltung von Erzherzog Sigmund von Tirol. Die Geschäftskontakte gehen dann nahtlos auf Kaiser Maximilian I. über. Die Habsburger ermöglichen es den Fuggern, ihren Geschäftsbereich auf den Osten Europas auszuweiten, wo der Krakauer Kaufmann Johann Thurzo der Ältere als Treuhänder und Strohmann für die Kaufmannsfamilie arbeitet.

Die massive Expansion des Unternehmens binnen weniger Jahrzehnte wäre allerdings ohne wagemutige Financiers nicht gelungen. Jakob Fugger gelingt es, mit dem Fürstbischof von Brixen Melchior von Meckau einen geheimen und sehr auf Diskretion bedachten Geldgeber an Bord zu holen. Der katholische Kirchenfürst ist an der Veranlagung seines ungeheuer großen Vermögens interessiert, das er eher nicht für karitativ-christliche Zwecke verwenden will. Nach seinem Tod will die Kirche zwar die heimlich gehaltenen Anteile ihres Mitbruders in ihren Schoß zurückholen. Doch da bewähren sich die guten Kontakte zur weltlichen Macht. Die Nachlassansprüche der Kurie und eine Monopolklage des Reichsfiskals werden mithilfe des Kaisers abgewehrt.

Geschenkt wird aber niemandem etwas. In den Büchern der Bank sind die ausgeliehenen Geldbeträge der Kaiser penibel auf Heller und Pfennig vermerkt. Und auch wenn die Fugger zumindest ein paar Jahrzehnte lang de facto mächtiger als die Habsburgerherrscher sind, die »Pfeffersäcke« respektieren den alten Grundsatz: Gebt dem Kaiser, was des Kaisers ist. Und wenn man dafür vor dem Herrscher, der auf dem hohen Ross sitzt, einen öffentlichen Kniefall machen muss.

Jakob »der Reiche«, dessen Ehe mit Sibylla Artzt kinderlos bleibt, setzt Anton, den Sohn seines Bruders Georg, als neuen Chef des Unternehmens ein. Das sieht die »Verfassung« des Handelshauses vor, die Jakob maßgeblich geprägt hat. An der Spitze steht jeweils ein »Regierer«, die Gesellschafterbeteiligung erfolgt in einer Art Aufsichtsrat ausschließlich männlicher Familienmitglieder. Das funktioniert – bis heute.

Im Alter von 32 Jahren baut Anton Fugger die Macht der »Fugger AG« in der europäischen Wirtschaft durch weitere enge Zusammenarbeit mit den Habsburgern aus. Auch die Wahl von Ferdinand I. zum König wird durch Kredite finanziert, die die Fugger mit der zweiten großen Familiendynastie, den Welsern, zur Verfügung stellen. Die Gulden klimpern reichlich in den Schatztruhen der Fugger. Der Handel von Silber, Kupfer und Quecksilber bleibt ertragreich. Pläne, eine eigene Kolonie in Südamerika zu erwerben, scheitern freilich. Immerhin können die Fugger die Verteidigung Wiens 1529 gegen ein osmanisches Heer finanzieren.

Die Zeiten sind unruhiger geworden, der Handel geht stark zurück. Kriege und Religionskämpfe führen zu einem Konjunktureinbruch. Die vierte Generation unter der Führung von Anton kann das Handelshaus jedoch auch durch diese Wirren steuern, gelegentlich auch mit öffentlich demonstrierter Demut.

Im sogenannten Schmalkaldischen Krieg entscheidet sich die Reichsstadt Augsburg für die falsche, die protestantische Seite – gegen Habsburg. Anton bleibt – wahrscheinlich aus Rücksicht auf seine katholischen Geschäftspartner – der alten Konfession treu und muss dafür sogar ins Augsburger Gefängnis, freilich nur für eine Nacht.

Das katholische Heer von Kaiser Karl V. belagert das aufmüpfige Augsburg. Die protestantisch gesinnten Bürger müssen bald aufgeben. Sie kommen dank diplomatischer Fürsprache des katholisch gebliebenen Anton Fugger glimpflich davon. Der Fugger tritt vor den Kaiser, kniet vor ihm nieder und bittet ihn, die Stadt zu verschonen. Der mittelalterliche Kniefall ist ein altes Ritual, »auf Gnade oder Ungnade«. Kaiser Karl V. akzeptiert huldvoll eine Strafzahlung in der gewaltigen Höhe von 150 000 Gulden. Das deckt zum Teil seine horrenden Kriegskosten und stärkt seine Kreditwürdigkeit bei den Fuggern. Ein klassisches In-sich-Geschäft also. Gerüchteweise verbrennt Anton Fugger auch noch Schuldscheine des Kaisers, gemäß seinem Motto »Stillschweigen stehet wohl an!«.

Was tut ein Geschäftsmann nicht alles um des Friedens willen ... Karl V. erhebt seinen knienden Bankier dafür in den Reichsgrafenstand. Die Religionskriege und der Aufstieg in den erblichen Adel verändern das Geschäftsmodell der Fugger. Sie erwerben Grundbesitz. Anton lässt alle seine zehn Kinder durch Heirat zu Landadeligen werden und sichert damit seiner Nachkommenschaft, unabhängig vom volatilen Handel, Einfluss, Reichtum und Ansehen. Der Bau der Fuggerhäuser am Augsburger Weinmarkt wird zur selbstbewussten Demonstration des gesellschaftlichen Aufstiegs. Die einst bescheidene bürgerliche Weberfamilie ist ganz an der Spitze angekommen. Als der Familienpatriarch Anton 1560 in seiner Heimatstadt stirbt, hinterlässt er ein Vermögen von sechs Milliarden Goldkronen. Er ist klug genug, diesen fantastischen Reichtum auch durch soziale Investitionen abzusichern. Die Fugger fördern Bildung und Künste und errichten eine große Zahl an humanitären Stiftungen, etwa eine Heiratsstiftung für junge Frauen, die sich keine Aussteuer leisten können.

Silber ist damals wichtiger als Gold. Denn die Münzen werden aus Silber geprägt, das deutlich härter ist als das glänzende Gold, das sich durch den Gebrauch abnützen würde. Auch im Bergbaugeschäft erkennen die Fugger die Bedeutung der industriellen Veredelung des Grundproduktes. Sie lassen von den Tiroler Knappen in Schwaz Silber schürfen, verarbeiten es weiter, prägen in Hall Münzen und diversifizieren in Kupfer- und Quecksilberminen. Kaiser Karl V., in dessen Reich die Sonne sprichwörtlich nicht unterging, bezahlte seine Kaiserwahl mit der Verpfändung der spanischen Quecksilbergruben. Titel und Ehre gegen Schwermetall.

Titel und Ehre, sogar den erblichen Adel und daran gebundene Grafschaften und Besitztümer, kauft sich Jakob Fugger für 50 000 Gulden, die Maximilian I. braucht, um sich in Rom zum Kaiser krönen zu lassen. Geschichte ist fast immer eine Frage des Geldes. Und Immobilien sind werthaltiger als Ruhm und Ehre. Auch das beweist die Geschichte der Familie Fugger.

Mehr als einhundert Jahre lang kaufen die Fugger gezielt Grafschaften und Herrschaften im heimischen Schwabenland. Während des Dreißigjährigen Krieges entfernen sich die Fugger immer weiter von ihren bürgerlichen Wurzeln in Augsburg, sie steigen langsam in den Adel, später in den Hochadel auf. Zwei Fugger werden gar zu Fürstbischöfen von Regensburg und Konstanz gewählt und geweiht.

Mit Beginn der Reformation in den deutschen Landen werden auch die Geschäfte der Fugger schwieriger. Die sozialen Spannungen steigen. Martin Luther, der ja im Gegensatz zu anderen Predigern der Reformationszeit kein wirklicher Sozialrevolutionär ist, wettert – durchaus populistisch – in seiner Schrift *Von Kaufshandlung und Wucher* gegen die Fugger und andere Kaufmannsfamilien. Der Sohn eines Bergbauunternehmers versteht den modernen Welthandel nicht. »Das kann man auch nicht leugnen, das[s] Kaufen und Verkaufen ein nötig Ding ist, dess man nicht entbehren, und wohl christlich brauchen kann, sonderlich in den Dingen, die zur Noth und Ehren dienen. Denn also haben auch die Patriarchen verkauft und gekauft Vieh, Wolle, Getreide, Butter, Milch, und andere Güter. Es sind Gottes Gaben, die er aus der Erden gibt, und unter die Menschen theilet. Aber der ausländische Kaufhandel, der aus Kalikut und Indien, und dergleichen, Ware herbringt, als solch teures Seiden- und Goldwerk und Würze, die nur zur Pracht und keinem Nutz dienet, und Land und Leuten das Geld aussäuget, sollt nicht zugelassen werden, wo wir ein Regiment und Fürsten hätten.«

Luthers Wirtschaftslehren haben der Prüfung durch die Geschichte nicht standgehalten, aber immerhin den sozialen Protest befeuert oder ihn in Wahrheit vor den radikaleren Predigern und Sozialreformern wie Thomas Münzer (oder Müntzer) geschützt.

Dieter Forte beschreibt in seinem dokumentarischen Schauspiel *Martin Luther & Thomas Münzer oder Die Einführung der Buchhaltung* die Wendigkeit und Anpassungsfähigkeit des frühen Kapitalismus, der in dem Stück durch den Fugger repräsentiert wird. Der Mönch Luther wird in Wahrheit unwissend zum Spielball der Mächtigen, die ihn, den Wortgewaltigen, gegen viel gefährlichere revolutionäre Strömungen in Stellung bringen. Luther rüttelt an der Kirchenhierarchie und an deren verlotterter Praxis. Weder die Eigentums- noch die Gesellschaftsverhältnisse stellt der Mönch infrage.

Es sind dennoch unruhige Zeiten. Als es im Zuge der reformatorischen Bewegung auch in Augsburg zu Unruhen kommt, verlässt Jakob Fugger vorsorglich die Stadt und zieht sich in sein Schloss in Biberach zurück. In vielen Regionen des deutschen Kaiserreiches bewaffnen sich Bauern und protestieren gegen das

System der Leibeigenschaft und gegen die hohen Abgaben, die ihnen von den Grundherren abgenommen werden. Die Bauern-aufstände werden, auch mit finanzieller Hilfe der Fugger, von Söldnerheeren blutig und brutal niedergeschlagen. In seinen eigenen Besitzungen bleibt es aber ruhig. Die Fugger gehen mit ihren Bauern und Mitarbeitern deutlich menschlicher und »sozialer« um, was sich als kluges Investment erweist.

Gefährlicher sind hingegen die Aufstände der Tiroler Berg-knappen, die auf diese Weise gegen die harte Arbeit und die miserablen Lebensumstände in den Minen von Hall und Bozen protestieren. Ein Bergarbeiter wird selten älter als dreißig Jahre. Die Faktoreien der Familie werden geplündert, doch Erzherzog Ferdinand I. schlägt für die Fugger die Knappenaufstände nie-der. Bauernführer Michael Gaismair, der wohlhabende Sterzin-ger Sohn eines Bergbauunternehmers, muss nach Zürich flüch-ten. Er entwickelt dort das revolutionäre gesellschaftliche Modell einer »christlichen Republik« – ohne Adel, mit gewählten Füh-rern und Richtern. Das ist fürs System nun wirklich gefährlich. Gaismair und seine Bauerntruppen werden verfolgt und geschla-gen. Der Anführer selbst bekommt zunächst Asyl in der Repub-lik Venedig, die auch die Bauernaufstände mitfinanziert hat. Im April 1532 wird der Tiroler vor seinem Palais in Padua von drei Straßenräubern erstochen. Die Männer rauben seine Goldkette und einen silbernen Dolch. Ob es sich dabei um einen gewöhn-lichen Raubmord oder doch um ein Attentat der Dogenrepublik gehandelt hat, ist historisch umstritten.

Die Fugger bleiben katholisch, wohl auch um die Beziehun-gen zum Papst und zu den Habsburgern nicht zu gefährden. Bis zum Beginn des unheilvollen Dreißigjährigen Krieges investiert die Familie in Burgen und Schlösser in der Augsburger Region. Anton Fugger lässt in Babenhausen ein prächtiges Renaissance-schloss errichten. Sein Sohn Hans – immer wieder wird auch bei der Namenswahl auf die Familientradition zurückgegriffen – baut ein Schloss in Kirchheim im bayrischen Schwabenland, das er mit einem Saal, dessen Decke aus libanesischen Zedern gezimmert wird, ausstatten lässt. Prachtvoll – auch heute noch.

Handel bringt – wenn man es klug und besonnen anlegt – eben Gewinn und Einfluss. Jakob Fugger und seine Brüder und später die zahlreichen Nachfahren investieren die Rendite auch in Schönheit. In Venedig lernen sie den neuen Renaissancestil kennen und ahmen ihn in Augsburg nach. Mit der Fuggerkapelle in der Klosterkirche St. Anna entsteht ab 1509 der erste Renaissancebau nördlich der Alpen. Jakob denkt ans Jenseits und engagiert die bedeutendsten Künstler seiner Zeit für die Grabkapelle der Familie. Albrecht Dürer wird zum Hausmaler der Händler. Sein Porträt von Jakob Fugger zeigt den Kaufmann als modernen Macher, entschlossen, mit einem kaum angedeuteten Lächeln, das eine entspannte Überlegenheit signalisiert, mit offenem Blick, so wie wir uns heute den Generaldirektor eines DAX-Konzernes vorstellen.

Und Jakob Fugger investiert auch in die gute Nachrede fürs Jenseits. Fast gleichzeitig mit dem Umbau einiger Häuser am Augsburger Weinmarkt zu einem Palazzo kauft der Firmenchef einige Grundstücke in der Jakobervorstadt und lässt dort eine Reihenhaussiedlung bauen. Die 52 Häuser sind das erste Modell von Sozialwohnungen. Arme, aber arbeitswillige Augsburger Familien dürfen in den Häusern für die symbolische Miete von einem rheinischen Gulden pro Jahr wohnen. Das entspricht etwa dem Wochenlohn eines Handwerkers. Die Teuerung bei den Grundnahrungsmitteln und die Konzentration der Vermögen in den Händen einiger weniger Familien haben viele Handwerker und Tagelöhner in Armut gestürzt. Da will Jakob Fugger als Wohltäter helfen. Allerdings nicht ganz uneigennützig. Neben dem einen Gulden pro Jahr verpflichten sich die Mieter der »Fuckerey«, täglich ein Vaterunser und ein Ave-Maria für die Stifterfamilie zu beten. Das ist der von Fugger erwartete »Gotteslohn«. Die Vereinbarung gilt übrigens bis heute, obwohl die Kontrolle doch eher schwierig sein dürfte.

Im vergleichsweise hohen Alter von 66 Jahren stirbt Jakob Fugger und wird in der von ihm ausgestatteten Grabkapelle St. Anna beigesetzt. Seine kinderlos gebliebene Gattin heiratet nur sieben Wochen nach seinem Tod einen protestantischen Patrizier. Ganz Augsburg echauffiert sich über diesen Skandal. Die Lebensbilanz des bedeutendsten Fuggers, dem viele Generationen folgen werden, ist beachtlich. In nur 17 Jahren hat er einen Gewinn von 1,8 Millionen Gulden erwirtschaftet.

Das zur Jahrhundertwende um 1500 gelegte finanzielle Fundament trägt ein halbes Jahrtausend. Fürstin Nora Fugger kehrt 1925 als Witwe aus dem Fugger-Schloss Babenhausen wieder nach Wien zurück und verleiht dort als Grande Dame der verarmten ehemaligen Kaiserstadt ein wenig Glanz. In ihrer Autobiografie beschreibt sie das Leben am einstigen Wiener Hof. Sie lässt die Republikaner ein wenig durchs Schlüsselloch der Hofburg blicken, gewährt Seitenblicke auf die Ehe von Kaiserin Elisabeth und Kaiser Franz Joseph und verrät Details über den Selbstmord des Kronprinzen Rudolf in Mayerling.

Die Bruegel-Familie

»Solange das Geld in Strömen in meinen Beutel fließt,
kriecht mir jeder in den Arsch.«

Wer Feuer frisst, scheißt Funken.« Pieter Bruegel malt Sprichwörter, nicht eines, sondern Dutzende, manche Experten behaupten gar, 150 in einem Bild. Viele sind eher deftig, wie halt das Volk in Flandern redet: »Er pisst gegen den Mond.«

Das Bild »Die niederländischen Sprichwörter« hängt heute in Berlin, und es ist – abgesehen von »Der Turmbau zu Babel« oder »Die Bauernhochzeit«, die beide im Kunsthistorischen Museum in Wien zu sehen sind – eines der berühmtesten Werke von Pieter Bruegel dem Älteren, ein gemaltes Lexikon, derb, mit bösem Witz, aber doch voller Sympathie für die »einfachen« Leute.

Pieter Bruegels Geburtsdatum ist unbekannt, auch woher er kommt. Verorten wir Pieter in der flachen niederländischen Landschaft bei Breda und in der Zeit um 1525/30. Da werden wir nicht weit danebenliegen. Bruegel wurde jedenfalls als Sohn eines Bauern geboren (das würde seine spöttische Liebe für das Landleben und die Bräuche der »einfachen« Leute erklären), und er verbrachte seine Kindheit in einem Dörfchen namens »Brueghel«, was wiederum seinen Künstlernamen, wenn es denn einer war, erklären würde. Der Überlieferung ist erstaunlich wenig über diesen Gründer einer bedeutenden Künstlerdynastie bekannt. Immerhin wissen wir ein wenig über sein Gefühlsleben. Angeblich hat der Künstler mit einer Magd in Antwerpen zusammengelebt, dieses schlampige Verhältnis aber beendet, weil das Mädchen ihn »belogen« habe. Wir unterstellen einfach ein Untreuedelikt, können aber nicht ausschließen, dass Pieter die Heirat mit Mayken Coecke, der Tochter seines Meisters Pieter

Coecke van Aelst, auch aus pekuniären Gründen der Legalisierung seines Verhältnisses mit einer Magd vorgezogen hat.

Es gibt nur eine Handvoll Dokumente, die sich konkret auf ihn beziehen. Pieter Bruegel wird als gläubiger Katholik oder als aufmüpfiger Protestant, als grober Realist oder feinsinniger Humanist beschrieben. Bruegel (auch die Schreibweise seines Namens variiert im Laufe der Jahrzehnte – mit oder ohne »h« oder Breughel bzw. Breugel) tritt hinter seine Bilder zurück, die er sorgfältig datiert und signiert. Dabei sind sein Strich und sein Malstil unverwechselbar. Belegt ist: 1551 tritt Bruegel der Antwerpener Malergilde bei. Das ist eine Gruppe junger Männer, wenige sind älter als dreißig Jahre. Zur Ausbildung gehört die Pilgerfahrt zu den italienischen Meistern der Renaissance. Pieter Bruegel reist über die westlichen Alpenpässe nach Italien. Anhand von Zeichnungen lässt sich die Reiseroute rekonstruieren. Sie führt über das französische Lyon nach Rom und weiter in den Süden über Neapel bis nach Sizilien.

Beim wichtigsten Vertreter einer Malerdynastie in den Niederlanden des frühen 16. Jahrhunderts gibt es nur eine wirklich »sprechende« Quelle: seine mehr als drei Dutzend erhalten gebliebenen Bilder. Sie erzählen die Geschichte der Epoche, sie sind Zeitdokumente und zeigen das Leben der »einfachen« Leute. Das ist neu, das ist interessant. Wer will schon ausschließlich Heiligendarstellungen sehen? Die Dirn beim Tanz, die Braut beim Hochzeitszug – sie als Einzige mit gelöstem Haar, was Ausdruck der erotischen Ambitionen ist –, der reiche Mann beim – wie Bruegel es ausdrückt – Scheißen. Das ist deftig, das wird als amüsant empfunden. Pieter erhält einen Beinamen: »de Drol« – der Lustige. Wobei, lustig sind seine Bilder nicht, das würde zu kurz greifen, seine Menschenporträts haben einen Zug zur Karikatur, zur drastischen Überzeichnung, aber Bruegel verachtet das vielfach ungebildete Volk nicht.

Er malt und beschreibt seine flämischen Landsleute spöttisch, aber milde lächelnd. Er blickt mit Sympathie auf das bescheidene Leben und die derben Freuden des Volkes. Seine Werke hängen in den vornehmen Stuben Antwerpener Bürger oder in den Palästen des europäischen Adels, aber sie zeigen das Volk – beim Tanzen, beim Feiern, in Krankheit und Tod. Er schaut unter die Röcke der Dirnen und malt den Teufel. Das Leben spielt sich zwischen Weinschenke und Kirche, Völlerei und Hunger ab. Die Gegensätze bekämpfen einander in den Bildern. Der betrunkene »Karneval« prügelt mit dem Bratspieß auf die graue »Frau Fasten« ein, die mit offenbar stinkenden Heringen kontert. Pieter Bruegel zeigt wenig Respekt vor Hierarchien, und er malt emanzipatorisch, wenn es diesen Begriff damals schon gegeben hätte. Frauen sind keine Nebenfiguren, keine blassen Schönheiten, keine Objekte der Verehrung, der Verführung. Bei Bruegel gilt Gleichberechtigung, auch wenn das die Geschlechterrollen des 16. Jahrhunderts scheinbar umkehrt. Bei ihm haben die Frauen die Hosen an und können auch ganz schön durchtrieben sein. Nur schwach sind sie nicht.

Es ist die Zeit der Reformationskriege, des Kampfes zwischen Katholiken und Protestanten. Pieter Bruegel vermeidet die Parteinahme. Die katholischen Habsburger kaufen Bruegels Kunst (und die vieler anderer flämischer Meister). Rund ein Drittel seiner Originalgemälde hängt im Kunsthistorischen Museum. Sie sind ein Erbe habsburgischer Sammelleidenschaft.

Der Maler aus der reichen Stadt Antwerpen schildert die Hochzeitszüge der Bauern mit einem Augenzwinkern, aber ohne die Überheblichkeit des Städters. In Pieter Bruegels Bildern wird eine Gesellschaftsschicht lebendig, die von den italienischen Renaissancemalern jener Zeit weitgehend ausgeblendet wird: das Volk. Pieter der Ältere wird so zum »Bauernbruegel«.

Der Maler verlässt oft die Werkstatt und zieht mit dem Antwerpener Kaufmann Hans Francken hinaus in die Dörfer, beobachtet Hochzeiten und Kirchweihfeste. Die beiden Städter kleiden sich als Bauern (damals definiert die Kleidung Herkunft und Stand) und mischen sich unters Volk. Der flämische Malerkollege und Kunsthistoriker Karel van Mander beschreibt die Arbeitsmethoden Bruegels: »Brueghel ergötzte sich daran, die Bauern in ihrer Art zu essen, trinken, tanzen, springen und lieben zu beobachten, was er sehr lustig und gefällig in Farben wiederzugeben verstand.«

Mehr als über seine mutmaßliche Geliebte und seine Ehegattin wissen wir über seine Schwiegermutter Mayken Verhulst, auch als Marie Bessemer bekannt. Die Mutter seiner Frau war selbst eine anerkannte Malerin in den Niederlanden und wurde vor allem für ihre Miniaturen geschätzt. Lodovico Guicciardini, ein italienischer Zeitgenosse von ihr, beschrieb sie in seiner *Descrittione di tutti i Paesi Bassi* als eine der wichtigsten vier Künstlerinnen in den Niederlanden.

Allerdings ist keines ihrer Werke erhalten geblieben. Nur eine Holzschnittserie überdauerte die Zeit.

Künstlerisch begabte Frauen haben es in der Renaissance schwer. Malen ist ein Gewerbe. Malen ist Handwerk. Zu den Gilden sind aber nur Männer zugelassen, damit sind Frauen vom Erwerbsleben ausgeschlossen. Die begabte Mayken könnte, da befinden wir uns allerdings im Reich der kunsthistorischen Spekulation, dem jungen Pieter das Malen beigebracht haben. Die manchmal beinahe kauzige Detailverliebtheit, etwa beim »Turmbau zu Babel« in Wien – eine Ikone der Malerei – weist auf die Ausbildung bei seiner Schwiegermutter hin. Pieter Bruegel der Ältere hat wenige Porträts gemalt. Bei seiner Schwiegermutter griff er zum Pinsel; das Porträt ist leider verschollen.

Mayken Verhulst wird später für die Begründung der Malerdynastie Bruegel von großer Bedeutung sein. Sie ist es, die den beiden Söhnen Pieter Bruegels den richtigen Pinselstrich beibringt und so für eine Weiterführung der Bruegel'schen Werkstatt sorgt.

Bruegel hat das Malerhandwerk in der Werkstatt des anerkannten Meisters Pieter Coecke van Aelst gelernt. Malen ist im 16. Jahrhundert zunächst Handwerk, Kunst auch. Von Pieter Coecke übernimmt der Lehrling die gediegene Technik, aber nicht den Stil. Während der eine dem Antwerpener Manierismus verhaftet bleibt, zeigt sich Pieter von den künstlerischen Trends Italiens unbeeindruckt. Bruegel ist ja immerhin noch ein (später) Zeitgenosse Michelangelo Buonarrotis, und Leonardo da Vinci ist erst wenige Jahre vor seiner Geburt gestorben. Die großen Italiener haben die Idealisierung des Menschen betrieben. Pieter Coecke bringt auch Einflüsse und Erfahrungen aus dem Orient in seine Werkstatt mit. Er war ein Mann, der sich auch als Teppichhändler in Konstantinopel versucht hat und aus dem einstigen Byzanz Muster und Formen mitbringt, die er in Antwerpen gewinnbringend verkauft.

Pieter Bruegel wird zum Begründer einer Malerdynastie und verändert den Ausdruck einer ganzen Epoche fast revolutionär und im Alleingang. Er positioniert den Menschen neu in einer Landschaft und weist ihm den Platz zu, der ihm zukommt. Bei ihm wird der Mensch zu einem Teil der Natur – einem kleinen. Die Landschaft, die Vegetation, die Berge, Wolken, der Fluss, das Meer – sie alle treten in den Vordergrund und sind nicht mehr nur symbolischer Hintergrund für die Porträtierten.

Bei Pieter Coecke van Aelst lernt Pieter auch seine spätere Frau kennen. Der zum Meister gereifte Lehrling heiratet die Tochter des Meisters. Ein klares Zeichen dafür, dass der Schwiegervater mit der Entwicklung seines ehemaligen Schülers keine Probleme hat. Auch wenn sich dieser nicht ihn, sondern Hieronymus Bosch und seine fantastischen Bildwelten zum Vorbild genommen hat. Bei zwei Werken lassen sich direkte Übernahmen von Motiven nachweisen. Ein Zeitgenosse, der in Antwerpen lebende Italiener Lodovico Guicciardini, nennt Pieter Bruegel einen »großen Nachahmer der Fertigkeiten und Fantasien des Hieronymus Bosch«. Damit tut er Bruegel unrecht.

Bei der Identifikation eines Bruegel braucht die Nachwelt zeitliche Einordnung. Und die stößt bald an ihre Grenzen. Denn Pieter Brueghel der Jüngere (irgendwann schleicht sich ein »h« in den Namen ein) ist zwar der älteste Sohn von Pieter dem

Die flämische
Malerdynastie
Bruegel prägt
den Malstil einer
ganzen Epoche.

Älteren, dessen jüngerer Bruder Jan hingegen firmiert als Jan Brueghel der Ältere.

In »Die niederländischen Sprichwörter« wird – auf den ersten flüchtigen Blick – das rege Dorfleben eines Weilers irgendwo in Küstennähe beschrieben. Tatsächlich malt Bruegel ein ganzes Lexikon an Sprichwörtern auf eine Eichenholztafel. Jedes Detail ergibt einen Sinn, der sich dem damaligen Betrachter wahrscheinlich spontan erschlossen und ihn amüsiert hat.

Heute brauchen wir eine Bildbeschreibung, um die bunte Dorfszene zu verstehen. So hängt etwa eine Frau im roten Kleid einem (ihrem?) Mann einen blauen Mantel um. Der Kaufmann Hans Francken in Antwerpen, der das Bild möglicherweise in Auftrag gegeben hat, weiß sofort: Die Dame in Rot betrügt ihren nichts ahnenden Gatten. Es kann aber auch sein, dass sie sich »am Geldbeutel festhält« – auch so ein Sprichwort.

Und im Mittelpunkt thront der Teufel unter einem blauen Baldachin, erfreut sich an der Bösartigkeit der dargestellten Menschen und wird so zum Regenten der Bilderwelt. »Sympathy for the devil.«

Die Welt vor fünfhundert Jahren wird von gebildeten Zeitgenossen als sündhaft und böse, als Wechselspiel von Betrug und Selbstbetrug, als närrisch und geil, als gottesfürchtig und als widerlich erlebt. Der Humanist Erasmus von Rotterdam schreibt das *Lob der Torheit*, und Sebastian Brant publiziert seine Moralsatire *Das Narrenschiff*. Es sind Bestseller ihrer Zeit. *Das Narrenschiff* erreicht 16 Auflagen.

Sprichwörter sind in der ersten Hälfte des 16. Jahrhunderts ein beliebtes didaktisches Mittel. 1534 veröffentlicht Martin Luthers Freund Johannes Agricola eine kommentierte Zusammenschau von 750 Sprichwörtern. Einige davon bleiben ein halbes Jahrtausend lang gültig. Zum Beispiel »Perlen vor die Säue werfen«.

Bruegels altmeisterliches Werk dient selbst dem deutschen expressionistischen Maler George Grosz als Anregung. Er kennt »Die niederländischen Sprichwörter« aus der Berliner Gemäldegalerie, es wird dort seit Kriegsbeginn (wir sprechen hier vom Ersten Weltkrieg) ausgestellt. George Grosz illustriert in seinem Schlüsselwerk der 1920er-Jahre »Die Stützen der Gesellschaft« sprichwörtliche Redensarten als politische Botschaft. Aus dem Schädel eines Advokaten trabt ein Pferd und macht den Mann so zum »Paragrafenreiter«. Aus der spitzen Feder eines Pressemanns tropft Blut, und Strohhalme lassen einen Parlamentarier »dumm wie Stroh« erscheinen.

Meister Pieter Bruegel der Ältere gründet bald eine eigene Werkstatt und tritt in Antwerpen der Lukas-Gilde bei. Denn die flämische Gemäldeproduktion findet in Gilden, also zunftähnlichen Gemeinschaften, statt. Als Mitglied einer Gilde unterwirft sich der Maler einer gewissen Qualitätskontrolle – ohne Gilde kein Überleben am damals florierenden Kunstmarkt. Innerhalb der Werkstätten sind die Abläufe fast vorindustriell geregelt. Der Lehrling bereitet die Holztafeln vor, zerkleinert die Farbpigmente, mischt die Farben, skizziert das Thema, malt die Grundlagen und geht dem Meister zur Hand. Es gibt eine starke Spezialisierung.

An den meisten Bildern sind mehrere Personen beteiligt. Das gilt nicht als Makel, sondern als Bereicherung. Selbst eine Größe wie Peter Paul Rubens hilft gelegentlich bei Bruegel aus und ergänzt ein Bild mit zusätzlichen Figuren. Die Register der Gilden bezeugen, dass große Meister ohne Scheu Werke ihrer Schüler und Lehrlinge signieren und so deren Marktwert erhöhen. Es geht nicht um Originalität, was zählt, ist das Bild.

Antwerpen ist im 16. Jahrhundert nicht nur eine Weltstadt des Handels, sondern auch der Malkunst – die flämische Malerei wird zur europäischen Marke. Die großen Maler organisieren sich, arbeiten zusammen und rationalisieren marktwirtschaftlich ihre Produktion. Der Kunsthandel ist in der flämisch-niederländischen Renaissance durchaus marktgerecht ausgerichtet. Kunst, Qualität und Markterfolg werden keineswegs als Gegensatz erlebt. Im Gegenteil.

Als Pieter Bruegel 1569 im Alter von circa vierzig Jahren stirbt, sind seine Söhne noch im Kindesalter. Die Witwe führt die Werkstatt, wohl mithilfe von Lehrlingen und Mitarbeitern ihres Gatten, so lange fort, bis Pieter der Jüngere sie nach Erhalt des Meistertitels übernehmen kann. Er emanzipiert sich nur wenig vom Genie seines Vaters. Zum großen Teil produziert seine Werkstatt exakte Kopien der berühmten Bilder des Werkstattgründers. Teilweise malt der »Höllenbrueghel«, wie er genannt wird, aber auch eigenständige Versionen, indem er aus verschiedenen Werken des Vaters Motive herauslöst und zu neuen Gemälden zusammensetzt. Den spöttischen Blick des Vaters auf die Welt bewahrt der Sohn, steigert ihn sogar. 1592 malt Pieter Brueghel der Jüngere ein Tafelbild in runder Medaillonform: »Die Schmeichler«. Der Rahmen gehört zum Bild. Offenbar aus eigener Erfahrung oder aus der des unbekannten Auftraggebers kommentiert der Maler das Geschehen: Dutzende Männchen klettern in den Allerwertesten eines feisten Geldsacks. »Solange das Geld in Strömen in meinen Beutel fließt, kriecht mir jeder in den Arsch.«

Während Pieter der Jüngere die heimische Werkstatt führt, bricht sein Bruder Jan nach Italien auf, um dort die großen Meister zu studieren. Nach seiner Heimkehr nach Flandern macht Jan Karriere als Maler der Fürsten.

Der Verkauf von Kunstwerke ist im Flandern des 16. Jahrhunderts ein einträgliches Gewerbe. Reiche Handelsherren und Aristokraten schmücken ihre Wohnhäuser, Kirchen und Privatkapellen damit. Sie finanzieren öffentliche Ankäufe und erhöhen als »Sponsoren« ihr persönliches Renommee. Die Handels- und Hafenmetropole Antwerpen hat sich zu einem europäischen Zentrum, nur noch vergleichbar mit Venedig, entwickelt und ist durch umfangreiche Handelsbeziehungen mit der ganzen Welt vernetzt. Die Niederlande sind die wohlhabendste Region Europas, nach oder gleichauf mit der Toskana.

Flandern ist nach dem Tod der Herzogin von Burgund in den Einflussbereich der Habsburger gekommen. Erzherzog Maximilian von Österreich, später deutscher Kaiser und selbst ernannter »letzter Ritter«, kann seine Dynastie durch die Verbindung mit dem Haus Burgund zur Weltmacht machen. Seine Ehefrau Maria von Burgund ist gerade 24 Jahre alt, als sie bei einer Falkenjagd vom Pferd stürzt und stirbt. Ein Trauerfall für Maximilian, aber ein absoluter Glücksfall für die Habsburger, die dadurch das reiche Burgund geerbt haben.

Flandern ist eine Region mit blühender Wirtschaft, hoch qualifiziertem Gewerbe und international vernetzter Geldwirtschaft. Die geografische Lage zwischen Frankreich und den deutschen Landen, mit Häfen und Landverbindungen über Frankreich und die Westalpen nach Oberitalien, begünstigt den Handel, der immer und überall Voraussetzung für Wohlstand und kulturellen Aufbruch ist. Flandern produziert mehr als vierzig Prozent des gesamten Bruttoinlandsproduktes des Heiligen Römischen Reiches. Der Reichtum und der Erfolg dieser relativ kleinen Region ist auch mit der starken Stellung des städtischen Bürgertums verbunden. Dieses darf seine Vertreter selbst demokratisch wählen, hat eine eigene funktionierende Gerichtsbarkeit und Militärverwaltung. Marktwirtschaft und städtische Demokratie garantieren den wirtschaftlichen Erfolg. Wo Geld ist, fliegt Kunst zu. In Antwerpen entsteht schon im 14. Jahrhundert eine Gilde. Sie wird dem Patron der Künstler, dem heiligen Lukas, gewidmet. Die Maler befriedigen den Bedarf nach Luxusgütern. Kunst dient nicht nur dem privaten Vergnügen einer Schicht, die bei Weitem nicht so von Bildern übersättigt ist wie die unsere. Herzeigbare Kunst dient auch als Zeichen des Erfolges, als Beleg für Geschmack.

Pieters Sohn, Jan Brueghel der Ältere, malt mit Menschen und Tieren bevölkerte Landschaften, die als Bühne für biblische oder historische Szenen dienen. Zahlreiche mythologische Gemälde, Allegorien und penibel ausgeführte Blumenbilder entstehen in der großen Werkstatt. Jan besoldet neun Mitarbeiter. Der Name »Bruegel« ist längst ein Markenzeichen und steht für Qualität. Beim Signieren der Bilder verzichtet der Meister auf den Vornamen. Er kann es sich leisten: Jan, der »Blumenbrueghel«, ist mit Peter Paul Rubens befreundet. Gelegentlich malen beide gemeinsam ein Bild. Um 1616/1618 entsteht die »Madonna im Blumenkranz«, umrankt von üppigen Blumengirlanden. Rubens malt die Madonna, Jan Brueghel die Blumen. Jeder tut, was er am besten kann. Das Konstrukt von Originalität und Urheberschaft ist im 16. Jahrhundert unbekannt.

Auch ein Sohn von Jan greift zum Pinsel und wird in der Werkstatt seines Vaters zum Meister ausgebildet. Er führt das Handwerk in dritter Generation weiter, ebenso – und in vierter Generation – malen seine Söhne Jan Pieter und Abraham. Die Begabung wird auch in der weiblichen Linie weitergegeben. Paschasia Brueghel, die Tochter von Jan Brueghel dem Älteren, heiratet Hieronymus van Kessel. Diese Dynastie wird weitere zwei Generationen lang die Welt mit Ölbildern, Zeichnungen und Kupferstichen bereichern. Herkunft verpflichtet eben. Die Bedeutung und die Originalität des Stammvaters erreicht jedoch keiner der Nachkommen.

Familie Miseroni

»Der Kaiser ist ein Liebhaber von Steinen.«

Schatzmeister Dionysio Miseroni wehrt sich nicht übermäßig. Sein Gegenüber Hans Christoffer von Königsmarck pflegt nicht lange zu diskutieren. Der märkische Haudegen im Dienste des schwedischen Königshauses hat im Dreißigjährigen Krieg an die vierzig kleinere und größere Schlachten geschlagen, Burgen erobert, ganze Fürstentümer mit seinen Landsknechten verheert und immer reiche Beute gemacht. Mit so einem Herrn scherzt ein kaiserlicher Schatzmeister und Edelsteinschneider nicht – schon gar nicht, wenn das schwedische Heer gerade die Prager Burg erobert hat und nach reicher Beute Ausschau hält.

Dionysio Miseroni ist zwar ein überaus treuer Diener des katholischen Kaisers Ferdinand II. im Speziellen und des Hauses Habsburg im Allgemeinen, aber da sich die allerhöchsten Herrschaften vor den anrückenden schwedischen Landsknechten nach Wien zurückgezogen haben, bleibt dem Schatzmeister keine Wahl. Er übergibt Hans Christoffer von Königsmarck am 26. Juli 1648 die Schlüssel zur sagenhaften Schatzkammer in der Prager Burg am Hradschin.

Weniger als drei Monate vor der Unterzeichnung des Westfälischen Friedens kann die schwedische Soldateska im Auftrag von Königin Christina die über Jahrzehnte gesammelten habsburgischen Schätze plündern. Schatzmeister Miseroni hat, angeblich unter Androhung einer hochnotpeinlichen Befragung, gleich ein Inventar der Wunderkammer angefertigt und überreicht es dem deutschen General im Dienste der Schweden. Die Liste enthält 470 Bilder ohne genaue Angabe der Maler und ohne genauere Beschreibung. Viele wertvolle Kunstwerke werden nur en bloc erwähnt: »Voller bilder gros und klein.« Die Beute aus der Prager Burg umfasst neben den Gemälden Dutzende Bronzefiguren, Elfenbeinarbeiten, Gegenstände aus Bernstein und Korallen, Hunderte Arbeiten aus Edelsteinen, ungeschliffene Diamanten und mehr als dreihundert mathematische Instrumente. Die Kriegsbeute wird alsbald nach Stockholm geschleppt, ob vor Unterzeichnung des Friedensvertrags oder doch erst danach, bleibt historisch umstritten. Restitutionsansprüche sind in jenen Tagen unbekannt. Wahrscheinlich waren auch zahlreiche Kunstwerke aus der Werkstatt des Schatzmeisters dabei. Denn Dionysio Miseroni ist nicht nur Bewahrer der kaiserlichen Schätze, er ist der bekannteste Steinkünstler Europas. Seit Jahrzehnten arbeitet die italienische Familie exklusiv für den Habsburgerkaiser Rudolf II. und seine Nachfolger. Die Miseronis schneiden und polieren für ihn aus allerlei (Edel-) Steinen Kunstwerke von Weltrang.

Schwedens Königin Christina ist recht kunstsinnig und bereichert ihre Sammlung von 40 000 Kunstwerken durch Raub. Einen Großteil dieser Werke verkauft und verschenkt sie. Dürers zweiteiliges Gemälde »Adam und Eva« kommt so an den spanischen König Philipp IV. und in den Prado in Madrid. Am Herzen liegen der Schwedin vor allem italienische Gemälde, weniger die deutschen und niederländischen Bilder, die ihr aus Prag gebracht werden, obwohl sich darunter etwa Pieter Bruegels »De Dulle Griet« findet.

Glücklicherweise haben die Habsburger einen großen Teil der in Prag zusammengetragenen Schätze schon nach Wien bringen lassen. Die Wunderkammer im Kunsthistorischen Museum wäre sonst recht leer. Übrigens erwähnt später auch Theodor Fontane in seinen *Wanderungen durch die Mark Brandenburg* Hans Christoffer von Königsmarck, der es nach dem Dreißigjährigen Krieg zum schwedischen Generalfeldmarschall und Gouverneur des Herzogtums Bremen gebracht hat. Das Kriegshandwerk hat sich als durchaus einträglich erwiesen, der zum Grafen Geadelte bezieht 130 000 Taler Jahreseinkommen, fürwahr eine enorme Summe. Angesichts seines Reichtums, der überstandenen Gefahren und der Kriegserfolge wirkt sein Ende eher banal. Der Schatzkammer-Plünderer stirbt 1663 an den Folgen einer entzündlich verlaufenden Hühneraugenoperation in Stockholm.

Dionysio Miseroni ist zu diesem Zeitpunkt bereits zwei Jahre tot. Sein Sohn Ferdinand Eusebio Miseroni müht sich, die kunstfertigen und kunstsinnigen Geschäfte seines berühmten Vaters in vierter Generation fortzuführen. Doch das weitervererbte Talent ist mit der Zeit doch etwas schwach geworden. Ferdinand Eusebio erreicht als Edelsteinschneider nicht mehr die künstlerischen Höhen, die die Miseronis in den letzten zweihundert Jahren erklommen haben.

Die Spuren der Familie lassen sich bis in die Mitte des 15. Jahrhunderts und bis nach Mailand zurückverfolgen. Die Bücher der jeweiligen Zünfte und Innungen geben Auskunft. So findet sich schon um 1460 der Name eines Goldschmieds namens Francesco Miseroni. Sein Meisterzeichen zeigt einen Affen. Der Goldschmiedemeister genießt unter den Handwerkern der reichen Stadt einen soliden Ruf, sonst wäre er wohl nicht zum »Consul« der Innung gewählt worden.

Mailand befindet sich in jenen Jahren am Zenit seiner Macht. Seit 1494 regiert Ludovico Maria Sforza, genannt »Il moro«, die Stadt. Der frühere Söldnerführer ernennt sich selbst zum Herzog und untermauert diesen Anspruch mit höfischer Prachtentfaltung. Für die Konjunktur der Goldschmiede sind solche Herrschaftszeiten, auch wenn sie politisch instabil und von gelegentlichen Gewaltausbrüchen geprägt sind, nicht schlecht. Das Geschlecht der Sforza wetteifert mit dem französischen König Ludwig XII., der seine Ansprüche auf das Mailänder Erbe immer wieder durch militärische Aktionen unterstreicht. Mailand ist reich und rivalisiert mit anderen italienischen Stadtstaaten der Renaissance, zu Florenz pflegen die Sforzas auch dank der Bankverbindungen der Medicis wirtschaftlich und vor allem künstlerisch enge Beziehungen. Kunst und Repräsentation bedingen einander. Die Rivalität der Städte wird auch über die Beschäftigung der angesagtesten Maler und Architekten ausgetragen. Botticelli, Perugino, Ghirlandaio und Filippino Lippi sind die Stars ihrer Zeit. In so einem Klima gedeihen handwerkliche und künstlerische Spitzenleistungen.

Francesco Miseroni hat sich mittlerweile dank seines handwerklichen Geschicks vom Goldschmiedehandwerk auf die Kunst der Edelsteinbearbeitung verlegt. Er hat vier Söhne. Zwei davon, Gasparo und Girolamo führen das einträgliche Gewerbe des Vaters weiter und begründen um 1550 die Kunst des Edelsteinschneidens. Gasparo bearbeitet neben Bergkristall auch Steine wie Jaspis und Lapislazuli. Er gestaltet fantastische Schalen und Trinkgefäße. Diese Arbeiten zählen aufgrund des Materialwertes der aus den entlegensten Weltregionen meist über Venedig nach Italien gebrachten Steine und ihrer schwierigen Bearbeitung, die nur die besten Künstler beherrschen, zu den kostbarsten Objekten fürstlicher Kunstkammern. Zwischen 1565 und 1570 entsteht die »Drachenschale«, die heute im Kunsthistorischen Museum in Wien zu sehen ist. Schon Kaiser Maximilian II. lässt sich aus Mailand die schönsten Stücke aus der Werkstatt der Miseronis schicken. Der Kaiser besitzt mehr als sechzig Werke, die durchaus fürstlich honoriert werden. Für die Finanzierung kommst das Augsburger Bankhaus Fugger auf. Da Gasparo zwar verheiratet ist, das Paar aber ohne Nachkommen bleibt, führt sein Bruder Girolamo die Werkstatt weiter und übergibt sie an seine Söhne. Er selbst reist nach Madrid und arbeitet dort für den spanischen Hof. Längst sind die Arbeiten der Familie Miseroni an zahlreichen europäischen Fürstenhöfen bekannt. Kunstwerke aus geschnittenem und geschliffenem Stein begeistern im 16. Jahrhundert die adelige Welt. Die Miseronis arbeiten in Mailand, Florenz, Madrid und bald auch am Prager Hof von Kaiser Rudolf II. Das Wissen, das Können und die Geheimnisse der Edelsteinbearbeitung werden von Girolamo an seine Söhne Ottavio und Giulio vererbt. Auch die anderen sie-

Die Mailänder Familie Miseroni schneidet und bearbeitet Edelsteine für die Wunderkammer des Habsburgerkaisers Rudolf II. und seiner Nachfolger. Die »Drachenschale«, die heute im Kunsthistorischen Museum in Wien ausgestellt ist, ist ein Höhepunkt ihrer Kunst.

ben Söhne sind in der Familienwerkstatt beschäftigt. Über sie schweigt – wie so oft – die Chronik.

Ottavio wird an den kaiserlichen Hof in Prag berufen. Der 19-Jährige wird von Rudolf II. als Edelsteinschleifer angestellt; er soll fürderhin nur noch für den Habsburger arbeiten und mit dem Glanz seiner Werke den Ruhm des Kaisers mehren. Mit der Anstellung des begabtesten Miseroni sichert sich Rudolf exklusiv die Talente Dionysios. Kein anderer Herrscher kann solch kunsthandwerklich perfekte Stücke sein Eigen nennen. Ottavio entwickelt eine besondere Meisterschaft darin, die natürliche Form und Färbung der Steine für die Gestalt der daraus geschliffenen Gegenstände zu nutzen.

Steinobjekte waren für jede Kunstkammer wichtig. Das Material kam aus fernen Ländern und brachte damit die weite Welt an den kaiserlichen Hof. Was selten ist, ist kostbar. Das Konzept der Wunderkammer rückt in den Mittelpunkt des Herrschaftsverständnisses und Weltbilds von Rudolf. Aus der Vorstellung, durch höchste Kunstfertigkeit die Schönheit der Welt in deren Materialien zu konzentrieren und zu besitzen, leitet der Habsburger auch die Legitimität seiner Herrschaft (und die seiner Dynastie) ab.

Steine gehören jeweils dem Landesfürsten, sie sind Teil des Bergwerksregals. Steinschnittobjekte gelten schon allein wegen ihres Materialwertes als wertvoll. Die Arbeit der Steinschleifer wird deutlich großzügiger bezahlt als jene der Maler. Sie tragen auch ein hohes Risiko. Zerbricht der bearbeitete Stein, müssen die Handwerker den Bruch aus eigener Tasche ersetzen.

Der Kaiser liebt den geschliffenen Stein. Er begreift die physische Erscheinung der Natur, von Farben, Formen, Glanz und Härte der Steine als Teil eines göttlichen universalen Systems. In der Schönheit vermeint Rudolf das Abbild Gottes zu erkennen. Der Naturwissenschaftler und Hofarzt Rudolfs II., Anselm Boëtius de Boodt, schreibt: »Der Kaiser ist ein Liebhaber von Steinen, und zwar nicht einfach, weil er dadurch seine Würde und Erhabenheit zu mehren, sondern durch sie die Herrlichkeit Gottes ins Bewusstsein zu rücken hofft, die unaussprechliche Macht dessen, der die Schönheit der ganzen Welt in solch kleine Körper zusammendrängt und in ihnen die Anlagen aller anderen Dinge der Schöpfung vereint.«

Seine in Prag eingerichtete Schatzkammer gilt als eine der prächtigsten ihrer Zeit. Rudolf, der in Spanien am Hof seines Onkels erzogen wurde, lässt sich durch die Schätze Karls V. und Philipps II. von Spanien anregen. Rudolf II. wird der bedeutendste Sammler seiner Zeit. Um Kunst geht es dabei eigentlich nicht. Das Grüne Gewölbe in Dresden, die Kunstkammern in Prag, Innsbruck und später in Wien sind buchstäbliche Wunderkammern. Sie vereinen Handwerkskunst, prachtvolle geschnittene Steine, aber auch seltene Mineralien, exotische Tiere und allerlei Merkwürdigkeiten: Goldschmiedekunst neben einem Narwalzahn, den Zeitgenossen für das Horn des mythischen Einhorns halten und dem magische Kräfte zugeschrieben werden, ausgestopfte exotische Vögel neben einer Trinkschale aus Bergkristall, Chamäleons, Krokodile, seltsam aussehende Fische, ein Paradiesvogel und eine Menge anderes Getier zieren die ausufernde Sammlung.

Der Habsburger beschäftigt eigene Maler am Hof, die Naturabbildungen und Tierdarstellungen produzieren. So tauchen in den Sammlungen Abbildungen von Einhörnern, Drachen und Alraunen auf. Die kunterbunte Vermischung von naturwissenschaftlicher Neugier und magisch-mystischen Ideen charakterisiert diese Zeit und ihre Herrscher. Das kaiserliche Interesse changiert zwischen Wissensdrang, chemischen Experimenten und Alchemistenwerkstätten. Mechanische Kunstwerke und Automaten mit beweglichen Elementen faszinieren den Hof besonders. Die Schaustücke sollten nicht weniger als ein Abbild des Universums sein. Rudolf II. bezahlt Agenten, die quer durch Europa reisen, um Objekte für die kaiserliche Sammlung aufzutreiben. Der Begriff des Originals hat damals eine andere Bedeutung. Was der Kaiser nicht kaufen kann, lässt er kopieren. Dafür sind am Prager Hof zahlreiche Werkstätten eingerichtet, die besten Handwerker dürfen für den Kaiser arbeiten. Und er zahlt gut.

Das böhmische Prag und Tirols Hauptstadt Innsbruck sind im späten 16. Jahrhundert die Zentren der habsburgischen Sammlungen. Wien spielt vorerst nur eine untergeordnete Rolle. Rudolf II. wurde 1575 böhmischer König und 1576 Kaiser des Heiligen Römischen Reiches. Seit seiner Krönung verbrachte er immer wieder längere Zeit in Prag und 1583 übersiedelte der kaiserliche Hof dauerhaft in die Hauptstadt des Böhmischen Königreiches.

Ottavio Miseroni fühlt sich in der Stadt an der Moldau wohl. Seine Arbeit wird überaus geschätzt, und er wird dafür reich belohnt. Der Kaiser adelt Ottavio und dessen Brüder Giovanni

Das Bild einer genialen Handwerksfamilie. Der Maler Karel Škréta gewährt einen seltenen Einblick in die Werkstatt der Edelsteinschneiderdynastie Miseroni in Prag.

Ambrogio, Aurelio und Alessandro. Fortan gehören die Mailänder Miseronis zum erblichen Reichsadel. Wappen mit Reichsadler inklusive. Vom Affen als Meisterzeichen bis zum Wappen mit dem Reichsadler – Handwerk hat wirklich goldenen Boden. Der junge Künstler heiratet die Tochter des kaiserlichen Hutmachers Ferrante Castello. Die beiden verstehen einander gut. Laura stammt ebenfalls aus Mailand. Das Paar setzt fünf Söhne und vier Töchter in die Welt. Und ein Sohn, Dionysio, erbt das große Talent des Vaters, Großvaters und Urgroßvaters in der Edelsteinschneidekunst. Er wird in vierter Generation zum berühmtesten Künstler der Familie. Nach dem Tod von Kaiser Rudolf II. setzt Kaiser Ferdinand II. dessen Sammelleidenschaft fort. Und auch er verzichtet nicht auf die Arbeit der Miseronis.

Mit dem Tod seines Vater Ottavio wird sein Sohn Dionysio alleiniger Verwalter der kaiserlichen Schatzkammer in der Prager Burg. In Abwesenheit des Kaisers, der mit dem Hof aus dem aufrührerischem Prag, in dem die böhmischen Stände zum Protestantismus konvertieren, nach Wien übersiedelt, handelt Dionysio quasi als Statthalter des Kaisers.

Eine gute Wahl: Der Italiener ist tatkräftig und treu gegenüber seinem kaiserlichen Dienstherrn und der katholischen Kirche. Miseroni bewacht und verwaltet die Schatzsammlung, die weiter in der Prager Burg bleibt. Er wird zum Inspektor für die Befestigungen der königlichen Städte, lässt in Prag den Hradschin ausbauen, handelt mit teuren Steinen, kauft Grundherrschaften und Immobilien und wird immer wieder in der »Kammerschleiferei« auf der Burg gesehen.

Besonders schwierige Steinarbeiten erledigt Dionysio höchstpersönlich. Sein Meisterstück wird das in der Wiener Schatzkammer aufbewahrte Smaragdgefäß. Das Objekt ist rund eineinhalb Kilo schwer; eigentlich ist es gar kein Gefäß, sondern gehört zu den sogenannten »Mirabilien« – Wunderdinge, sinnlos, nutzlos, einzig dazu da, die Schönheit zu feiern und aller Welt die überragende Stellung des Kaisers, seine Macht und seinen Reichtum zu zeigen.

Das Wunderwerk wird aus einem in Kolumbien gefundenen Smaragd, damals der größte der Welt, geschnitten. König Philipp II. hat den Smaragd, den seine Konquistadoren aus der Neuen Welt nach Spanien gebracht haben, gekauft, aber niemand wagt es, ihm den rechten Schliff zu geben. Der im Rohzustand wenig attraktive Klumpen besteht aus zwei zusammengewachsenen Kristallen und hat unglaubliche 2680 Karat. Spaniens Herrscher kennt die ausgeprägte Sammelleidenschaft seines Neffen Rudolf und schickt ihm den gräulich-weißen Stein per Kutsche nach Prag.

Der dankt und lässt den Stein liegen. Erst Kaiser Ferdinand III. lässt Meister Dionysio Miseroni daraus ein Gefäß schneiden.

Dionysio hat mit großen Steinen Erfahrung. Auch den größten je in Europa gefundenen Bergkristall hat er bearbeitet. Der tschechische Maler Karel Škréta gewährt dem Betrachter mit seinem um 1653 herum entstandenen Porträt der Familie Miseroni einen seltenen Einblick in die Werkstatt und in die Arbeitsweise einer Edelsteinschneider-Manufaktur. Im Hintergrund sind die Schleifmaschinen der Werkstatt zu sehen, im Vordergrund die noch nicht fertiggestellte Pyramide aus Bergkristall.

Mit dem Smaragd lässt sich Miseroni Zeit. Die riskante Arbeit wird erst 1641 vollendet. Dionysio lässt sich das Risiko des Bruches kaiserlich entlohnen. Sein Honorar von 12 000 Gulden wird vom Kaiser in Raten überwiesen. Ferdinand III. muss schließlich auch die Söldnerheere bezahlen, die mit unterschiedlichem Kriegsglück gegen die protestantischen Fürsten kämpfen. Glücklicherweise befindet sich der geschliffene Smaragd 1648, als die schwedischen Eroberer die böhmische Hauptstadt erobern, nicht mehr in der Prager Burg am Hradschin. Sie hätten ihn wohl zu gerne als Kriegsbeute mitgenommen.

Nach dem Tod von Dionysio beginnt der Niedergang der Handwerkskunst aus dem Haus Miseroni. Ferdinand Eusebio, Dionysios Sohn aus dritter Ehe, gerät gar in Zahlungsschwierigkeiten. Seine Witwe muss 1684 um Überlassung der Kristallschneiderei sowie des Quartiers für die Familie bitten. Der Bitte wird stattgegeben. Die letzten offenen Rechnungen werden aus der Staatskasse beglichen. Dann ist das Zeitalter der Edelsteinschneider vorbei. Die weitverzweigte Familie der Miseroni bleibt in Böhmen und verwaltet ihre Besitzungen. Immer wieder einmal taucht ihr Name in Grundbüchern auf. Der Quell aber, der die über viele Generationen weitervererbte Handwerkskunst gespeist hat, versiegt.

Familie Mozart

»Er hat seinen Vater nie gekannt und ist dennoch an ihm zerbrochen.«

Wenn jemand Mozart heißt, ein Sohn des in Salzburg geborenen Genies ist und musikalisch eine große Begabung geerbt hat, dann ist sein Scheitern irgendwie vorbestimmt. Der jüngste Sohn von Wolfgang Amadeus Mozart wird an einem heißen Julitag 1791 kurz nach seiner Geburt auf den Namen Franz Xaver Wolfgang getauft. Er ist das sechste Kind, das Mozarts Frau Constanze in acht Ehejahren zur Welt bringt. Wie viele Frauen damals ist sie eigentlich immer schwanger oder stillt zumindest für ein paar Wochen ihre Säuglinge. Von den sechs Kindern der Familie Mozart sterben vier innerhalb weniger Wochen nach der Geburt. Bei den damals herrschenden hygienischen Zuständen bedeutet jede kleine Infektion den Tod. Das (Über-)Leben eines Neugeborenen war im ausgehenden 18. Jahrhundert keine Selbstverständlichkeit. Kinder werden meist schon am Tag nach der Geburt getauft, damit wenigstens ihre Seelen in den Himmel kommen, wenn ihnen schon kein langes Leben beschieden sein sollte.

Auch Mozarts Mutter hat sieben Kinder im Schlafzimmer der ehelichen Wohnung im dritten Stock des Hagenauer-Hauses in der Getreidegasse zur Welt gebracht. Hausgeburten sind zu dieser Zeit keine Modeerscheinung, sondern normal. Auch sieben Kinder sind normal. Kindersegen bedeutet für die Eltern die Hoffnung auf eine gewisse soziale Absicherung im Alter, wobei darunter auch etwas anderes zu verstehen ist als heute. Mit fünfzig Jahren am Buckel ist der Mensch damals ein Greis, weiß Johann Wolfgang von Goethe – und will nicht als solcher bezeichnet werden: »Niemand hört es gern, / Daß man ihn Greis nennt«, wie es im zweiten Teil von *Faust* heißt. Der Weimarer Dichter wird immerhin das damals biblische Alter von 82 Jahren erreichen. Goethe und Mozart sind übrigens Zeitgenossen. Ein Jahrhundert der Genies.

Franz Xaver ist der jüngste Sohn der Familie Mozart, er kommt in der Wiener Rauhensteingasse zur Welt. Seinen Vater, den damals schon berühmten Wolfgang Amadee, wird er nie bewusst kennenlernen. Nur wenige Monate nach Franz Xavers Geburt erkrankt der Komponist Mitte November an einem »rheumatischen Fieber«, vermutlich war es eine bakterielle Infektion, die ihn aufs Krankenlager wirft.

Ein paar Tage zuvor hat Wolfgang Amadee noch bei der Einweihung eines Tempels der Loge »Zur gekrönten Hoffnung« eine »kleine Freimaurerkantate« gespielt. Es sollte die letzte Komposition des Meisters gewesen sein. Im Köchelverzeichnis scheint es als Nummer 623 auf. Im Wien Kaiser Josephs II. gibt es zahlreiche Freimaurerlogen, der Sohn von »Kaiserin« Maria Theresia fördert die Freimaurerei, in deren Mittelpunkt eine idealisierte Humanitätsidee und der Begriff der Menschenliebe stehen. Mozart ist Mitglied in der Wiener Loge »Zur Wohltätigkeit«. Dort treffen sich vor allem höhere Verwaltungsbeamte, Universitätslehrer und Priester. Die verschiedenen Logen sind durch unterschiedliche soziale Schichtungen geprägt. Während in der Loge »Zur gekrönten Hoffnung« der Adel eher unter sich bleibt, um die Ideen der Humanität zu feiern, teilen sich Mozarts Loge »Zur Wohltätigkeit« und die Loge »Zur wahren Eintracht« einen Versammlungsraum. Wolfgang Amadee wirbt übrigens auch seinen Vater Leopold für die Freimaurerei an. Eine Mitgliedschaft ist anno 1791 kein ganz billiges Vergnügen. Die Aufnahmegebühr beträgt 45 Gulden, das Mehrfache des Jahresgehaltes einer Dienstmagd.

Mozart hat sich in kurzer Zeit vom freimaurerischen Lehrling zum Gesellen emporgearbeitet und dafür noch einmal 15 Gulden bezahlt. Den Meistergrad erreicht er nicht (mehr). Dennoch sind wahrscheinlich zwei Dutzend seiner Kompositionen von den Ideen der Logenbrüder beeinflusst. *Die Zauberflöte* gilt überhaupt als das »Hohelied« der Freimaurerei. In der Gestalt des Sarastro hat Mozart wohl Ignaz von Born ein Denkmal gesetzt. Der ehemalige Jesuit und Kustos des kaiserlichen Mineralienkabinettes gilt als Spiritus Rector der Wiener Freimaurerei zur Zeit der Aufklärung. Sein Vortrag über die ägyptischen Mysterien soll Mozart zur *Zauberflöte* inspiriert haben.

Von seinem Krankenlager aus mochte Wolfgang Amadee einen Blick auf den »rauen Stein« gehabt haben, der vor dem Haus schräg gegenüber seiner letzten Wohnung in der Rauhensteingasse 8 über dem Eingangstor hängt. Damals befindet sich in dem Gebäude ein Gericht, heute versammeln sich dort Wiens Freimaurer zu ihren wöchentlichen Treffen und gehen dabei an einer an der schmucklosen Fassade angebrachten Gedenktafel vorbei, die auf Mozarts Sterbehaus hinweist. Dieses wurde bereits 1846 demoliert.

Nach drei Wochen am Krankenlager stirbt der größte Komponist seiner Zeit und aller Zeiten. Im Totenbeschauprotokoll notiert der Arzt, der Mozarts frühes Hinscheiden durch die damals üblichen Behandlungsmethoden wesentlich beschleunigt hat, sein Patient »Herr Wolfgang Amadeus Mozart, k. k. Kapellmeister und Kamer Compositeur« sei am 5. Dezember an »hitzigem Frieselfieber« verstorben. Die Angabe der Todesursache war nur einem behördlichen Erlass geschuldet, der die Ärzte verpflichtete, eine vermutete Todesursache in deutscher Sprache anzugeben.

Franz Xaver ist kaum fünf Monate alt, als sein noch nicht 36-jähriger Vater im Stephansdom eingesegnet, am folgenden Morgen auf den St. Marxer Friedhof gekarrt und dort in einem Schachtgrab mit fünf weiteren Toten beerdigt wird. Für ein Begräbnis dritter Klasse (acht Gulden für die Pfarre, drei Gulden für den Leichenwagen) war kein Kreuz am Grab vorgesehen. Die Ehefrau begleitet ihren toten Gatten nicht, auch sonst folgt niemand dem damals schon berühmten Tonsetzer auf seinem letzten Weg. Was heute merkwürdig lieblos wirkt, ist 1791 durchaus übliche Praxis. Es war Trauernden behördlich untersagt, dem Leichenkarren zu folgen.

Constanze Mozart wird erst Monate später auf den St. Marxer Friedhof kommen und das Grab ihres verstorbenen Gatten nicht mehr finden. Für Mozart wird kein Requiem aufgeführt.

Aus der Biografie von Vater Leopold erfährt man, dass »dieser seiner Familie nichts hinterließ als einen Ruhm, der von Jahr zu Jahr sich steigerte, von dem jedoch dieselbe ihr Dasein nicht fristen konnte«. Was verwundert, aber amtlich dokumentiert ist. Das vom »k. k. Kapellmeister« hinterlassene Vermögen wird auf exakt 592 Gulden und 9 Kreuzer beziffert, dem stehen zwischenzeitlich von der Witwe beglichene Schulden von 918 Gulden und 16 Kreuzern gegenüber. Den größten Teil an nicht bezahlten Rechnungen meldete Georg Dümmerer, bürgerlicher Schneidermeister, dem Verlassenschaftsgericht.

Trotz der mageren Erbschaft für die beiden Söhne verdiente Wolfgang Amadee Mozart zu Lebzeiten sehr gut. Er war kein Hungerleider und rühmte sich, der teuerste Klavierlehrer des Landes zu sein. Für jede Lektion kassierte er zwei Gulden. Seine außerordentliche Produktivität konnte er sehr wohl in bare Münze umsetzen. Mozarts Jahreseinkommen wird auf 10 000 Gulden geschätzt, das würde – grob gerechnet – heute etwa 120 000 Euro entsprechen. Doch der junge Musikus pflegte einen recht aufwendigen Lebensstil, die Familienwohnungen waren durchaus bürgerlich, und für Kleidung gab Mozart Unsummen aus.

Möglicherweise noch teurer kam Mozart seine unbändige Spiellust und Risikobereitschaft. Billard spielte er mit hohem Einsatz, und auch am Kartentisch saßen ihm die Gulden locker in der Tasche. Vorsorge fürs Alter traf er nicht. Er sollte es auch nicht erleben.

Seine Witwe Constanze musste sich nach seinem Tod um die Bezahlung der Schulden kümmern. Den Lebensunterhalt deckten eine von Kaiser Leopold II. gewährte Pension von 240 Gulden und der Erlös eines Benefizkonzertes, für das der Kaiser selbst einen großzügigen Betrag spendete. Frau Mozart kümmerte sich fortan um die Vermarktung des musikalischen Erbes ihres genialen Gatten, und sie tat dies mit Bravour. Schon bald trug die Inszenierung eines Geniekults um den Verblichenen ihre Früchte. Der kleine Franz Xaver Wolfgang sollte das musikalische Erbe seines Vaters antreten. Die Witwe Mozarts änderte den Namen des Letztgeborenen in »Wolfgang Amadee« und ließ ihn bereits im Alter von zwei Jahren musikalisch unterrichten. Vererbte Begabung, Fleiß und mütterlicher Drill fügten sich harmonisch zu einem Ganzen. Constanze reiste mit dem fünfjährigen »Wolfgang Amadee Mozart fils« nach Prag, wo der Kleine schon öffentlich auftreten durfte und das Lied des Papageno aus der *Zauberflöte* sang, »zu welchem Behufe das Kind auf einen Tisch gestellt wurde«.

Constanze ging auf Europareise und ließ ihren Sohn in Prag zurück, wo er zunächst bei der Familie Duschek, dann im Haus des kaiserlichen Rates Franz Xaver Niemetschek betreut wurde. Kinder wurden in jenen Tagen wie kleine Erwachsene behandelt, ein Kindsein im heutigen Sinne war nicht vorgesehen. Das geringe Interesse von Constanze an ihren Söhnen stieß freilich schon vor hundert Jahren auf leises Missfallen. So berichtet das *Neue Wiener Journal* am 10. Juni 1917 über die Söhne Mozarts: »Konstanze hat ihre Kinder nicht mit großer Sorgfalt behandelt. Sie trachtete, sie so rasch als möglich in Pflege zu geben. Schon im Jahr 1786 hatte sie die beiden damals vorhandenen Kinder zu dem alten Mozart nach Salzburg schicken wollen, um die Kunstreisen ihres Mannes mitzumachen.« Doch auch der Großvater lehnte es ab, sich um seine beiden Enkelsöhne zu kümmern. Seine wenig geliebte verwitwete Schwiegertochter bot ihm sogar die Bezahlung für Kost und Logis an. Doch Leopold blieb ungnädig: »Das wäre freilich nicht übel. Sie könnten ruhig reisen, könnten sterben, könnten in England bleiben. [...] Basta!«

Beim kaiserlichen Rat Niemetschek war der siebenjährige Franz Xaver freilich gut aufgehoben, was bedeutete, dass er Musikunterricht von ausgewiesenen Könnern erhielt. Im Gegensatz zu seinem berühmten Vater – der keine Schulbildung genoss – durfte Franz Xaver das deutschsprachige Gymnasium auf der Prager Kleinseite besuchen. Niemetschek war ein großer Verehrer Mozarts und später sein Biograf. Die Betreuung der Kinder seines verehrten Meisters war für den Pädagogen Ehrensache. Schon der ältere Bruder Carl hatte drei Jahre in Prag im Haus der Familie Niemetschek gewohnt. Wie einst sein Vater, spielte »Wolfgang Amadee Mozart fils« schon im Volksschulalter »Claviersonaten« bei gesellschaftlichen Anlässen und begann zu komponieren. Sein erstes Klavierkonzert in g-Moll schrieb er mit elf Jahren. Die Komposition wurde sogar »gestochen«, also veröffentlicht.

Nach ihrer Europareise nahm Constanze ihren Jüngsten wieder nach Wien mit. Sie plante seine Konzertkarriere, für die der Name »Wolfgang Amadeus Mozart« kein Hindernis war. Das Wörtchen »fils« – also Sohn – wurde nur als kleiner Anhang vermerkt.

Franz Xaver konzertierte das erste Mal im Jahr 1804, also kaum 13 Jahre alt, im Theater an der Wien. Dort spielte er sämtliche seiner drei Eigenkompositionen, unter anderem die Kantate *Zum Lobe meines Vaters*, und begeisterte damit das Publikum. Zeitgenössische Berichte lobten Mozarts Sohn: »Der junge Mozart erntete Applaus, der sich zum Enthusiasmus steigerte, und der Ertrag des Concerts belief sich auf die für jene Zeit unerhörte Summe von 1700 Gulden.«

Mit dem Erlös des ersten Konzertes konnte Constanze die Lehrer und die Unterkunft ihres Sohnes bezahlen. Sie hatte alle immer wieder mit dem Hinweis auf ihre karge Pension, die sie »durch kaiserliche Gnade« bezog, vertröstet. Der 13-Jährige musste seinen Lebensunterhalt nun selbst verdienen. Er tat dies, indem er Musikunterricht gab und nebenbei drei Sprachen lernte. Die Schule besuchte er nicht mehr. Auch sein Vater hatte ja nie eine Schule von innen gesehen.

Alles, was Wolfgang Amadeus Mozart wusste, hatte ihm sein Vater Leopold beigebracht. Der Musiker, den es in die fürsterzbischöfliche Kleinstadt Salzburg verschlagen hatte, verzichtete auf eine eigene Karriere als Komponist und Geigenvirtuose, um fürderhin das Talent seiner beiden Kinder Maria Anna Walburga Ignatia genannt Nannerl und Johannes Chrysostomus Wolfgangus Theophilus, so der offizielle Taufname Mozarts, zu fördern, zu propagieren und deren Karriere als Kinderstars voranzutreiben. Johann Georg Leopold Mozart wurde 1719 in Augsburg geboren und ging bei den Jesuiten in die Schule. In Augsburg entdeckte Leopold seine Begabung für die Musik, bald galt er als Meister auf der Violine und als Virtuose an der Orgel. Der junge Mann komponierte auch. 1737 zog der 18-Jährige nach Salzburg, um dort Philosophie zu studieren. Sein Interesse an der Musik war jedoch stärker, seine Begabung wurde in Salzburg bald erkannt, und er bekam eine fixe Anstellung beim Salzburger Domherrn angeboten. Kurz nach der Geburt seines Sohnes Wolfgang wurde er Hof- und Kammerkomponist des Salzburger Fürsterzbischofs.

Die Zuneigung seines Vaters wurde Johannes Chrysostomus Wolfgangus Theophilus nicht in die Wiege gelegt. Der Name Amadee, beziehungsweise Amadeus, war eine lateinische Ableitung seines griechischen Vornamens Theophilus. »Wolfgang Amadeus Mozart« wurde erst nach seinem Tod zum Markennamen. Leopold Mozart erlebte die Geburt des jüngsten Sohnes als neuerliche Belastung des Familien- und Ehelebens. Seine Frau hatte ihm bereits sechs Kinder geboren, von denen fünf bald nach der Geburt gestorben waren. Jede Schwangerschaft war für die Mutter mit Lebensgefahr und für die Familie mit Todesängsten verbunden. Weit mehr als die Hälfte der Neugeborenen wurde damals nicht älter als ein paar Wochen. Auch der kleine Wolfgang kränkelte, blieb aber am Leben. Und der Sohn erfreute seinen Vater schon in frühen Kindertagen mit seinem musikalischen Talent.

Leopold Mozart war selbst ein bedeutender Komponist und Geiger. In Mozarts Geburtsjahr veröffentlichte Leopold seine *Gründliche Violinschule*, ein Lehrbuch für alle, die dem Streichinstrument wohlklingende Töne entlocken wollten. Die *Violinschule* wurde bald zum anerkannten Standardwerk und in vielfacher Auflage immer wieder gedruckt. Für seine musikalisch begabten Kinder gab Leopold den Beruf als Musikus jedoch auf. Er hatte weder Zeit noch Lust, im Dienste des Salzburger Fürsterzbischofs zu musizieren und Kirchenlieder zu komponieren. Und sein Arbeitgeber zögerte immer öfter, die langen Urlaube und Abwesenheiten seines »Hofkomponisten« zu genehmigen. Leopold entwickelte andere Talente: Er wurde zu einer Art Agent, zu einem Manager für seinen Sohn – und das lange, bevor diese Berufsbezeichnung erfunden wurde. Vater Leopold stellte seine ganze Tatkraft in den Dienst seines Sohnes, dessen Genie nicht zu übersehen war. Und er tat gut daran.

Von Salzburg aus kutschierte der Musiker mit seinen Kindern kreuz und quer durch Europa, ließ die Kinderstars an Fürstenhöfen musizieren, wodurch deren Bekanntheit und Reputation immer mehr wuchsen. Mozarts Schwester Nannerl galt als ebenso großes Talent wie ihr Bruder, war aber um einige Jahre älter als Wolfgang, der bald die gesamte Aufmerksamkeit des Publikums und der Familie auf sich zog. Kompositionen der älteren Schwester ließ Vater Leopold nicht aufzeichnen. Obwohl ihr Können unbestritten war, blieb sie im Schatten des jüngeren Bruders. Sie war ein Mädchen. Und Musik war männlich.

Dreieinhalb Jahre reiste die Familie durch Westeuropa. Die Kutsche war das Reisevehikel der Wahl. Alternativen gab es nicht. Und Reisen waren damals fürwahr kein Vergnügen. Deutschland, Belgien, Frankreich, über den Kanal nach England, zurück durch die Niederlande, wieder Deutschland, die Schweiz, dreimal durch Italien über Innsbruck, Verona, Mailand, Rom bis nach Pompeji, zurück über Turin, Bologna und Venedig. Es waren mühevolle Fahrten, aber sie formten aus dem

Salzburger Kind einen »Europäer«. Er ging zwar nicht zur Schule, lernte aber auf den Reisen Französisch, Italienisch, Englisch und – natürlich – zumindest die Grundzüge des Kirchenlateins. Und die Mozarts mussten eine gehörige Portion Sitzfleisch entwickeln. Die Kutschen waren in etwa mit doppeltem Schritttempo unterwegs, die Wege holprig, die Wagen ungefedert. Die Sitze waren harte Bretter. Für die Strecke von Salzburg nach München brauchten die Reisenden drei Tage.

Der Knabe spielte, komponierte und hörte Musik. Jeden Ton, jede Melodie saugte er auf. Eine musikalische Wanderschaft, die Kraft kostete und Gewinn brachte – Gulden und Können. Insgesamt war Wolfgang Amadeus 3720 Tage unterwegs. Zehn Jahre seines Lebens verbrachte er in engen Kutschen, zweifelhaften Herbergen und auf Adelsschlössern. Daheim in Salzburg war er kaum. Obwohl der Vater für seinen Sohn »Wolferl« in den ersten Jahren die wichtigste Bezugsperson war, wurde das persönliche Verhältnis zunehmend schwieriger. Der Sohn entwickelte sich zwar wie erhofft zum europäischen Superstar der Musik, sein großzügiger Umgang mit Geld, seine durchaus kecke Art, mit aristokratischen Financiers zu verkehren und sie gelegentlich vor den Kopf zu stoßen, ärgerten Leopold jedoch. Auch die Wahl seiner Ehefrau fand nicht den Beifall des Vaters. Im Alter von 26 Jahren heiratete Mozart trotzdem Constanze Weber aus Mannheim.

Später folgte auch der jüngste Sohn der beiden, Franz Xaver, bei seinen musikalischen Reisen den Spuren des berühmten Vaters. Hatte dieser das enge Salzburg verlassen und Europa bereist, ehe er nach Wien in die kaiserliche Hauptstadt kam, so verließ Franz Xaver seine Geburtsstadt Wien und reiste in die Gegend von Brody in Galizien, also ganz an den Rand des Habsburgerreiches. Er war knapp 17 Jahre alt, als ihn die wohlhabende Familie des Grafen Viktor Baworowski engagierte. Drei Jahre lang lebte Franz Xaver auf dem Gut Smolanka in Podkamień in der heuti-

»Des Vaters Name war es eben, was deiner Tatkraft Keim gestört.« Ein seltenes Porträt des Klaviervirtuosen und Komponisten Franz Xaver Wolfgang Mozart, jüngerer Sohn des Salzburger Genies

gen Westukraine und brachte der Comtesse Henriette Klavierspielen bei. Und das zur vollen Zufriedenheit des Grafen, denn nach drei Jahren wurde er einem weiteren galizischen Gutsherrn empfohlen, um schließlich mit ihm nach Lemberg, dem heutigen Lwiw, zu ziehen – damals die Hauptstadt Galiziens, das wie Südpolen einschließlich Krakau Teil der Habsburgermonarchie war.

Mozarts Sohn gibt in Lemberg ein Konzert und begegnet der Sängerin und Pianistin Josephine Baroni-Cavalcabò, geborene Gräfin Castiglioni. Die drei Jahre ältere, in Olmütz geborene Aristokratin aus alter Trentiner Adelsfamilie wird zur Frau seines Lebens, ohne dass sie jemals seine Frau werden kann. Erstens sind die Standesgrenzen in jenen Tagen unüberwindbar, und zweitens ist Josephine bereits verheiratet. Das alles spricht gegen eine legalisierte Beziehung, nicht aber gegen eine Affäre. Franz Xaver und die Gräfin Josephine Baroni-Cavalcabò bleiben einander über Jahrzehnte verbunden.

Der Musiker bricht – ganz in der Tradition seines Vaters – zu Konzertreisen nach Moskau auf, kommt aber nur bis Kiew. Nach dem Tod von Zar Alexander I. wird in Russland eine viermonatige Staatstrauer verfügt. Die Reise muss abgebrochen werden. Franz Xaver kehrt nach Lemberg zurück und setzt seine Konzerttour in westliche Richtung fort: Polen, Dänemark, wo er in Kopenhagen seine dort mittlerweile mit dem dänischen Diplomaten Georg Nikolaus Nissen verheiratete Mutter trifft, weiter durch die deutschen Königreiche und Fürstentümer nach Österreich, in die Schweiz, wieder Deutschland und schließlich Wien. Während seiner Reisejahre führt der junge Mozart ein Tagebuch, das die Lebensbedingungen eines reisenden Virtuosen dieser Tage anschaulich schildert. Das angebliche Biedermeier ist keineswegs nur »bieder«. In Europa gibt es einen vielfältigen kulturellen Austausch. Sprachen, Grenzen, Währungen, holprige Verkehrswege sind kein Hindernis für Mobilität. Die Zeit ist vielfach freier, als spätere Jahrzehnte oder Jahrhunderte glauben machen wollen. Visa, Arbeitsbewilligungen und was es sonst noch an bürokratischen Hürden geben mag, spielen keine Rolle. Der Egoismus von Nationalstaaten ist erst im Entstehen.

Franz Xaver Mozart bekommt auf seinen Reisen ehrenvolle und finanziell lukrative Angebote, die er aber allesamt ablehnt. 1819 bietet ihm der König von Württemberg eine Konzertstelle mit 1500 Gulden Jahresgehalt an. Auch dies lehnt er ab. Ebenso nimmt er eine lukrative Berufung nach Weimar nicht an. »Immer der eitlen Hoffnung sich hingebend, im Vaterlande eine entsprechende Stellung zu erlangen.« Mozart fils hofft, in seiner Geburtsstadt Wien zu reüssieren und eine Anstellung zu finden. Vergebens.

Auch die späteren Versuche seiner Mutter Constanze verehelichte Nissen, ihm in Salzburg die Leitung des 1840 gegründeten Mozarteums zu sichern, scheitern. Die Salzburger brauchen für Mozarts Ruhm und Ehre keinen Wiener, selbst wenn er »Wolfgang Amadeus Mozart fils« heißt. Da helfen ihm nicht einmal die Netzwerke der Freimaurer, deren Logenbruder er wie sein Vater und Großvater ist. Er war in Warschau in die Loge »Zur Halle der Beständigkeit« aufgenommen worden.

Also zieht er sich wieder nach Galizien zurück, gründet einen Chor und arbeitet als Musiklehrer im Haus der Familie Baroni-Cavalcabò, wo er die beiden Töchter Laura und Julie in die Geheimnisse des Klavierspiels einweiht. Er wohnt im Haus der von ihm verehrten Josephine, organisiert wöchentliche Hausmusiken und wird zum Fixstern des musikalischen Lebens Lembergs. Ein finanziell abgesichertes, gesellschaftlich akzeptiertes Leben also. Aber eben nicht in Wien, sondern in Lemberg, in der habsburgischen Provinz.

Immerhin bleibt »Wolfgang Amadeus Mozart fils« ständiger Begleiter von Josephine. Sie reisen zu dritt (gemeinsam mit Josephines Tochter und Franz Xavers Klavierschülerin Julie) nach Dresden, Leipzig und zur Kur nach Karlsbad. Irgendwann wird gemunkelt, Julie könnte die Frucht des außerehelichen Glücks des ungleichen Paares sein. Musikalisch hochbegabt ist sie jedenfalls. Julie gilt als fingerfertige Pianistin und komponiert, wie ihr Lehrer – wie ihr Vater und Großvater? –, und ihre Werke werden von durchaus renommierten Musikalienverlagen gedruckt. Robert Schumann kannte und schätzte die Kollegin und widmete ihr eine eigenwillige *Humoreske*, die als op. 20. 1839 in Wien veröffentlicht wird.

Zwischen Robert Schumann und Julie dürfte es ein wenig geknistert haben, die junge Dame soll am durchaus attraktiven Komponisten nicht nur seine Musikalität geschätzt haben. Schon ein Jahr später revanchiert sich Julie mit einer Komposition, die sie Schumann widmet: *L'adieu et le retour. Morceaux de fantaisie pour pianoforte.* Mozarts Enkelin, eine Geliebte von Robert Schumann? Erwiesen ist das Gerücht keineswegs, aber es beflügelt die Fantasie.

Schließlich übersiedelt die Adelsfamilie Baroni-Cavalcabò 1838 von Lemberg nach Wien. Franz Xaver Mozart begleitet das Ehepaar – »Hauptregierungsratsmitglied« Ludwig Cajetan und Josephine – sowie die mittlerweile standesgemäß verheiratete Tochter Julie Weber von Webenau in seine Heimatstadt. Das Arrangement stellt offenbar alle Beteiligten zufrieden.

Klagen sind keine überliefert. Die späte Heimkehr des Sohnes von Wolfgang Amadeus Mozart führt ihn auch nach Salzburg. Dort wird ein halbes Jahrhundert nach Mozarts Tod eine bronzene Gedenkstatue eingeweiht. Dem Sohn wird die Aufgabe übertragen, einen Festchor zusammenzustellen, der mit Mozarts eigenen Kompositionen die Feier würdig umrahmen soll. Mozart zu ehren kann nur gelingen, wenn Mozarts Melodien vom eigenen Sohn dirigiert werden. Bei dieser Gelegenheit wird dem Junior auch endlich die Ehre zuteil, vom Salzburger Dom-Musikverein und vom Mozarteum zum »Ehren-Capellmeister« ernannt zu werden.

Sein älterer Bruder Carl Thomas reist aus Oberitalien zur Feier nach Salzburg an. Der älteste überlebende Sohn des großen Mozart spielt zwar Klavier »mit großer Geschicklichkeit«, entscheidet sich aber für eine ganz und gar kleinbürgerliche Karriere. Nicht freiwillig. Im Alter von neun Jahren wurde Carl Mozart 1793 zu einem Kaufmann nach Livorno in die Lehre gegeben,

In einem Brief an einen Prager Kaufmann schildert der älteste Sohn sein nicht von ihm selbst gewähltes Schicksal: »Durch den Machtspruch meiner Mutter war es beschlossen, daß nicht ich, sondern mein damals noch nicht zweijähriger Bruder Musiker werden sollte, worüber ich zwar nicht in jener Zeit, wohl aber in der Folge bei reiferer Einsicht sehr zufrieden war, von der Überzeugung ausgehend, daß die Söhne eines Vaters, der sich ausgezeichnet hat, nie dieselbe Bahn betreten sollen, da sie, selbst im Besitz größerer Talente als die, die ich in mir erkannte, doch niemals den an sie gestellten Anforderungen entsprechen können. Diese Überzeugung hat sich in reiferem Alter leider auch in meinem guten, nunmehr dahingeschiedenen Bruder eingewurzelt, ihn mißtrauisch, mißvergnügt gegen sein eigenes, wahrlich nicht gewöhnliches Talent gemacht, sein Leben verbittert und vielleicht auch verkürzt.«

Carl Thomas soll nur gebrochen Deutsch gesprochen haben und, wie zeitgenössische Aufzeichnungen beklagen, »alle italienischen Gebräuche im Leben angenommen haben«.

Er lebt unverheiratet, aber nicht einsam in der Nähe von Mailand – nicht als Kaufmann, sondern als k. k. Finanzbeamter, führt ein bescheidenes, aber durchaus zufriedenes Leben und fühlt sich vom übergroßen Ruhm seines genialen Vaters nur mäßig bedrückt. Das unterscheidet ihn von seinem begabteren Bruder. Carl hält aber durchaus losen Kontakt mit seiner Mutter und dem Bruder, der ihn auch in der Lombardei besucht.

Franz Xaver führt die letzten Jahre vor seinem Tod einen musikalischen Salon in Wien. Sein Haus wird Treffpunkt von Künstlern und Schriftstellern. Gesundheitlich geht es Franz Xaver nicht so gut. Er kränkelt und begibt sich zur Kur nach Karlsbad, wo er nach wenigen Monaten Aufenthalt im Alter von 53 Jahren stirbt, offiziell an »Magenverhärtung«, wahrscheinlich an Magenkrebs, der weder erkannt wird, noch heilbar gewesen wäre.

Als Alleinerbin setzt der offiziell kinderlos gebliebene Sohn Mozarts seine langjährige Vertraute Josephine Baroni-Cavalcabò ein, die auch sein Begräbnis organisiert und den Grabstein in Karlsbad bezahlt.

Franz Grillparzer widmet Franz Xaver Mozart ein Gedicht mit dem Titel »Am Grabe Mozart des Sohnes«, das dessen Dasein im übergroßen Schatten seines Vaters schmerzlich beschreibt:

[…]
Du warst die trauernde Zypresse
An deines Vaters Monument.

Wovon so viele einzig leben,
Was Stolz und Wahn so gerne hört,
Des Vaters Name war es eben,
Was deiner Tatkraft Keim gestört.

Begabt, um höher aufzuragen,
Hielt ein Gedanke deinen Flug;
»Was würde wohl mein Vater sagen?«
War dich zu hemmen schon genug.

Und wars zu schaffen dir gelungen,
Was manchen andern hoch geehrt,
Du selbst verwarfst es, kaum gesungen,
Als nicht des Namens Mozart wert.«

[...]

Aloys Fuchs, ein Mitglied der k. k. Hofkapelle, widmet Mozarts jüngstem Sohn einen freundlichen Nachruf: »Die Tonkunst verliert an ihm einen ihrer würdigsten Repräsentanten; als Pianist der älteren klassischen Schule angehörig, war er ausgezeichnet, namentlich im Vortrage der unübertrefflichen Kompositionen seines großen Vaters leistete er Vorzügliches.«

Tantiemen für die Werke seines Vaters hat Franz Xaver nie bekommen, es gab damals noch kein Urheberrecht. Dafür erhielt sein älterer ihn überlebender Bruder Carl unverlangt aus Paris 15 000 Franken als Tantiemen für die Aufführung von *Figaros Hochzeit* zugesandt. Die anderen Theater und Opernhäuser in Österreich und Deutschland, die mit Mozarts Werken seit Jahrzehnten Hunderttausende Gulden verdient haben, erinnern sich seiner Söhne nicht.

Carl Mozart stirbt 1858 in Mailand, trotz »der sorgfältigsten Pflege« der Sängerin Carlotta Maironi-Zawertal. Auch er ist, wie sein Bruder, kinderlos geblieben, obwohl es Gerüchte um eine unehelich geborene Tochter gibt. Er setzt das Salzburger Mozarteum als Universalerben ein.

Juwelen aus dem Haus A. E. Köchert

»Da fällt's wahrhaftig schwer, mit dem Präludieren des Auswählens zu Ende zu kommen.«

Das *Neue Wiener Journal* berichtet am 18. Jänner 1913 über die spektakuläre Festnahme eines internationalen Juwelendiebs. Der feine Herr, mutmaßlich Engländer, sei im Juweliergeschäft der Firma Anton Heldwein aufgetaucht und habe sich einige schöne Broschen im Wert von einigen Tausend Kronen vorlegen lassen. Unschlüssig, welches Schmuckstück er für seine Lady kaufen solle, habe sich der Gentleman verabschiedet und den Laden verlassen – nicht ohne vorher heimlich eine der vorgelegten Preziosen in seiner Brusttasche zu verstauen. Mister Spencer Thompson unterschätzte dabei allerdings die von Berufs wegen geschulte Aufmerksamkeit eines zufällig anwesenden Goldschmieds. Er und der Verkäufer eilten dem Verdächtigen, für den damals keineswegs irgendeine Unschuldsvermutung galt, nach und riefen nach dem Wachtmeister, der den Sir, der keiner war, in einem nahe gelegenen Gasthaus arretierte. So weit der chronikalische Zeitungsbericht.

Auf der Wache wird der vermeintliche Engländer verhört, die Brosche aber unerklärlicherweise nicht gefunden. Bei einer peinlich genauen Leibesvisitation spuckt der elegante – angebliche – Architekt buchstäblich die Wahrheit aus. Er hat das Schmuckstück unter der Zunge versteckt, was seine betont noble Aussprache erklärt. Im Zuge der weiteren polizeilichen Ermittlungen – einer Nachschau im Grand Hotel, wo er unter dem Namen George Reimer abgestiegen ist – wird eine große Zahl wertvoller Schmuckstücke, nebst einigen Tausend Kronen, entdeckt. Das sichergestellte Rundreisebillett London–Antwerpen–Brüssel–Köln–Hannover–Berlin–Leipzig–Dresden–Wien belegt den Verdacht, einen internationalen Gauner gefasst zu haben.

Unter dem entdeckten Diebesgut befindet sich auch eine Brosche aus dem Haus A. E. Köchert im Wert von neunhundert Kronen. Dem Juwelier Köchert war der Verlust bis zur polizeilichen Entdeckung noch gar nicht aufgefallen.

Der Dieb wusste genau, wo er »einkaufen« wollte. Die Goldschmiededynastie der Köcherts genoss damals – 1913 – schon seit einem Jahrhundert einen ausgezeichneten Ruf. Und die Auslagen am Neuen Markt in Wien wurden vor allem zur Weihnachtszeit von Schaulustigen umlagert. Ein illustriertes Blatt schrieb: »Es ist keine Kleinigkeit, eine Auslage, die ausnahmslos wahre Kabinettstücke der Juwelierkunst enthält, öfters gänzlich zu wechseln und dabei stets auf gleicher Höhe des Wertes und Geschmackes zu erhalten. Kein Wunder, daß dieses wundersame Schatzkästlein am Neuen Markt, daß die Auslage-Exposition A. E. Köchert's zu jeder Tageszeit und bis in die späten Abendstunden von Schaulustigen und Neugierigen geradezu umlagert wird, und daß man stundenlang eine Reihe eleganter Equipagen vor Köchert's Geschäft Station machen sieht, deren vornehme Insassinnen sich von der reichen Auswahl der pracht- und geschmackvollsten Geschmeide in Perlen und Brillanten nicht loszureißen vermögen, wie sie speziell heuer zur Weihnachtszeit in diesem wahren Juwelen-Museum zu finden sind. Da fällt's wahrhaftig schwer, mit dem Präludieren des Auswählens zu Ende zu kommen – obwohl gerade da jeder Griff in's volle, glänzende, kostbare Juwelenleben der richtige ist.«

Am Anfang stand ein Krieg, ein verlorener. Napoleon Bonaparte hatte zwar seine erste Schlacht in den Donauauen bei Aspern verloren, das kaiserliche Wien aber dennoch erobert, und das gleich zwei Mal. Im Mai 1809 zog der französische Kaiser mit seinen Soldaten erneut in Wien ein und nahm im Schloss Schönbrunn Quartier. Im Vergleich zu Versailles fand Napoleon Schönbrunn zwar mangelhaft ausgestattet, aber doch als »wahrhaft königliche Residenz« geeignet. Der Korse blieb für einige

Monate in Wien, besuchte Opernaufführungen im Schlosstheater und nahm häufig Paraden seiner Truppen ab. Die Wiener waren begeistert, auch wenn sie für die Paraden in Schönbrunn Eintritt bezahlen mussten.

Im Gefolge der napoleonischen Truppen kam auch ein junger Goldschmied nach Wien: Emanuel Pioté aus Limoges. Die Kleinstadt mitten in Frankreich beeindruckt durch den schönsten Bahnhof Frankreichs, den es freilich zur Zeit Emanuel Piotés noch nicht gegeben hat. Dafür galt Limoges mit seinen heute rund 140 000 Einwohnern als »Feuerstadt«. Das soll wohl poetisch das historische Faktum beschreiben, dass Limoges und seine zahlreichen Handwerker führend in der Produktion und im Gestalten von Porzellan, Keramik und Emaille waren. Es gab ein eigenes Quartier des Émailleurs. So können wir heute zu recht vermuten, dass der junge Emanuel beim Schmuck vor allem an Emaillearbeiten dachte und diese Kunst wohl kannte und perfektionierte. Viele der vom späteren Haus A. E. Köchert angefertigten Schmuckstücke, etwa für den letzten Habsburgerkaiser Karl I., waren Emaillearbeiten.

Emanuel Pioté stellte in Wien »Juwelen in der französischen Art« her, die beim Adel und später bei Hof großen Anklang fanden. Die Gesellschaft parlierte Französisch und fand vieles, was aus Paris kam, très chic. Der Franzose konnte sich in Wien jedenfalls etablieren und suchte dringend Personal. In Jakob Heinrich Köchert fand er einen neuen Gesellen. Der gebürtige Balte war aus Riga in die kaiserliche Hauptstadt gekommen. Die Mobilität der Handwerker war zu Beginn des 19. Jahrhunderts alles andere als gering. Im Gegenteil: Es war selbstverständlich, dass Gesellen ihren Ranzen schnürten und sich quer durch Europa auf die Walz begaben, ehe sie als Meister zugelassen wurden. Köchert hatte im russischen St. Petersburg seine Gesellenjahre absolviert und dort die Technik der Edelsteinverarbeitung gelernt. Zwischen dem Mann aus Riga und Pioté stimmte die Chemie. Der junge Goldschmied stieg bald zum Partner des

Franzosen auf. Fortan hieß die Firma »Pioté et Köchert«. Das passte, weil das Geschäft auch durch Liebe besiegelt werden konnte. Köchert heiratete praktischerweise die Schwester von Piotés Frau. So blieb alles in der Familie.

Die zehn Monate des Wiener Kongresses vom September 1814 bis zum Juni 1815 rückten nicht nur die kaiserliche Residenzstadt in den Mittelpunkt des politischen Geschehens, sie waren auch für Juweliere im wahrsten Sinne des Wortes eine »goldene« Zeit. Die Nachfrage nach Schmuck wuchs ins schier Unermessliche. Denn die Herren Diplomaten – man kann hier getrost die männliche Form verwenden – tanzten nicht nur, sondern mussten sich auch gegenüber den zahlreichen anwesenden Damen und den noch zahlreicher anwesenden Mätressen gegenüber erkenntlich zeigen. Schmuck wurde von der Ware zur Währung.

Der Wiener Kongress glänzt und glitzert, Gastgeber Kaiser Franz I. und sein Staatskanzler Clemens Fürst Metternich inszenieren den Friedenskongress als kunterbunte Abfolge von Bällen und Empfängen. Charles-Joseph Fürst von Ligne wird der Satz zugeschrieben: »Der Kongress tanzt, aber er kommt nicht vorwärts. Es sickert auch nichts durch, als der Schweiß dieser tanzenden Herren.« Staatskanzler Metternich selbst war ein überaus guter Kunde der Werkstatt und überzeugt von der Qualität des Hauses Pioté et Köchert und verschaffte dem Familienbetrieb den ersten kaiserlichen Auftrag: Der türkische Botschafter erhielt eine Golddose. Staatliche Compliance-Regeln waren damals gänzlich unbekannt. »Zu den Dingen, die man in Wien überaus gut zuwege bringt, gehört alles, was mit Schmuck und Juwelen zusammenhängt«, schrieb Metternich seiner Geliebten Dorothea Fürstin von Lieven und legte zum Beweis seinem Brief ein Armband bei. Diese war die Gattin des russischen Botschafters General Christoph Fürst von Lieven, pflegte innigste Beziehungen zu etlichen Staatsmännern ihrer Zeit, gebar ihrem Mann sechs Kinder und fand dennoch Zeit, zum glänzenden Mittelpunkt der Feste beim Wiener Kongress zu werden.

Metternich selbst war zwar in der ersten von drei Ehen mit Maria Eleonore Gräfin von Kaunitz-Rietberg verheiratet und zeugte mit ihr sieben Kinder (in Summe dürfte der kaiserliche Chefdiplomat an die zwanzig Sprösslinge in die Welt gesetzt haben). Das hinderte ihn aber nicht daran, sich der damals verbreiteten »aristokratischen Libertinage« mit Damen der Gesellschaft hinzugeben. Für die genossenen Freuden zeigte er sich durch wertvolle Preziosen erkenntlich. Auch seine geliebte, aber x-fach betrogene Gemahlin kaufte gern glitzernden Schmuck. In den Geschäftsbüchern der Firma Pioté et Köchert sind mehr als sechzig Bestellungen von ihr notiert.

Napoleon selbst hatten die siegreichen Alliierten ja auf die Insel Elba verbannt, ehe er von dort Ende Februar 1815 floh, noch einmal mit einem rasch aufgestellten Heer und treuen Generälen Rache für die Niederlage in der Völkerschlacht bei Leipzig 1813 nehmen wollte und im Juni prompt sein Waterloo erlebte. Das kriegerische Intermezzo hatte den Wiener Kongress für drei Monate in Aufruhr versetzt, dem Geschäft aber nicht geschadet. Nach Napoleons endgültiger Niederlage wurden die Kongressakten rasch unterzeichnet. Und damit zumindest für die kommenden dreißig Jahre eine europäische Friedensarchitektur gezimmert. Diese hatte alles, nur keinen revolutionären Charakter.

Die Geschäfte liefen glänzend. In der aristokratischen Gesellschaft des Biedermeiers zeigte man keine Scheu, mit Juwelen zu prunken. Pioté et Köchert verstanden ihr Handwerk und wurden wohlhabend, auch weil sie Zugang zum Kaiserhof fanden. Nach dem Tod des Hofjuweliers Cohen bewarben sich Pioté und Köchert 1831 um den Hoflieferantentitel, den zunächst Pioté erhielt und ein wenig später auch sein Kompagnon Köchert. Denn der Ehrentitel, für den die Firma bis zu zweitausend Kronen an den Hof zahlen musste, wurde nur an Einzelpersonen verliehen, die persönlich das Geschäft führen mussten.

Der Titel k. u. k. Hoflieferant – vor 1867 fehlte das Wörtchen »und« zwischen »kaiserlich« und »königlich«, erst nach der

Gründung der Doppelmonarchie mit dem Königreich Ungarn sollte das »u.« die Gleichrangigkeit der beiden Staatshälften ausdrücken – war keine staatliche Auszeichnung, sondern ein persönliches Privileg des Kaisers (in Ungarn des Königs). Der Titel war ehrenhaft und offenbar geschäftsfördernd, aber keineswegs gratis. Der Hof ließ sich die öffentliche Gunst mit einer stattlichen Taxe entlohnen. Die Auszeichnung war persönlich und nicht erblich. Die Verleihungsurkunde für Johann Backhausen, Chef der Waldviertler Textilfirma Joh. Backhausen & Söhne, aus dem Jahr 1888 ist beispielhaft: »Von Seiner kaiserlichen und königlichen Apostolischen Majestät. Obersthofmeisteramte. Zufolge Allerhöchster Entschließung wird Ihnen als Chef der Firma Backhausen und Söhne der Titel eines k. k. Hoflieferanten verliehen. Diesen Titel behalten Sie so lange, als das Geschäft aufrecht und unter Ihrer persönlichen Beteiligung betrieben wird.«

Die Verleihung der Auszeichnung »Hoflieferant« hatte nicht nur für das Unternehmen Vorteile. Die »Firma« Habsburg sicherte sich durch dieses Auszeichnungssystem die Unterstützung der führenden bürgerlichen Handels- und Industriebetriebe. In Summe gab es allein in der österreichischen Reichshälfte an die fünfhundert Hoflieferanten.

Ein von Emanuel Pioté 1825 gestaltetes Jagdschwert für den Reichsgrafen von Hoyos-Sprinzenstein fand den Weg ins New Yorker Metropolitan Museum of Art. Dort kann das Schwert mit einem Löwenkopf heute als Exempel für die Juwelierkunst des 19. Jahrhunderts in der »Gallery 376« bewundert werden.

Im Revolutionsjahr 1848 zog sich Pioté aufs Altenteil zurück, er dürfte gesundheitlich bereits angeschlagen gewesen sein, denn er starb nur ein Jahr später. Jakob Heinrich Köchert wurde Alleininhaber, und nach dem Tod des Kammerjuweliers von Mach wurde der einstige Geselle aus Riga, dem mittlerweile das Wiener Bürgerrecht verliehen worden war, dessen Nachfolger und somit mit der Betreuung und Pflege der Kronjuwelen betraut. Diese ehrenhalber zu erfüllende Aufgabe rechnete sich auf Umwegen. Die Firma Köchert stieg zum persönlichen Juwelier des Kaisers und seines umfangreichen Hofstaates auf. Welcher Goldschmied kann sich schon rühmen, die Reichskrone restauriert zu haben?

Die Auftragsbücher der Juwelierfamilie können auch als Seismograf des politischen und wirtschaftlichen Geschehens gelesen werden. Die Revolution 1848 brachte vorübergehend massive Umsatzeinbrüche. Das Kaiserhaus war aus Wien geflohen, in Ungarn musste eine antihabsburgische Revolution blutig niedergeschlagen werden. Die ungarischen Großgrundbesitzer kauften nicht mehr in Wien ein. Und bei Köchert gab es einen Generationenwechsel. Jakob Heinrich Köcherts Sohn Alexander Emanuel Köchert kehrte aus Paris und Italien in die Werkstatt am Neuen Markt zurück und fertigte dort sein Meisterstück: Die Brillantbrosche mit einer stilisierten Nelke im Bouquet kann als Symbol der liberalen Opposition gedeutet werden.

Die neue Generation brachte frischen Glanz ins Haus. Alexander Emanuel Köchert übernahm das Geschäft von seinem Vater. Seine Initialen »A. E.« wurden Teil des Firmennamens und blieben es bis heute. A. E. Köchert ließ nach eigenen Entwürfen löten, walzen, biegen, gravieren und edle Steine schleifen.

Seiner musikalischen Passion – er war Geiger in einem Streichquartett – hatte er es auch zu verdanken, dass er die Frau fürs Leben fand. Zwei Jahre nach der »bürgerlichen« Revolution in Wien ehelichte der Handwerksmeister Karoline Mayseder, die Tochter des Komponisten Joseph Mayseder, der mit seinen Kompositionen so erfolgreich war, dass er sich ein mittelalterliches Haus am Neuen Markt kaufen und es im Biedermeierstil umbauen lassen konnte. Seine Tochter Karoline war das, was man damals eine gute Partie nannte. Sie erbte die Innenstadtimmobilie, worauf die Firma A. E. Köchert aus dem Palais Pallavicini am nahe gelegenen Josefsplatz ins eigene Haus am Neuen Markt übersiedelte. Mietkosten sparte man sich fürderhin.

Der in Wien geborene Schwiegervater Mayseder durfte sich mit dem prestigeträchtigen Titel eines k. k. Kammervirtuosen schmücken und sich »Violindirigent der Hofkapelle« nennen. Selbst ein Virtuose wie Niccolò Paganini zollte dem Kollegen Lob und Anerkennung. Von Mayseders zahlreichen Kompositionen wurden fast siebzig gedruckt. Mit der Verschmelzung der Familien Köchert und Mayseder kamen musikalische Glanzlichter der Zeit ins gastliche Haus am Neuen Markt: Johannes Brahms, Anton Bruckner, später Gustav Mahler und Maurice Ravel.

Die Revolution des Jahres 1848 war der Restauration des Absolutismus gewichen, die Geschäfte florierten wieder, und A. E. Köchert ließ den Verkaufsraum am Neuen Markt von Theophil Hansen neu gestalten. Der gebürtige Däne war damals der wohl angesagteste Architekt der k. k. Residenzstadt. Sein bekanntestes Bauprojekt steht am Ring in bester Lage: das Parlament (damals das Reichsratsgebäude). Heute ist es in altem Glanz neu eröffnet.

Mit der Verlobung und Hochzeit des 24-jährigen Kaisers Franz Joseph mit der bayrischen Prinzessin Elisabeth Amalie Eugenie von Wittelsbach, kurz »Sisi«, erlebte die Juwelierzunft einen neuen Aufschwung. Die bessere Gesellschaft wollte das Ereignis einer Kaiserhochzeit entsprechend glänzend feiern. Alle Wiener Juweliere arbeiteten ohne Unterlass daran, dass die Damen bei den Festivitäten standesgemäß funkelten – auch alter Schmuck bekam eine neue Fassung. Das Haus Köchert schuf etwa ein Diamantdiadem für Kaiserin Elisabeth mit dem Frankfurter Solitär aus altem Habsburgerbesitz.

Die Köcherts leisteten aber auch kulturhistorische Beiträge. So musste die gesamte Kaiserliche Schatzkammer vor ihrer Öffnung fürs gemeine Publikum anno 1871 erst einmal inventarisiert werden. Auch diese Aufgabe übertrug der Hof dem Kammerjuwelier. Alexander Emanuel Köchert wurde als Dank dafür in den Ritterstand erhoben. Das alte habsburgische Konzept, Titel statt Geld, bewährte sich.

Bei der Wiener Weltausstellung 1873 erhielt die Firma A. E. Köchert eine goldene Medaille zusammen mit dem Architekten Theophil Hansen, der auch als Schmuckgestalter fürs Haus tätig war. Längst durfte sich die Goldschmiede am Neuen Markt zu den führenden europäischen Juwelieren des 19. Jahrhunderts zählen.

Nach dem Tod von Alexander Emanuel im September 1879 übernahmen seine Söhne Heinrich und Theodor (1859–1936) den Betrieb. Zwischen Heinrichs Frau Melanie und dem Liedkomponisten Hugo Wolf, dessen Werk von Musikliebhabern fast auf eine Stufe mit dem Liedschaffen von Franz Schubert gestellt wird, entwickelte sich ein besonders inniges Verhältnis. Seit 1879 war Melanie seine Klavierschülerin, und sie war es, die den schwierigen Charakter noch am ehesten verstand. Der Komponist unterhielt sich höchst intensiv mit Melanie, die er als seine Muse betrachtete. Wolf war im Haus Köchert, besonders in deren Villa am Traunsee häufig zu Gast. Ob die von ihm verfassten 245 Briefe an Melanie tatsächlich »Liebesbriefe« waren, deren Bedeutung sich nur zwischen den Zeilen erschließt, bleibt ungeklärt. Wolf schätzte an Melanie Köchert nicht nur die Anteilnahme an seinem Werk, sondern auch unverfängliche leibliche Genüsse, etwa die von ihr zubereiteten Leberknödel.

Die Juwelierfamilie unterstützte Hugo Wolf, wo es ging. Da er kein Geld annehmen wollte, verschaffte Heinrich Köchert ihm eine Stelle als Musikkritiker im *Wiener Salonblatt* und kam auch für die Bezahlung auf. Wolfs Tätigkeit als Kritiker, insbesondere seine Polemik gegen Johannes Brahms und gegen den Musikfeuilletonisten der *Neuen Freien Presse* Eduard Hanslick, isolierten ihn jedoch in der Wiener Musikszene immer stärker. Überdies litt der Komponist zunehmend an progressiver Paralyse, einer Spätfolge seiner Syphiliserkrankung.

1898 reiste Melanie Köchert mit Hugo Wolf nach Italien. Es war ein Versuch, ihn von seinem zunehmenden Trübsinn zu heilen. Er misslang. Während eines Aufenthaltes im Haus der Köcherts bei Traunkirchen versuchte der Komponist, sich im eiskalten See zu ertränken. Aber auch dieser Versuch scheiterte, und Hugo Wolf musste schließlich in die Niederösterreichische Landesirrenanstalt eingewiesen werden, wo er am 22. Februar 1903 nicht einmal 43-jährig »qualvoll« – wie es hieß – starb. Nach dem Verlust ihres Freundes fiel auch Melanie Köchert in eine Depression. Drei Jahre nach seinem Tod stürzte sie sich am 21. März 1906 aus dem vierten Stock des Wohnhauses am Neuen Markt.

Zum Adel war nun in der Hochblüte des wirtschaftlichen Liberalismus eine neue gesellschaftliche Schicht als potenzielle Käufer getreten. Köchert fertigte passende Preziosen für viele Familien des – meist jüdischen – liberalen Großbürgertums. Die Wittgensteins, Sachers, Todescos, Drehers, Epsteins, Mauthners und wie sie alle hießen wollten ihren erworbenen Reichtum zur Schau stellen und wetteiferten mit der alten »ersten« Gesellschaft. Gewisse Moden erwiesen sich als wertvoll fürs Geschäft. Eine Zeit lang mussten Damen auf den Bällen mit Diademen »gekrönt« sein. Die zarten Krönchen der Opernballdebütantinnen sind eine ferne Erinnerung daran. Im Archiv des Juweliers lagern bis heute Hunderte Zeichnungen. Die Steine der Diademe waren echt, zumindest die meisten. Familien, die ihren finanziellen Erfolg zeigen wollten, investierten gut und gerne Zehntausende Kronen in einen Ballschmuck. Das Diadem, das die spätere Kaiserin Zita bei ihrer Hochzeit trug, würde heute wohl 400 000 Euro kosten. Es war 1911 ein Geschenk von Franz Joseph an die junge Frau seines Großneffen. Diamanten mussten in weißem Edelmetall gefasst werden, und da Weißgold noch nicht erfunden war, wurde das gelbliche Gold mit Silber »dupliziert«. Originale aus dieser Zeit sind an dieser Technik erkennbar. Künstlerisch suchte die neue Generation der Köcherts die Zusammenarbeit mit den Meistern des Wiener Jugendstils. So entwarf etwa auch Josef Hoffmann Schmuckstücke für den Hofjuwelier.

Die Fama erzählt, dass Kaiserin Elisabeth bei einer Aufführung von Mozarts *Zauberflöte* vor allem vom Sternenschmuck der Königin der Nacht beeindruckt war und so davon geschwärmt habe, dass selbst der sonst eher sparsame Kaiser Franz Joseph den Wink mit dem Zaunpfahl verstand und bei Alexander Emanuel Köchert einige Diamantsterne in Auftrag gab, die er seiner Frau zum ersten Hochzeitstag überreichte.

Diese Geschenkidee erwies sich für »Sisi«, den Kaiser und vor allem für A. E. Köchert als Glücksfall. Erstere bekam nun zu jedem Hochzeitstag weitere Sterne (bis zu ihrem Tod in Genf sollten es 27 Sterne werden). Das war großzügig und einfallslos zugleich. Franz Joseph musste sich nicht den Kopf über originelle Geschmeide zerbrechen, und die Firma Köchert fertigte in Serie, wobei diese bis heute nicht beendet ist. Noch immer sind die »Sisi«-Sterne das »Signature«-Produkt des Hauses. Das verdankt der Wiener Juwelier dem ikonischen Ölporträt von Franz Xaver Winterhalter, der die junge Kaiserin Elisabeth mit den ins Haar geflochtenen Diamantsternen malte. Winterhalter löste mit seinem Bild der schönen Kaiserin einen europäischen Modetrend aus. Nichts verkauft sich besser als diese Sterne – auch heute noch.

Auch des Kaisers Langzeitvertraute Katharina Schratt erhielt Preziosen des Hauses A. E. Köchert. Sie pflegte sich die Schmuckstücke selbst auszusuchen, wohl weil sie die Fantasielosigkeit ihres kaiserlichen Verehrers kannte. Ein eigenes Protokoll erleichterte die Auswahl. Der Juwelier präsentierte dem Kaiser in Schönbrunn auf rotem Samt eine Auswahl von Broschen, Ringen, Ketten oder Hutnadeln in unterschiedlichster Façon. Das Lieblingsstück von Frau Schratt wurde dabei immer rechts unten platziert. Franz Joseph war diskret instruiert, er wählte die – welch überraschender Gleichklang des Geschmacks – vorbereiteten Preziosen und überraschte die Burgtheaterikone damit zu gegebener romantischer Stunde – etwa mit einer Fuchsienbrosche, wie sie vor wenigen Jahren bei einer Auktion ver-

Kaiserin Elisabeth strahlt im Sternenglanz aus dem Hause A. E. Köchert.

Original-Entwurfszeichnung aus dem Archiv
der Juweliere Köchert (rechts oben)
Kaiser Franz Joseph schenkt seiner
»Sisi« zu jedem Hochzeitstag einen
Stern aus Diamanten.

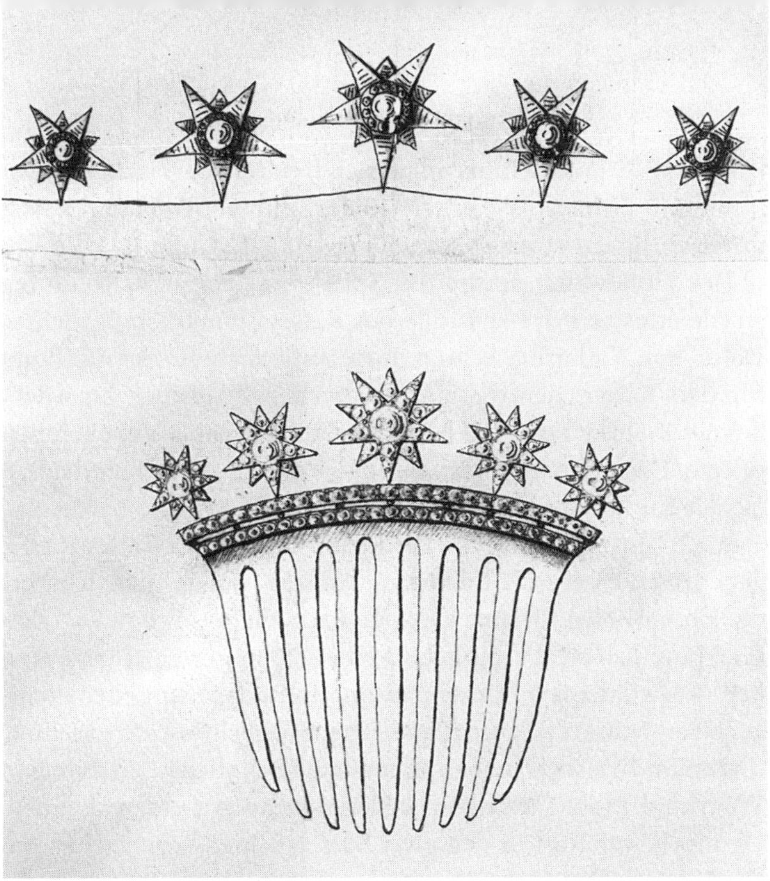

Elisabeth's Sterne
Elizabeth's stars
エリザベート
A.E.KÖCHERT

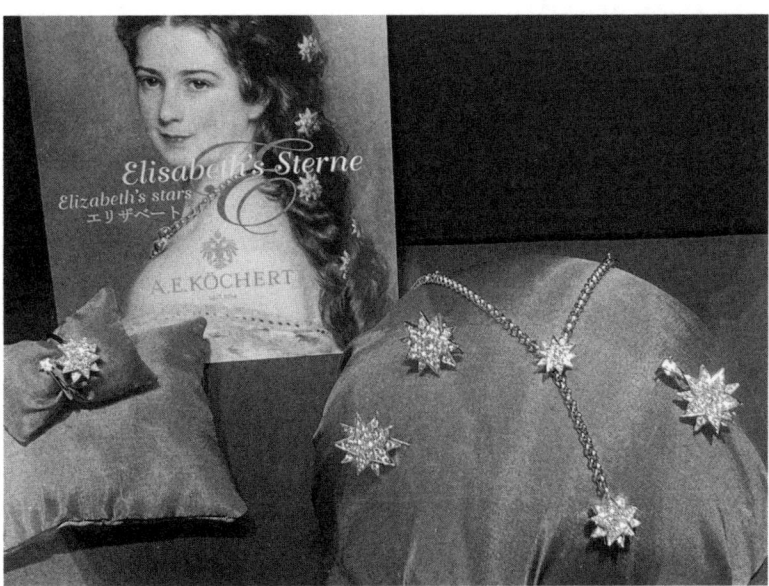

kauft wurde. Frau Schratt zeigte sich freudig überrascht (sie war immerhin Schauspielerin) – wieder einmal hatte der Kaiser ihren Vorlieben exakt entsprochen.

Der Hofjuwelier spielte das Spiel gerne mit, die Rechnung wurde aus der Privatschatulle des Kaisers pünktlich beglichen. Dafür buk Katharina Schratt auch verlässlich einen Gugelhupf für den Kaiser, den dieser zum zweiten Frühstück bei »der« Schratt in ihrer Villa in der Wiener Gloriettegasse einzunehmen pflegte. Das diesbezügliche Rezept wird im Kapitel über die Bad Ischler Kurkonditorei Zauner verraten.

Auch Thronfolger Franz Ferdinand und später Kaiser Karl I. gaben Werke bei A. E. Köchert in Auftrag. 1916 reinigte Köchert die Kronjuwelen für eine geplante Krönung des Erben von Kaiser Franz Joseph. Vergebliche Mühe. Denn der 29-jährige Karl ließ sich wohl am 30. Dezember 1916 in Budapest mit der »heiligen« Stephanskrone zum ungarischen König krönen, verzichtete mitten im Kriegsgeschehen aber auf eine ähnliche Zeremonie in Wien und Prag. Dafür war weder Zeit noch Geld vorhanden. Dennoch war Karl in den zwei Jahren seiner Regentschaft ein großzügiger Kunde des Hauses. Im Gegensatz zum alten Kaiser war dessen Nachfolger praktisch immer unterwegs. Er logierte meist mit seinem ganzen Gefolge in adeligen Bleiben, konnte dafür natürlich nicht bezahlen und zeigte sich daher durch großzügige Geschenke an die Dame des Hauses erkenntlich. Mehrere Hundert Armbänder mit einem emaillierten »K« fertigte Köchert für den Kriegskaiser. Noch immer lagern einige bestellte, aber nicht abgeholte Exemplare in den Schatullen des Juweliers.

Mit dem Zusammenbruch der Monarchie im November 1918 verlor Köchert seine wichtigste Klientel. Kein Hof mehr, kein Hofstaat, die Aristokratie ohne die Vorrechte des Adels, keine Krone und keine Kronländer mehr. Doch Theodor Köcherts Söhne Erich und Wilfried führten die Geschäfte unverdrossen weiter. Jede gesellschaftliche Veränderung hinterlässt Spuren in den handgeschriebenen Auftragsbüchern. Der Abstieg des alten

Adels wird vom Aufstieg nicht immer seriöser Krisengewinnler begleitet. Auch sie wollen ihre Ehefrauen und Mätressen mit glänzenden Preziosen geschmückt sehen. Gold, Perlen und Diamanten erweisen sich auch in den Jahren der galoppierenden Inflation als einigermaßen wertbeständig. Mit dem sogenannten »Anschluss« Österreichs an Hitlers »Großdeutsches Reich« werden Hunderte Kunden der Firma Köchert vertrieben. Der März 1938 bringt am Neuen Markt dramatische Veränderungen. Doch Handwerk behält auch unter der NS-Diktatur »goldenen Boden«. Selbst die Nationalsozialisten brauchen Expertise. Und so fertigt die Firma Köchert auch im Auftrag des NS-Regimes »Ehrenringe« für Künstler, die nicht zu den Geächteten und Vertriebenen gehören. Das *Kleine Volksblatt* schreibt am 3. September 1941: »Die Goldschmiedewerkstätte A. E. Köchert war mit einem Entwurf von Professor Oskar Haerdtl als Sieger aus einem Wettbewerb hervorgegangen.« Der Reporter des *Kleinen Volksblattes* vergisst nicht, für die NS-Propaganda Wichtiges zu erwähnen: »Meister Andreas Ferschner zeigt mir, daß auf jeden Ring noch 38 Lorbeerblätter und zwei Hakenkreuze eingearbeitet werden müssen. Es ist ein herrliches Stück echter Wiener Goldschmiedekunst.« Nicht auf jeden Kunden muss man als Unternehmen stolz sein.

Auch bei den sogenannten Reichskleinodien versicherten sich die NS-Machthaber der bewährten Dienste des einstigen Kammerjuweliers. Erich Köchert begleitete den Abtransport der jahrhundertealten Reichskrone nach Nürnberg. Die NS-Besatzer hatten auf Befehl Adolf Hitlers schon im März 1938 die Wiener Schatzkammer geplündert. Hitler wollte die Reichskrone, den Reichsapfel und das Zepter auf gar keinen Fall länger in der Hauptstadt des einstigen Habsburgerreiches belassen. Die Idee eines übernationalen Staates war ihm verhasst. Selbst einen Splitter vom Kreuz Jesu Christi, ein Stückchen vom Tischtuch des letzten Abendmahls und eine Speerspitze ließ Hitler aus der Wiener Hofburg entfernen.

Quasi als Präludium zum Nazi-Reichsparteitag im September 1938 wurden im Auftrag des »Führers« die Reichskleinodien in einer eigens dafür geschaffenen »Heiltumskammer« der Nürnberger Heilig-Geist-Kirche verwahrt. Hitler knüpfte damit bewusst an die alte »Reichsidee« an, deren Erfüller zu sein er sich anmaßte.

Die Wiener *Illustrierte Kronen Zeitung* beschrieb den für Wien doch eher tragischen Verlust: »Der Parteitag Großdeutschlands hat für die Geschichte der Stadt Nürnberg ein Ereignis von höchster historischer Bedeutung gebracht: Nach 142-jähriger Abwesenheit sind die Reichskleinodien des Heiligen Römischen Reiches Deutscher Nation, diese Sinnbilder der Macht und des Glanzes des ersten deutschen Reiches, in die Stadt zurückgekehrt, die jahrhundertelang ihre treue Hüterin und Wahrerin gewesen ist. Die Festesfreude und Jubel darüber erfüllen die alte Reichsstadt.«

Nach dem Zweiten Weltkrieg kehrten nicht nur die Reichskleinodien wieder aus Nürnberg in die Wiener Schatzkammer zurück, auch das Juwelierunternehmen konnte von Erich Köcherts Sohn Gotfrid und Wilfrieds Sohn Dieter fortgeführt werden. Gotfrid Köchert entdeckte seine Leidenschaft für »schnelle Juwelen«. Er war in den 1950er-Jahren Österreichs bekanntester Rennfahrer und nahm 1956 an der berühmten »Mille Miglia« teil. Sein Sieg beim Sportwagen-Grand-Prix auf dem deutschen Nürburgring gilt als erster Rennsieg eines Österreichers nach 1945. Danach wechselte der »rasende Juwelier« mit Wohnsitz am Traunsee vom Platz hinter dem Lenkrad ans Steuer eines Segelbootes und vertrat Österreich bei den Olympischen Sommerspielen 1960 in Rom: Es gab für den Juwelier zwar kein Gold, aber immerhin wurde Köchert in der größten Yachtklasse Siebenter. Die sechste Generation mit Christoph Köchert, seinem Cousin Wolfgang Köchert sowie Florian Köchert steuert das Traditionsgeschäft wieder in ruhigere Häfen.

Die Zuckerbäcker Zauner

»Wie noch ganz Leitomischl beim Zauner war in Ischl«

»Wie noch ganz Leitomischl
Beim Zauner war in Ischl [...]
Wie Böhmen noch bei Öst'reich war
Vor fünfzig Jahr, vor fünfzig Jahr,
Hat sich mein Vater g'holt aus Brünn
A echte Weanerin.«

Ein Wienerlied verherrlicht eine Kurkonditorei, noch dazu im Salzkammergut. »Wie Böhmen noch bei Öst'reich war« gilt als Klassiker des Wiener Sängers, Schauspielers und Entertainers Peter Alexander und ist doch eine mehrfache Aneignung. Der Film- und Fernsehstar der 1960er- und 1970er-Jahre bediente den Hang des Nachkriegspublikums zu nostalgischer Rückschau auf die (scheinbar) gute alte Zeit der Monarchie, ohne deshalb gleich an habsburgischen Revanchismus zu denken. Auf so eine Idee kam damals niemand.

»Wie Böhmen noch bei Öst'reich war« wurde schon 1953 von Josef Fiedler komponiert, der Text stammt aus der Feder (das können wir wörtlich nehmen) von Josef Petrak. Und gesungen wurde es zuerst von Hans Moser, dem wienerischsten aller Wiener Filmstars der Nachkriegszeit und natürlich von Heinz Conrads, älteren Generationen als erster »Talkmaster« der Fernsehfrühzeit noch immer erinnerlich.

»Joschi« Petrak war ein begnadeter Wortschmied, seine Reime adelten viele Schlager, die alle das Zeug zum Volkslied hatten. Vieles würde heute vom Bannstrahl der »Woke«-Gesellschaft getroffen, etwa das Liedchen »Bimbo, Bimbo ist ein kleines

Negerlein« oder »Was kann ich denn dafür, ein Zigeuner ist mein Herz«. Im Vergleich dazu ist »Wie Böhmen noch bei Öst'reich war« harmlose Nostalgie.

Dass das böhmische Städtchen Leitomischl (das heutige Litomyšl) Eingang in das Lied fand, ist wohl weder dem dortigen Schloss – das immerhin zum UNESCO-Welterbe gehört – noch der Tatsache zu verdanken, dass Bedřich Smetana dort zur Welt gekommen ist, sondern deshalb, weil es sich eben so schön auf »Ischl« reimt. Und zu Ischl gehört der »Zauner« eben unbedingt dazu.

Die Zuckerbäckerei in der Kurstadt Bad Ischl ist eine Institution. Immerhin gibt es den »Zauner« schon seit fast zweihundert Jahren. Und die dort servierten Mehlspeisen genießt der nicht gerade aufs Abnehmen fixierte Kurgast (und die Tausenden Tagesausflügler, die es bei Regenwetter von den Seen des Salzkammergutes zum »Zauner« nach Ischl treibt) wie einst der Kaiser. Und damit ist in Österreich Franz Joseph I. gemeint, dessen schiere Präsenz ihm große Popularität eingetragen hat, obwohl er nicht viel zum Erhalt des Vielvölkerstaates beigetragen und mit der in Bad Ischl unterschriebenen Kriegserklärung an das Königreich Serbien immerhin einen (wenn nicht zwei) Weltkrieg(e) ausgelöst hat.

Dieser Kaiser verbrachte seit seiner Kindheit gezählte 83 Sommer in Ischl und verspeiste fast jeden Morgen zum Frühstück ein Stück Gugelhupf, den ihm die k. u. k. Hofschauspielerin Katharina Schratt nächtens gebacken hatte. Das dachte er jedenfalls. Frau Schratt war, das ist erwiesen, die Tochter eines Bäckermeisters aus Baden bei Wien und hatte daher eine gewisse Affinität zu dieser Kunst. Sie galt auch als ausgezeichnete Köchin und hervorragende Gastgeberin. Und sie war die ständige Begleiterin des Monarchen, eine seiner Geliebten war sie später auch.

Vor Katharina Schratt bot eine gewisse Anna Nahowski dem Kaiser kulinarische Genüsse. Bei der jungen Dame pflegte Franz Joseph zu Kipferl, Kaffee und mehr am frühen

Die Zuckerbäckerei Zauner in der k. u. k. Kurstadt Bad Ischl. Katharina Schratt lässt sich im Sommer jeden Morgen »vom Zauner« einen lauwarmen Gugelhupf liefern – das Lieblingsfrühstück des Kaisers.

Morgen zu erscheinen. Er hatte ihr aus Gründen der Praktikabilität eine kleine Villa in der Maxingstraße 46 direkt an der Mauer zum Schönbrunner Schlosspark finanziert und eine kleine grüne Tür in die gelbe Mauer machen lassen. Für den Kaiser galt es, beim Morgenspaziergang Umwege zu vermeiden. 1886 kommt es zur Krise. Anna Nahowski erfährt, dass sie mit der gefeierten Burgschauspielerin Katharina Schratt eine übermächtige – noch dazu von Kaiserin Elisabeth selbst ausgewählte – Konkurrentin hat. Der katholische Monarch leugnet zwar, zahlt seine Geliebte Anna »für vierzehn Jahre im

Dienste des Kaisers« aber großzügig aus. Sie erhält 200 000 Gulden als Geschenk und schwört dafür, fürderhin den Mund zu halten.

Die Schratt kennt Franz Joseph da schon seit drei Jahren. Sie besitzt praktischerweise eine noble Villa in der Gloriettegasse – Anna Nahowski und sie sind fast Nachbarinnen – und ein rustikales Landhaus bei Bad Ischl. Das freut den Kaiser sehr. So kann er seinen täglichen Gugelhupf auch in der Sommerfrische bei seiner Lebensfreundin genießen. Ein Sprichwort behauptet ja, die Liebe gehe durch den Magen. Und keine kann besser backen als die Schratt – mit Ausnahme des Kurkonditors Karl Zauner. Ihm hat die Schauspielerin das von ihrer Mutter ererbte Gugelhupf-Rezept überantwortet.

Schratt-Gugelhupf

Zutaten:
¼ l Milch
30 g Germ
500 g glattes Mehl
150 g Butter
180 g Kristallzucker
6 Eidotter
1 Prise Salz
abgeriebene Schale von einer unbehandelten Zitrone
1 EL Zimt
50 g Rosinen

Für die Form:
Butter
Mandelblättchen

Zum Bestreuen:
Staubzucker

Zubereitung:

Milch anwärmen, bis sie lauwarm ist und die Germ darin auflösen. Mit einem Teil des Mehls zu einem weichen Dampfl abmischen. Das restliche Mehl über den Vorteig geben, warm stellen und 20 Minuten gehen lassen.

Butter mit Kristallzucker gut schaumig rühren, dann die Dotter unterrühren. Den reifen Vorteig mit Salz und Zitronenschale zur Butter-Dotter-Masse geben und alles zu einem etwas weich gehaltenen Teig abmischen. Den Teig so lange schlagen, bis er sich seidig anfühlt und vom Schüsselrand löst. Zugedeckt 30 Minuten rasten lassen.

Das Backrohr auf 180 °C vorheizen. Den Teig auf einem bemehlten Nudelbrett circa einen halben Zentimeter dick ausrollen. Gleichmäßig mit Zimt und Rosinen bestreuen und einrollen.

Eine Gugelhupfform mit Butter ausstreichen und mit Mandelblättchen ausstreuen. Den Teig hineinlegen und mit Butter bestreichen. Warm stellen und bis knapp unter den Rand aufgehen lassen. Dann im vorgeheizten Rohr bei 180 °C rund vierzig Minuten lang backen. Aus der Form stürzen, abkühlen lassen und mit Staubzucker bestreuen.

Und so rührt, formt und bäckt die Ischler Konditorei nach den Anweisungen der Frau Schratt ab drei Uhr morgens sechs Gugelhupfe. Das schönste Exemplar wird in eine weiße Serviette verpackt, und ein Lehrbub trägt die noch warme Köstlichkeit im Laufschritt zur Villa Schratt. Viertel vor sieben erscheint verlässlich der Kaiser. Der Gugelhupf ist dann lauwarm. Das Zauner-Fabrikat würde dem Kaiser nur zur Sicherheit serviert, behauptet Katharina Schratt, falls einmal ein von ihr persönlich fabrizierter Gugelhupf »sitzen bleiben« sollte. Die weniger royalen Kunden der Konditorei können den Germgugelhupf nach dem Geheimrezept der Hofburgschauspielerin jedenfalls bis heute käuflich erwerben – so wird ein Geschmackserlebnis demokratisiert.

Bad Ischl war in den Sommermonaten die Residenz des österreichischen Kaiserpaares. Immerhin hatten sich Franz Joseph und die damals 16-jährige bayrische Prinzessin Elisabeth in Bad Ischl kennengelernt. Die »Sissi«-Geschichte ist ja aufgrund der Filme von Ernst Marischka (auch so eine Familiendynastie) allgemein bekannt. Ende des 19. Jahrhunderts ist Ischl, vor allem durch die Anwesenheit des Wiener Hofes, zu einer recht mondänen Stadt geworden. Es gibt Bahnverbindungen nach Salzburg und Wien. Die Aristokratie, die Bürokratie und die Künstler können also in sechseinhalb Stunden für zehn Kronen, zweite Klasse, bequem direkt von Wien nach Ischl reisen. Heute ist der Kurgast auf derselben Strecke nur gut dreieinhalb Stunden unterwegs, mit Umsteigen und zum doppelten Preis.

Die Übersiedlung des kaiserlichen Hofstaates erfordert eine umfangreiche Logistik. Allein Kaiserin Elisabeth braucht für ihr Gepäck einen eigenen Sonderzug, um ihre vierzig Kutschen und das kaiserliche Handgepäck in die Sommerfrische zu transportieren.

Ehe Ischl kaiserliches Sommerquartier wird, leben die Menschen hier inmitten der Berge fast ausschließlich von der Salzproduktion im Bergwerk. Dem Salz verdankt das Salzkammergut seinen Namen, Salz »ernährt« seit rund siebentausend Jahren die Menschen dieser eigentlich doch recht abgeschiedenen Region. So lange wird das »weiße Gold« aus den Bergen rund um Hallein, Altaussee oder Ischl geschwemmt. Mit dem Salzhandel werden ganze Regionen reich. Städte und Flüsse – Salzburg und Salzach – tragen den Namen des begehrten Rohstoffes. In ihrer Glanzzeit versorgen die Salzbergwerke der Alpen beinahe ganz Mitteleuropa mit dem Rohstoff. Da die Bergrechte den Landesfürsten gehören, können diese mit dem Gewinn aus dem Salz am Höhepunkt der Produktion fast ein Drittel der Staatsausgaben decken. Und schön ist die Landschaft auch, geprägt von Seen und schroffen Bergen: Der junge Alexander von Humboldt, immerhin ein weitgereister Forscher und daher von einer gewissen Glaubwürdigkeit, schreibt 1797 bei einer Fahrt ins Salzkammergut: »Ich gestehe, dass ich in der Schweiz keine solchen großen Naturszenen kenne, als diese ...«

Zu Beginn des 19. Jahrhunderts entdecken immer mehr Städter die Landschaft. Berge, Flüsse, Seen werden nicht mehr nur als gottgegebene Hindernisse, Wälder nicht mehr als dunkle Gefahr erlebt. Die Romantik und das Biedermeier machen Berge zur Kulisse, die Natur wird zur malerischen Szene. Da bietet das Salzkammergut eine große Bühne.

Doch auch die zweite Karriere von Ischl beginnt mit dem Salz. Der Kammerguts-Sekundar-Physikus Doktor Josef Götz lässt einige an Gicht und diversen Hautkrankheiten laborierende Salinenarbeiter in warmer Sole – also Salzlake – baden und freut sich über die überraschenden Heilerfolge. Er richtet eine erste Badestube mit Dampfbad ein. Die Nachricht von der heilsamen Wirkung dieser Therapie dringt bis nach Wien und an die Ohren des Arztes Franz Wirer. Dieser ist ein reicher, tatkräftiger, gut aussehender, charmanter Mann mit prominenten Patienten beiderlei Geschlechtes. Er erkennt das Potenzial des gesundheitsfördernden Salzwassers. Schon seit Langem haben Ärzte jenen ihrer Patienten, die es sich leisten konnten, Kuren am Meer verschrieben. Jetzt ist das Salzwasser plötzlich noch näher.

Der Wiener Mediziner preist überdies die angeblich jodgeschwängerte Luft in Ischl, lobt die romantische Landschaft, die lindernd auf nervöse Zustände wirke und akquiriert 1823 die ersten vierzig Kurgäste, die mühsam drei Tage mit der Kutsche aus Wien herangekarrt werden müssen. Eine Bahnverbindung gibt es im biedermeierlichen Vormärz noch nicht. Das Salz aus dem Berg wird über die Traun verschifft. Wirer investiert in die lokale Infrastruktur, lässt ein größeres Bad errichten, erfindet diverse andere Badevariationen mit Schlamm, Molke, Schwefel. Der Kurarzt ist überzeugt: »Der Schlamm aus dem Salzberge ist ein mächtiges

Mittel theils als ganzes Bad, theils zu Umschlägen verwendet zur Zertheilung von Verhärtungen. Er macht baldige Reaktion.«

Die Zahl der Kurgäste steigt exponentiell. Und als auf Wirers Verordnung hin der Fürsterzbischof von Olmütz, der jüngste Bruder von Kaiser Franz I., und Staatskanzler Fürst Metternich die wundersame Wirkung des salzhaltigen Warmwasserbades erleben, wird der unbedeutende Salinenort zu »Bad Ischl«. Der Arzt entwickelt sich zum Marketinggenie und bewirbt sein Kurkonzept: »Die schöne erhabene Natur bei uns mit ihren Abwechslungen von Gebirgen und Thälern und die reine stärkende Luft, der aromatische Duft der Wälder, die hohe Lage unseres Thales mit zwei Flüssen versehen, deren Wasser ganz klar und frisch im schnellen Lauf das Thal durcheilen, der Genuß höchst aromatischer Erdbeeren, die hier in Fülle zu haben sind, der Genuß köstlicher süßer und saurer Milch tragen gewiß wesentlich bei, die Cur kräftig zu unterstützen.«

Das heilkräftige Wasser aus der nach ihm benannten Wirer-Quelle wird abgefüllt und gegen bare Münze verschickt, selbst die Ischler Luft vermarktet der Medicus und verkauft einfach Nichts in Tausenden versiegelten Flaschen. »Man beobachtet diese stärkende Wirkung der Luft besonders bei solchen, die aus Flachländern kommen.«

Kurarzt Franz Wirer, später wird er sich Franz de Paula Wirer Ritter von Rettenbach nennen, investiert weiter kräftig in Ischl, Spazierwege werden angelegt, Brunnen gebaut, binnen eines Jahres wird ein Theater im Empirestil errichtet, schließlich wollen die illustren Kurgäste auch unterhalten werden. Als »kleine Wiener Burg« wird das heutige Lehártheater schon im 19. Jahrhundert bezeichnet, da es im Sommer viele Künstlerinnen und Künstler aus Wien dem Kaiser und seinem Hofstaat gleichtun und auf Sommerfrische nach Bad Ischl fahren und dort auftreten. So spielen etwa Johann Nestroy und Alexander Girardi, Johann Strauss dirigiert und Arthur Schnitzler strampelt auf dem Fahrrad durch die Landschaft und lässt zwei Stücke in Ischl uraufführen – *Abschiedssouper* aus dem *Anatol*-Zyklus sowie fünf Jahre später *Liebelei*. Ja, und Katharina Schratt kauft sich dort ein Haus. Aber da greifen wir der Geschichte vor.

Dem später geadelten Dr. Wirer schlägt das Fehlen einer feinen Konditorei auf den Magen. Das Publikum, das ja wochenlang zur »Kur« weilt, will auf die aus Wien bekannten Mehlspeisen nur ungern verzichten. Also lädt der Doktor den aus dem niederösterreichischen Weinviertel stammenden Zuckerbäcker und Weinhändler Johann Zauner ein, in Ischl eine Konditorei zu eröffnen. Der 29-Jährige hat den Ruf, ein wahrer Künstler im Verfertigen von süßen Leckerbissen aller Art zu sein. Johann Zauner wird als gut aussehend und tatkräftig beschrieben. Den Weinhandel hat er vom Vater geerbt, das kulinarische Talent von der Mutter.

Der junge Mann ergreift die Chance und beginnt in Ischl zu backen. Die Kuchen, Torten und Strudel umschmeicheln den verwöhnten Gaumen des Kurpublikums, das die strengen Diätvorschriften der Kurordnung alsbald großzügig zu seinen Gunsten auslegt. Schon 1832 eröffnet Johann Zauner eine eigene Konditorei in der Pfarrgasse, bis heute ist diese Lokalität das Stammhaus. Innerhalb von nur eineinhalb Jahrzehnten ist Ischl zu einem mondänen Kurort geworden. Zwei, drei Jahre vor der »bürgerlichen« Revolution 1848 gleicht Ischl einem aristokratischen Hoflager. Mehr als die Hälfte der Gäste, die sich ins Kurregister eintragen, sind Adelige, die wiederum von ganzen Heerscharen an Zofen, Kutschern, Kammerdienern und Leibärzten begleitet werden.

Als Sophie, die Gattin von Erzherzog Franz Karl Joseph von Österreich, dank der entspannenden Aufenthalte in Ischl und entsprechender Bäder endlich schwanger wird, wird Ischls Ruf endgültig legendär. Erzherzogin Sophie bringt ihren ersten Sohn zur Welt und lässt ihn auf den Namen Franz Joseph taufen Der spätere Langzeitkaiser wird in Ischl als erster »Salzprinz« freudig akklamiert.

Und Johann Zauner bäckt. In nur fünf Jahren wird seine »Conditorei« zur Institution, Doktor Wirer erhält zu Lebzeiten im Kurpark ein Denkmal, wird aufgrund seiner Verdienste zum »Rector magnificus« der Wiener Universität ernannt, sogar eine eigene Tortenkreation wird ihm gewidmet, und Kaiser Ferdinand I. schlägt ihn zum Ritter. Das ist jener Habsburgerherrscher, der von Wohlmeinenden »der Gütige« und vom gemeinen Volk »Nanderltrottel« genannt wird. De facto führt eine »Geheime Staatskonferenz« mit Staatskanzler Metternich die Regierungsgeschäfte, sehr oft durch Nichtentscheiden. Jede Veränderung wird in vorrevolutionären Zeiten als gefährlich empfunden. Der entscheidungsschwache, aber sprachbegabte und an technischen Errungenschaften interessierte Monarch wird vom Thronrat und damit von Staatskanzler Metternich politisch entmündigt. Am Wiener Hof hat seine Schwägerin Erzherzogin Sophie das Sagen. Sie wird später von Otto von Bismarck als »einziger Mann am Hof« bezeichnet. Im Zuge der revolutionären Ereignisse von 1848 soll Ferdinand angesichts der protestierenden Wiener Bevölkerung Staatskanzler Metternich konsterniert gefragt haben: »Was machen denn all die vielen Leut' da? Die san so laut!« Dieser antwortete: »Die machen eine Revolution, Majestät.« Ferdinand darauf konsterniert: »Ja, dürfen s' denn des?« Ob diese Anekdote wahr ist oder vielmehr vom Staatskanzler zur Diskreditierung des Kaisers in Umlauf gebracht wurde? Sie prägt jedenfalls bis heute das Bild dieses Herrschers.

Sophie wird 1848 nach der revolutionär erzwungenen Abdankung von Kaiser Ferdinand ihren damals gerade erst 18-jährigen Sohn Franz Joseph zum Kaiser machen. Und der liebt Bad Ischl, weil er schon immer den Sommer hier verbrachte.

Weil die Küche der Kaiservilla für die nun häufigen Staatsempfänge zu klein ist, wird Johann Zauner auch zum k. u. k Hoflieferanten. Als süßen Abschluss des kaiserlichen Diners serviert der Hofkonditormeister auf dringenden Wunsch seiner Majestät regelmäßig eine feine Karamellschokoladencreme. Der konservative Kaiser liebt Beständigkeit, auch beim Essen.

Zauner ist wirtschaftlich erfolgreich, aber mit 34 Jahren noch immer ledig, bis eine schlanke, fast filigrane Person mit dickem Zopf und dunklen Augen in sein Leben tritt. Schon wenige Monate später heiraten Anna Zeits und der zehn Jahre ältere Johann. Das Eheglück scheint vollkommen, aber Anna erkrankt schon wenige Wochen nach der Hochzeit, ist schwach und wird von einem fiebrigen Husten geplagt. Das Geschäft floriert, doch Anna ist immer noch nicht guter Hoffnung und wird trotz der verführerischen Vielfalt an Rouladen, Torten und Kipferln kein bisschen rundlicher.

Die voreilig gekaufte Wiege bleibt jahrelang leer. Schon tratschen die Ischler, aber endlich kommt Anna doch noch in andere Umstände. Der Sohn, den sie zur Welt bringt, ist allerdings ein winziges, beim damaligen Stand der Medizin nicht lebensfähiges Kind. Kaum ein Jahr lebt der kleine Johann, ehe er einfach die Augen nicht mehr öffnet. Mit dem Tod ihres Sohnes gehen der jungen Frau die Kräfte aus. Sie, die seit Jahren an Schwindsucht leidet, gibt auf, legte sich nach der Beerdigung des Kleinen aufs Krankenlager und steht nie mehr auf.

Johann trauert um sein Kind und seine Frau – aber nicht lange. Schon vor Ablauf des Trauerjahres tritt der Konditor erneut vor den Altar und ehelicht Elisabeth Binder aus Grünau im Almtal. Sie ist äußerlich und in ihrem Wesen das genaue Gegenteil von Anna: blond, drall, laut, lebenslustig und bald schwanger. Mit den Söhnen Theodor und danach Karl kommen die ersehnten Stammhalter zur Welt.

Das Revolutionsjahr 1848 brachte Bad Ischl zwar einen dramatischen Rückgang der adeligen Gäste, das war aber nicht von langer Dauer. Denn mit dem jungen Kaiser Franz Joseph, der in Ischl seine wahre Residenzstadt gefunden hatte, ging es richtig bergauf.

In der Salinenstadt beginnt 1853 jene Romanze, die dank der *Sissi*-Filme bis heute das Bild einer Kaiserin und einer Schauspielikone prägt. Romy Schneider spielte die 16-jährige Cousine Elisabeth aus dem bayrischen Haus Wittelsbach, die dem

Charme des jungen Kaisers nicht widerstehen kann. Die Verlobung wird offiziell in Ischl bekanntgegeben, die Ortsbewohner jubeln – wahrscheinlich sogar reinen Herzens.

Dem Haus Zauner ist mittlerweile noch ein dritter Sohn geboren worden, Viktor. Er wird als erster der drei Söhne schon mit 18 Jahren sterben, auch der Erstgeborene erlebt seinen 30. Geburtstag nicht. So übernimmt Karl Zauner mit 27 Jahren den Betrieb seines Vaters und führt ihn wie dieser weiter. Ruhig, arbeitsam, erfolgreich. Er legt als Erster ein Zauner-Backbuch an. Dort wird jedes neue Rezept fein säuberlich eingetragen. Auf diese Weise entsteht eine wahre Schatztruhe an Rezepten. Karl pflegt den fachlichen Austausch mit dem Wiener Hofzuckerbäcker Demel und der Zürcher Konfiserie Sprüngli & Cie. Ehe der junge Mann frühmorgens die Backstube betritt, ist er daheim bereits fleißig gewesen. Seine Frau Maria Anna bringt jedes Jahr ein Kind zur Welt. In Summe zehn. Für Karl Zauner ist das Leben vielfach erfüllt, aber nur kurz. Er stirbt im Alter von 43 Jahren an einem ererbten Nierenleiden.

Maria Anna ist nun Alleinerbin des Mehlspeisenimperiums. Sie kümmert sich als Chefin um die Backstube, den Weinkeller, die Buchhaltung, den Einkauf und um zehn Kinder. Die Vielfachbelastung überfordert die noch immer junge Frau. Soll ihr weiteres Leben nur aus Arbeit, Pflicht und Überlastung bestehen? Innerlich denkt Maria Anna Zauner das Undenkbare. Und als sie in der Konditorei einen jungen Ingenieur kennenlernt, angeblich hat er ein Zitronensorbet gelöffelt, ist es um sie geschehen. Hans Melzer hat große Pläne, es zieht ihn in die weite Welt, nach Amerika, zu den Indianern, Cowboys, unglaublichen Möglichkeiten, Weite statt Enge.

Frau Zauner überlegt hin und her und geht das Wagnis ein. Der Ingenieur hat schon die Schiffspassage in die so aufregende Welt jenseits des Atlantiks gebucht. Er fordert von Maria Anna: hopp oder tropp. Und die wohlbestallte Bad Ischler Geschäftsfrau packt nächtens ihr Köfferchen, nimmt den jüngsten Sohn bei der Hand, lässt die anderen unmündigen Kinder sitzen und brennt mit Hans Melzer nach Amerika durch.

Bad Ischl hat seinen Skandal. So etwas hat es noch nie gegeben. Für die Liebe verzichtet eine Frau auf bürgerlichen Wohlstand, Ehrbarkeit und, was viel schwerer wiegt, lässt ihre unmündigen Kinder einfach allein zurück. Der älteste Sohn Viktor lernt in diesen Tagen in der Wiener Konditorei Gerstner auf der Kärntner Straße. Eine Depesche ruft ihn schleunigst nach Bad Ischl zurück. Der 18-Jährige muss stante pede einen Betrieb mit Dutzenden Angestellten und die Verantwortung für acht Geschwister übernehmen.

Ein Sprung ins kalte Wasser – noch viel kälter als der Traunsee. Aber er schwimmt sofort. Für die Meisterprüfung hat er jetzt keine Zeit mehr, sie wird ihm per Dispens erlassen. Der junge Viktor nimmt die Zügel in die Hand, führt eine verunsicherte Belegschaft und arbeitet Tag und Nacht.

Zum 50. Thronjubiläum von Kaiser Franz Joseph sind der »Zauner« und seine Backbrigade für die »kulinarische Begleitmusik« zu den Festlichkeiten verantwortlich. Johann Strauss Sohn dirigiert drei Militärkapellen, auf den Bergen rund um Ischl werden Höhenfeuer entzündet, Kuchen und Torten, Petit Fours, Eis und Cremes versüßen das kaiserliche Fest. Viktor Zauner bekommt wenig von den Feierlichkeiten mit. Auch das große Feuerwerk versäumt er. Seine Etablissements sind voll. Der Kaiser wird gefeiert, Ischl wird mit einem Walzer von Johann Strauss in A-Dur gewürdigt. Viktor Zauner vergisst beinahe, sein Leben zu leben, dafür hat er keine Zeit. Er muss sich ja auch um die Erziehung seiner Geschwister kümmern, was ihm ganz gut gelingt.

Mit 43 Jahren lässt der Konditor für sich eine Hochzeitstorte backen. Er ehelicht seine langjährige Mitarbeiterin Anna Binder, die im »Zauner« an der Kassa thront und wie jede »Sitzkassiererin« die eigentliche Autorität im Gastlokal ist und stets den Überblick über die Finanzen bewahrt. Anna heißt ja eigentlich Rosa, aber da es beim Servierpersonal schon eine Rosa gibt, nennt Viktor Rosa Anna. Sie wird die Frau Zauner. Die Ehe bleibt kinderlos. Und dann klopft eines Tages ein kleiner Mann aus dem böhmischen Egerland an die Bürotür des Konditors. Josef Nickerl hat jahrelang im Karlsbader Hotel Pupp als Patissier gearbeitet und fragt »unterthänig an, ob eine Stelle frei wäre«. Herr Nickerl kommt nicht mit leeren Händen. Er bringt sein Rezept der berühmten Karlsbader Oblaten mit, wird natürlich angestellt, und alsbald experimentieren Herr Nickerl und der Chef an einer verbesserten Variante. Heute lassen sich gezählte 776 Varianten im allwissenden Internet finden, am Beginn des 20. Jahrhunderts entsteht in der Ischler Pfarrgasse die Ischler Oblate und besser noch: Die bei der serienmäßigen Oblatenproduktion anfallenden Reste werden nach langem Herumgetüftel schließlich zu einem länglichen Stollen geformt und mit Schokolade übergossen. Das dunkelsüße Ergebnis heißt seit 1905 Zaunerstollen und ist bis heute das meistverkaufte Produkt des Hauses.

Als ob sich der feine Geruch des Oblatenresteverwertungsstollens bis über den Atlantik verbreitet hätte, taucht just in jenem Jahr Viktors Mutter Maria Anna – die noch immer offizielle Eigentümerin der Firma Zauner ist – wieder in Bad Ischl auf.

Der Westen war riesig, die Möglichkeiten in den USA doch nicht unbegrenzt und die Ehe mit dem Ingenieur Hans Melzer unglücklich. Maria Anna Zauner packt das Heimweh und ihre Koffer. Sie taucht in Ischl auf und versucht, das Geschehene vergessen zu machen. Das gelingt der Mutter nur mit den Töchtern. Viktor verkehrt mit der Heimkehrerin nur noch via Anwalt und wird nach allerlei Streitereien auch offizieller Eigentümer des Unternehmens.

Es sind noch gute Jahre in der k. u. k. Monarchie, obwohl sich die Weltpolitik auch im Salzkammergut in den Vordergrund drängt. Der englische König Edward VII. besucht den jetzt schon »alten Kaiser« das erste, wenn auch nicht das letzte Mal in der Kurstadt. 1908 reist der britische Monarch erneut nach Ischl, um Franz

Joseph zum 60. Regierungsjubiläum zu gratulieren. Dabei kommt es zu einem historischen Ereignis. Das erste und einzige Mal in seinem Leben besteigt Franz Joseph mit seinem englischen Gast eines dieser neumodischen Automobile und begleitet Edward VII. auf einer kleinen Sightseeingtour durchs Traun- und Weißenbachtal zum Attersee und zurück ins königliche Quartier, das der englische König im Hotel Kaiserin Elisabeth aufgeschlagen hat.

Der Engländer ist von der »originellen Schönheit« der Landschaft beeindruckt, im Weißenbachtal gibt es damals auch noch kein Schotterwerk, und am steinigen Bachufer wird noch nicht nackt gebadet. Der Kaiser selbst scheint von seiner Ausfahrt weniger beeindruckt, er wird zeitlebens kein Automobil mehr besteigen. Bei dieser Begegnung soll der englische Monarch dem Kaiser dringend geraten haben, das Bündnis mit dem Deutschen Reich zu lösen und die deutschen Bundesgenossen vor allzu großer Aufrüstung zu warnen. Franz Joseph lehnt das Ansinnen ab, weil er keinen »Treuebruch« gegenüber Wilhelm II. begehen will. Im Rückspiegel der Geschichte erkennen wir den welthistorischen Fehler. 1914 wäre möglicherweise anders verlaufen, hätte Kaiser Franz Joseph den Rat des englischen Königs beherzigt. Am 28. Juli 1914 verkündet der Monarch von seiner Ischler Sommerresidenz aus seine Proklamation »An Meine Völker!«. Es ist die Kriegserklärung an Serbien, der Stein, der die Lawine ins Rollen bringen wird. Die Bündnisvereinbarungen werden reihenweise eingelöst. Europa taumelt – wider jede Notwendigkeit – in den »Großen Krieg«.

Und in Bad Ischl beeilen sich die Gäste heimzukommen. Die jungen Männer rücken ein. Auch Viktor Zauner, obwohl nicht mehr der Allerjüngste, bekommt einen Einberufungsbefehl. Die einstige »Sitzkassiererin« und der Oblaten-Erfinder Nickerl werden die Konditorei durch vier graue Kriegsjahre bringen. Einen Zauner-Gugelhupf für den Kaiser müssen sie nicht mehr backen.

Mit der Kriegserklärung verlässt der greise Monarch sein geliebtes Bad Ischl und wird nicht mehr zurückkommen. Viktor überlebt den Krieg, kehrt abgemagert und ausgehungert heim und macht weiter. Die Zeiten sind hart, es fehlen Mehl und Zucker, und die Mehlspeisen schmecken eher nach Ersatzstoffen als nach Vorkriegsqualität. Seinen tüchtigen Statthalter Nickerl macht Viktor als Dank für seine Arbeit zum Teilhaber.

Die Konditorei Zauner expandiert auch in den schwierigen Jahren. Langsam kommen die aristokratischen Gäste zurück, und auch wenn es in der Republik seit dem Adelsaufhebungsgesetz vom April 1919 keinen Adel mehr gibt – in Ischl bleibt die Frau Gräfin Gräfin und ein Rittmeister gilt auch ohne Pferd etwas. Die Operettenära ist nicht mehr golden, schimmert aber immerhin noch silbern. Der Geldadel ersetzt die Aristokratie, und vor der Mehlspeisenvitrine sind alle Menschen gleich (hungrig).

Und während sich in Wien die politischen und sozialen Gegensätze verschärfen und der Justizpalast in Brand gesteckt wird, eröffnet Viktor auf der Esplanade an der Traun ein neues großes Kaffeehaus. Nach dem Tod seiner Frau adoptiert Zauner 1938 eine tüchtige Mitarbeiterin seiner Firma, die ihm wegen ihres heiteren Wesens, des hellen Lachens und überhaupt ins Auge sticht. Er ist fünfzig Jahre alt, Kommerzialrat, ein wenig glatzköpfig, und die 22-jährige Rosina Öfner, die es aus Tirol ins Salzkammergut verschlagen hat, ist immer in seiner Nähe. Heirat kommt nicht mehr infrage, eine Adoption schon. So wird dem (Marken-)Namen nach die Tradition fortgeführt.

Nach dem Zweiten Weltkrieg kommen neue internationale Gäste nach Ischl. Die amerikanischen Besatzungstruppen beweisen Geschmack und quartieren sich beim »Zauner« im ersten Stock ein. Den Krieg hat das Salzkammergut weitgehend unversehrt überstanden. Die US-Boys stehlen nichts, sondern bringen ganz im Gegenteil jede Menge feinstes Mehl, Butter, Zucker, kalifornische Rosinen und Schokolade mit. Daraus lässt sich etwas machen. Im »Zauner« ist ein neuer Konditormeister am Werk. Den Deutschen Richard Kurth, der aus einem badischen

Städtchen stammt, hatte es über viele abenteuerliche Umwege ins Salzkammergut verschlagen: nämlich via Guatemala, wo er der »Pastelería Alemana« zu legendärem Ruhm verhalf, mehreren amerikanischen Internierungslagern, wo er während des Krieges als »feindlicher« Ausländer eingesperrt war, ehe er im Rahmen eines Austauschabkommens zwischen Nazideutschland und den USA auf einem schwedischen Schiff nach Deutschland abgeschoben und ins böhmische Reichenberg, das heutige Liberec, »dienstverpflichtet« wurde, bis er schließlich nach Kriegsende in Bad Ischl landete.

Richard Kurth erweist sich als Glücksfall für den »Zauner«. Der weit gereiste Konditor und Berufsschullehrer bringt überseeische Erfahrungen mit und führt mit Fleiß und Geschick die Tradition des Hauses fort. 1947 heiratet der »Zuagraste« mit dem Segen Viktor Zauners dessen Fräulein Adoptivtochter Rosina. Wobei, es war mehr als nur der Segen Zauners. Die Ehe hatte handfeste wirtschaftliche Gründe und war wohl nicht auf großer Liebe, aber sehr wohl auf Sympathie und Respekt gegründet. So ein Fundament trägt meist solide. Richard wird zu einem Zauner der nächsten Generation. Er übernimmt den Familienbetrieb. Eine alte Tradition darf eben nicht (aus-)sterben.

Doch auch die Ehe mit Rosina bleibt ohne die erhofften süßen Folgen. Viktor Zauner stirbt 1950 und wird – wie es heißt – »unter großer Anteilnahme der Bevölkerung« zu Grabe getragen, ohne einem leiblichen Sohn oder einem Enkerl Zuckerln zugesteckt zu haben.

Rosina und Richard arbeiten einfach weiter. Der »Zauner« bleibt eine Institution, und lange bevor der »Demel« in Wien mit ausgefallenen künstlerischen Backkunstwerken Aufsehen erregt, gestaltet Richard Kurth wahre Kunstwerke für die Auslagen des »Zauner«. Für den Nachkriegsfilm *Kaiserwalzer* in der Regie von Franz Antel schafft die Bäckerbrigade des »Zauner« eine meterhohe Nachbildung der Reichskrone. Die Verzierungen sind aus Marzipan und Baiser geformt, überzogen werden sie mit purpurroter Glasur. Bonbons in Stanniol täuschen glitzernde Edelsteine vor: alles nicht echt, aber doch überaus süß, passend zum Film.

Das Leben ist aber selbst in Bad Ischl keine immerwährende Romanze. Rosina Kurth, adoptierte Frau Zauner, stirbt in der Nähe des Fuschlsees einen banalen Unfalltod. Sie jagt ihren zwei schwarzen Pudeln, die sie vom »Pudelscherer« aus Salzburg abgeholt hat, auf einer Wiese nach, gleitet aus, rutscht einen Hang hinunter, kollert über eine Böschung auf die Bundesstraße und wird von einem daherkommenden Automobil überfahren. Rosina stirbt in einem Salzburger Krankenhaus. Die Pudel werden unverletzt eingefangen. Der Konditor ist nun ein kinderloser Witwer. Seine Frau, der das Unternehmen gehört, hat kein Testament hinterlassen. Und alsbald melden die Geschwister seiner Frau Ansprüche auf das Erbe an. Sie, die weder Ischler Oblaten noch einen Zaunerstollen oder gar einen kaiserlichen Gugelhupf backen können, wollen den »Zauner« schlucken und den Witwer mit ein paar Bröseln abspeisen. Der Konditormeister muss jahrelange Erbschaftsstreitigkeiten ausfechten, ehe er die sechs Erbberechtigten auszahlen kann. Kurth kauft sich »sein« Unternehmen de facto zurück. Als »Erbe« bleiben ihm die zwei Pudel seiner verstorbenen Frau, mit denen er einsam und mit traurigem Blick am Traunufer Gassi geht.

Ein Mann in den besten Jahren, kein Adonis, aber gut situiert, braucht in den Wirtschaftswunderjahren eine Ehefrau, und der »Zauner« braucht eine Chefin, die über die Kuchentheke wacht. Da Parship noch nicht erfunden ist, muss eine nach Ischl Zugereiste Amors Pfeile spitzen und im rechten Moment lenken. Die Sache verläuft kompliziert, aber schlussendlich erfolgreich. Einer der zwei Pudel spielt dabei eine Nebenrolle. Jedenfalls lernt Richard die bei Budweis geborene sudetendeutsche Hauswirtschaftslehrerin Hildegard Reitinger kennen und lieben. »Gärdi« wird 1962 in die Zuckerbäckerdynastie einheiraten und sich im Geschäftsleben bewähren. Auf Werbung und Marketing konnte der »Zauner« bisher verzichten. Doch neue Zeiten erfordern neue Maßnahmen. Gärdi legt ein Gästebuch an, das sich heute wie das Who's who der Gesellschaft in den 1960er- und 1970er-Jahren liest. Während Curd Jürgens für die »versüßten Pfingsten« dankt, Nico Dostal ein paar Takte aufs Papier bringt, sich Hans Weigel als »treuer Stammgast« deklariert, belässt es der bekannt sparsame Niki Lauda bei einer schwungvollen Unterschrift. Emphatischer ist da schon der »Operngucker« Marcel Prawy. Er adelt den »Zauner« zum Gipfel aller Konditoreien der Welt und transponiert seine Qualität ins Musikalische: »Richard Strauss plus Lehár plus Puccini plus Robert Stolz«.

Das Geschäft floriert, die Ehe ist glücklich. Hildegard führt in der traditionsreichen Konditorei ein legendäres Regiment, sie kommandiert, meist an der Kassa sitzend, ihre Servierbrigaden, aber wieder wird kein kleiner Bäckerlehrling geboren.

Richard Kurth sorgt rechtzeitig vor. Wieder kommt ein junger Mann von außen. Diesmal aus dem Lungau. Josef Ferner hat seine Bäckerlehre in Salzburg absolviert, verfügt über ausgezeichnete Referenzen, ist fleißig und künstlerisch begabt. Der »Sepp« macht nach der Lehre rasch Karriere. Der Chef sieht das mit Wohlgefallen und spricht mit seiner Frau: Sollen wir den Josef adoptieren? Dazu kommt es zu seinen Lebzeiten nicht mehr. Richard Kurth stirbt nach nur neun Jahren Ehe an einem Krebsleiden. Gärdi muss das Geschäft alleine weiterführen und hält sich an den Rat ihres Mannes. Sie adoptiert den Sepp und ändert ihren Namen Hildegard Kurth auf Zauner. Damit bleibt ein Name in der Familie, der doch längst schon eine Marke ist, nicht nur für eine Konditorei. Die Kitzbühler Skigröße Ernst Hinterseer schreibt ins Gästebuch: »Bad Ischl ist Zauner und Zauner ist Bad Ischl.« Dem mag niemand widersprechen, schon gar nicht im Angesicht der Frau Zauner. Der damalige oberösterreichische Landeshauptmann Josef »Sepp« Pühringer sagt 2019 beim Begräbnis von Gärdi, die trotz übermäßigen Zigarettenkonsums fast neunzig Jahre alt geworden ist: »Frau Zauner zu heißen, war zum Ehrentitel geworden.«

Die Quandts

»Ich bin ein Erbe.«

Fräulein Magda Friedländer, geborene Behrend, besteigt zu Ostern 1919 in Berlin einen Zug nach Goslar. Die junge Dame ist auf dem Weg ins Mädchenpensionat. Der Waggon ist überfüllt, die erste Klasse nicht. In einem reservierten Abteil sitzt der 38-jährige Industrielle Günther Quandt. Er bittet das noch nicht einmal 18-jährige Mädchen ins Abteil, die beiden kommen ins Gespräch. Zwei Tage nach der Bahnfahrt besucht Quandt die junge Magda in ihrem katholischen Mädchenpensionat. Er hat zartgelbe Rosen gekauft, die er formvollendet der Pensionsmutter übergibt. Es muss wohl so etwas wie Liebe auf den ersten Blick gewesen sein. »Volles Blondhaar«, erinnert sich Quandt später, »ein gutgeschnittenes, regelmäßiges Gesicht, eine schlanke Gestalt«. Fünf Monate nach dieser Zugreise verlobt sich das ungleiche Paar: Er ist mehr als doppelt so alt wie sie, nicht wirklich attraktiv, eher feist, und die wenigen Haare, die ihm noch geblieben sind, kämmt er sich in Strähnen über den Kopf.

Sie kommt aus Berlin und ist die uneheliche Tochter eines katholischen Dienstmädchens. Ihr leiblicher Vater ist ein gut situierter Bauunternehmer und immerhin ein Ehrenmann. Oskar Ritschel heiratet die von ihm geschwängerte junge Auguste Behrend nach der Geburt seiner Tochter. Das ist angesichts des Standesunterschiedes keine Selbstverständlichkeit um die Jahrhundertwende.

Magda heißt jetzt nicht mehr Behrend, sondern Ritschel. Doch die Ehe hält kaum drei Jahre. 1905 wird die Verbindung getrennt. Die Mutter ehelicht alsbald einen in Brüssel lebenden wohlhabenden jüdischen Kaufmann. Richard Friedländer adoptiert Magda. Vater und Adoptivvater wetteifern um die Gunst der hübschen Kleinen. Nach der Scheidung wächst sie umsorgt und finanziell gut gepolstert bei ihrem leiblichen Vater auf, der das Kind in eine belgische Klosterschule schickt.

Auf dem Gymnasium freundet sich Fräulein Ritschel mit einer jüdischen Mitschülerin und deren Bruder an. Die Geschwister sind begeisterte Zionisten, träumen von einem eigenen Judenstaat. Magda teilt ihre Träume, sie solidarisiert sich mit den jüdischen Schülern, trägt einen Davidstern als Anhänger. Ihr Vater ist Mitglied einer Freimaurerloge und macht seine Tochter mit den Ideen des Buddhismus vertraut. Katholisch, jüdisch, buddhistisch und dann evangelisch.

Denn Günther Quandt, der Herr aus dem Coupé, ist ein protestantischer Unternehmer in den besten Jahren. Seine erste Frau Antonie Ewald ist 1918 im Alter von 34 Jahren an der Spanischen Grippe gestorben. Aus dieser Ehe hat er zwei Söhne, die nur wenige Jahre jünger sind als seine zweite Frau Magda. Ihm zuliebe konvertiert sie zum Protestantismus. Magda kümmert sich um die Kinder und bringt zehn Monate nach der Hochzeit einen Sohn zur Welt, Harald Quandt. Die junge Mutter erhofft sich an der Seite des erfolgreichen Mannes ein luxuriöses Leben. Aber der Unternehmer ist ein pingeliger Sparmeister. Er lässt Magda über alle Ausgaben Buch führen, nervt sie mit Kleingeistigkeit und paternalistischem Gehabe, wenn er einmal zu Hause ist. Nach dem verlorenen Krieg baut Günther Quandt um die angestammte Tuchfabrik Schritt für Schritt ein Wirtschaftsimperium auf.

Es sind die »wilden« 1920er-Jahre. Millionen verlieren durch die Hyperinflation ihre Ersparnisse, doch es gibt auch Krisengewinnler. Günther Quandt gehört dazu. Er legt in dieser Zeit das Fundament für den späteren Reichtum der Familie, der heute bereits über sechs Generationen vermehrt, weitergegeben und im Streit einmal geteilt und beinahe verloren wird.

In extremen Krisenzeiten lösen sich Vermögen auf oder werden aus dem Nichts geschaffen: wenn Glück, Zufall und die richtigen Entscheidungen zusammentreffen. In der Inflationszeit setzt Günther Quandt auf den Handel mit Aktien und kauft Firmenbeteiligungen, durchaus auch auf Kredit, dessen spätere Rückzahlung durch die Teuerung leicht möglich ist.

Der Textilunternehmer steigt 1922 in die Accumulatorenfabrik AG (AFA) in Hagen ein. Dem Unternehmen geht es schlecht. Die Firma wird später nach ihrer bekanntesten Marke in Varta umbenannt und erfolgreich. Deutschland wird automobil. Der Siegeszug der Motorisierung vervielfacht den Markt für Batterien. Auch die Deutschen Waffen- und Munitionsfabriken (DWM) waren nach dem (vermeintlichen) Ende der Kriegsrüstung günstig zu erwerben. Quandt wird mit beiden Firmen zu einem der wichtigsten Rüstungsindustriellen. Hat er geahnt, dass Waffen schon in wenigen Jahren wieder Hochkonjunktur haben werden? Auch in das Geschäft mit Düngemitteln investiert der Tuchwarenfabrikant.

Die calvinistische Handwerksfamilie Quandt ist um 1800 aus den Niederlanden nach Pritzwalk in die Mark Brandenburg, rund 130 Kilometer von der Hauptstadt Berlin entfernt, eingewandert. Emil Quandt, der Erste in der Wirtschaftsdynastie, wird schon in Pritzwalk geboren. Die 16-jährige Halbwaise verdingt sich in der Tuchfabrik der Gebrüder Ludwig und August Draeger und macht dort Karriere. Die moderne Weberei der Gebrüder Draeger spezialisiert sich auf Uniformstoffe aller Art fürs preußische Militär, für Postbeamte und Eisenbahner. Immer mehr Menschen tragen in Preußen Uniform. Die Geschäfte gehen gut.

Emil muss wohl tüchtig und klug gewesen sein. Bald firmiert er als Buchhalter der Tuchfabrik und heiratet die Tochter des Inhabers. Damit beginnt der Aufstieg der Quandts. Denn Emil und seine Frau, geborene Draeger, können ab 1883 von den Geschwistern Anteile an der Tuchfabrik kaufen, bald folgen wei-

tere Produktionsstandorte. Die von Dampfmaschinen angetriebenen Webstühle arbeiten Tag und Nacht. Uniformstoff braucht
das Land.

Emils Sohn Günther tritt als einziges der fünf Kinder in die
Fußstapfen seines Vaters. Er nutzt die Kriegskonjunktur. Der
Absolvent der Preußischen Textilfachschule wird mit 35 Jahren
Leiter der Reichswolle AG in Berlin. Die Quandt'schen Tuch-
fabriken entwickeln sich zum Hauptlieferanten der deutschen
Armee. In den Jahren nach dem Ersten Weltkrieg knüpft
Günther Quandt als Mitarbeiter der Reichsstelle für Textilwirt-
schaft wertvolle Kontakte zur Ministerialbürokratie. Er wird sie
später nützen.

Die Quandts wachsen von Pritzwalk aus zu einem der größten
Familienunternehmen Deutschlands heran. Sie scheuen die
Nähe zur jeweiligen herrschenden politischen Klasse nicht. Von
der demokratischen Weimarer Republik wechselt der Unterneh-
mer Günther Quandt geräuschlos zum totalitären NS-Staat. Die
Quandts werden Nutznießer der von Adolf Hitler und seinen
Parteigenossen betriebenen massiven Aufrüstung. Stoffe für
Uniformen – und mögen sie auch braun sein –, aber vor allem
Akkumulatoren, Waffen und auch Düngemittel werden massiv
benötigt und von den Industriellen bereitwillig geliefert.

Ab 1933 setzt im Deutschen Reich eine Kriegskonjunktur ein,
finanziert wird der wirtschaftliche Aufschwung durch das hem-
mungslose Anwerfen der Notenpresse und bald darauf durch die
beginnende Enteignung jüdischen Besitzes. Die deutsche Groß-
industrie profitiert von Hitlers Aufrüstung und unterstützt diskret die Nazidiktatur. Auch die Familie Quandt kassiert Divi-
denden des politischen Umbruches im Dritten Reich.

Während Günther Quandt in den 1920er-Jahren Geld verdient,
Kontakte pflegt und jüdische Konkurrenten ausschaltet, kümmert Magda sich um den Haushalt, das Personal und die Kinder:
den Säugling Harald und die zwei Stiefsöhne Hellmut und

Die Quandts

Herbert. Helmut stirbt schon 1927 im Alter von 19 Jahren. Doch Harald und Herbert werden in zwei Linien die Quandt-Dynastie weiterführen.

Magdas Ehemann lässt sich vom ausschweifenden Berliner Nachtleben von der Arbeit ablenken. Er hat zahlreiche Affären mit professionellen Damen. Aber auch Magda pocht diesbezüglich auf Gleichberechtigung. Sie setzt die Beziehung mit ihrem jüdischen Liebhaber fort. Als der gehörnte Ehemann davon erfährt, reagiert er zunächst empört und dann beinhart. Er wirft Magda aus dem gemeinsamen Haus, unterschätzt dabei aber Intelligenz und Durchsetzungskraft seiner untreuen Gemahlin. Die hat sich abgesichert und wichtige Dokumente aus dem Schreibtisch des ebenso untreuen Ehemanns gestohlen. Damit erpresst sie ihn.

Ein Skandal wäre geschäftsschädigend, Steuernachzahlungen kämen teuer. Quandt handelt die Trennung nüchtern wie einen Geschäftsfall ab. Magda erhält hohe Unterhaltszahlungen, das Sorgerecht für den gemeinsamen Sohn Harald, darf das Gut Severin in Mecklenburg weiter benützen und kann sich eine formidable Mietwohnung im Berliner Westend leisten, Dienstboten inklusive.

Die nach nur drei Jahren Ehe geschiedene Frau Quandt ist jung, attraktiv und jetzt auch finanziell unabhängig. Und um einer etwaigen drohenden Fadesse vorzubeugen, entwickelt sie politisches Interesse.

Eine neue Bewegung will die Macht im Deutschen Reich an sich reißen. Im Sommer 1930 besucht Magda eine Veranstaltung der NSDAP im Berliner Sportpalast. Hauptredner ist der Gauleiter von Berlin Joseph Goebbels. Was sie da sieht, fasziniert sie, und der, den sie da hört, interessiert sie. Magda Quandt lässt sich für die NSDAP als Mitglied anwerben. In einer Berliner Ortsgruppe beginnt die junge Dame mit politischer Basisarbeit und entdeckt bald, dass das ihr Ding nicht ist. Sie will in der Zentrale arbeiten, bei den hohen Herren. Die sprachgewandte und gebil-

In den »wilden« 1920er-Jahren legt Günther Quandt den Grundstein für sein Vermögen – und wird es in der NS-Zeit noch weiter zu mehren wissen.

dete Frau mit katholischer Internatserziehung organisiert fortan für den Berliner Gauleiter Joseph Goebbels sein persönliches Archiv.

Die beiden kommen einander schon im Spätherbst 1930 näher. Die Attraktivität des eher klein gewachsenen und von einem Klumpfuß behinderten Demagogen mag sich heute nicht erschließen, die Attraktivität Magdas schon. Gauleiter Goebbels stellt seine Mitarbeiterin »dem Chef« beim Tee im Hotel Kaiserhof vor. Adolf Hitler ist angetan, sehr. Immer wieder wird er sich mit der jungen Frau auch allein treffen. 1931 ist Hitlers Leben – wie Ian Kershaw in seiner Hitler-Biografie schreibt – »in unruhiges Gewässer geraten«. Im September wird seine Nichte Geli Raubal in Hitlers Münchner Wohnung tot aufgefunden. Erschossen mit einer Kugel aus Hitlers Pistole. Über das merkwürdige Verhältnis von Onkel und Nichte sind zahlreiche Gerüchte im Umlauf. Geli Raubal spielte emotional in Hitlers Leben eine große Rolle; wie weit diese ging und ob der NSDAP-Chef überhaupt zu geschlechtlichen Beziehungen fähig war, wissen wir nicht.

Magda gefällt Hitler und seinem Schildknappen Goebbels. Doch der steckt zu dieser Zeit noch in einer Beziehung mit einer Jugendliebe – nach den späteren NS-Rassengesetzen eine Halbjüdin. Auch Magda Quandt trifft sich weiter mit ihrem jüdischen Liebhaber, dem Zionisten Chaim Arlosoroff aus der Zeit ihrer Ehe mit Quandt. Diese Liaison – gefährlich im Berlin der 1930er-Jahre – endet erst im August 1931. Dabei soll Magda versucht haben, ihren Geliebten zu erschießen: eine theatralische Aktion. Die Kugel verfehlt übrigens ihr Ziel.

Im Dezember 1931 ehelicht Joseph Goebbels die geschiedene Magda Quandt vor einem Standesbeamten. Einer der Trauzeugen ist prominent: Adolf Hitler. Der »Führer« lächelt auf den offiziellen Hochzeitsbildern wie ein »Dritter im (Ehe-)Bunde«. Das wird in dieser merkwürdigen Beziehung auch weiterhin so bleiben.

Harald Quandt darf am offiziellen Hochzeitsbild in der Uniform eines Hitlerjungen neben dem späteren Reichskanzler stehen. »Er ist ein lieblicher Junge, ganz blond und etwas frech. Aber ich mag das«, notiert Goebbels über die erste Begegnung mit dem künftigen Stiefsohn in sein Tagebuch. Zur Rolle der Frau schreibt Joseph Goebbels 1929: »Die Frau hat die Aufgabe, schön zu sein und Kinder zur Welt zu bringen.« Und der Mann geht fremd, hätte Goebbels wohl ergänzen müssen. Der allmächtige Reichsminister für Volksaufklärung und Propaganda sowie Präsident der Reichskulturkammer nützt seine Machtstellung aus und hat zahlreiche Affären. Sein Bett wird die Besetzungscouch des deutschen Filmes.

Von der NS-Propaganda wird Magda Goebbels zum Idealbild der »deutschen Frau« stilisiert. Adolf Hitler persönlich verleiht seiner Vertrauten das erste »Ehrenkreuz der Deutschen Mutter«, kurz »Mutterkreuz«. Dass weder die Ehe dem NS-Ideal noch ihre zur Schau getragene Fürsorge für die sechs Kinder, die sie in der Ehe mit Goebbels zur Welt bringt, der Wirklichkeit entspricht, tut nichts zur Sache.

Da Hitler unverheiratet ist und bleibt, übernimmt Magda Goebbels die Position der »Ersten Frau des Reiches«. Sie wird von Hitler persönlich dafür ausgewählt: »Diese Frau könnte [...] bei meiner Arbeit den weiblichen Gegenpol gegen meine einseitig männlichen Instinkte spielen.«

Widerspruch, so sie einen eingelegt hätte, ist aussichtslos. Magda repräsentiert das Dritte Reich bei Empfängen, Bällen und Staatsbesuchen. Immer wieder tritt sie an der Seite Adolf Hitlers auf, besucht gesellschaftliche Ereignisse, Premieren und Parteiveranstaltungen. Dieses Leben im Rampenlicht gefällt ihr. Das Frauenbild, das sie aus der NS-Ideologie übernimmt, beschreibt sie für die englische *Daily Mail* wie folgt: »Ich halte es für meine Pflicht, so gut wie möglich auszusehen [...] Die deutsche Frau der Zukunft sollte elegant, schön und intelligent sein. Der Gretchen-Typ wird sich am Ende durchsetzen.« Die Beziehung zwischen dem »Führer« und der Ehefrau seines Propagandaministers ist ein Fall für Psychologen. Hitler lernt auch Magdas Ex-Mann Günther Quandt kennen. Dieser ist Teilnehmer eines exklusiven Treffens Hitlers mit deutschen Industriellen im Hotel Kaiserhof. Die Wirtschaftsbosse sagen Hitler massive finanzielle Unterstützung für die NSDAP zu, sollte es zu einem linken Putsch gegen die Nazis kommen.

Günther Quandt tritt erst im Mai 1933 nach dem Berliner Reichstagsbrand und dem Wahlsieg der Nationalsozialisten in die NSDAP ein. Da war es für ihn angesichts der Erfolge der Nationalsozialisten wohl absehbar, dass Hitler bald die Macht im Deutschen Reich übernehmen würde. Seine Mitgliedsnummer 2 636 406 ist nicht sehr prominent. Ohnehin hat er lange gezögert und dabei sein dichtes Beziehungsnetzwerk um Parteigenossen und Angehörige der Wehrmacht ergänzt.

Vor dem Münchner Spruchsenat 1948 wird er entschuldigend behaupten, Goebbels habe ihn seinerzeit zum Parteieintritt gezwungen, weil er sonst seinen Sohn Harald nicht mehr sehen dürfe. Möglich? Wahrscheinlich?

Die NS-Parteimitgliedschaft öffnet ihm jedenfalls viele weitere Türen zu lukrativen Staatsaufträgen in der Rüstungsindustrie. Anfang der 1930er-Jahre wird das Vermögen der Quandts bereits auf 36 Millionen Reichsmark geschätzt. Günther gilt nach Friedrich Flick als zweitreichster Deutscher.

Während des Krieges beschäftigen die Quandt-Firmen bis zu 50 000 Fremd- und Zwangsarbeiter. Die Unternehmen arbeiten auch bei der sogenannten »Arisierung« jüdischen Firmenvermögens eng mit den NS-Behörden zusammen. Günther Quandt bedient sich, wo es geht. Das NS-Regime adelt ihn zum »Wehrwirtschaftsführer«. Dieser Ehre entkommt Quandt nicht, aber er hat auch kein Problem damit. Moralische Bedenken sind ihm, wenn es um erfolgreiche Geschäfte geht, fremd.

Nach dem Krieg inhaftieren die Siegermächte den Industriellen. Quandt, dessen Unternehmen in der sowjetischen Besatzungszone ohne Entschädigung verstaatlicht werden, muss eineinhalb Jahre in amerikanische Lagerhaft. Dann stufen die westlichen Alliierten ihn und seinen Sohn Herbert als bloße »Mitläufer« des NS-Regimes ein. Quandt, der 1932 wegen einer »Steuersache« ein paar Wochen in Untersuchungshaft verbracht hat, versucht, sich als Naziopfer zu inszenieren und behauptet, vom NS-Regime jahrelang verfolgt worden zu sein. Tatsächlich kann Günther Quandt 1933 aufgrund einer Intervention Joseph Goebbels seine nur wenig standesgemäße Gefängniszelle verlassen. Irgendwie gehören ja doch alle zur Familie.

Das kaum noch überblickbare Konglomerat von Unternehmen beteiligt sich mit NS-Firmen an wichtigen Rohstoffproduzenten in den von den Deutschen eroberten Gebieten. Seine 29 Aufsichtsratsposten während der Hitlerzeit passen auch nicht wirklich zu Quandts Opferrolle, aber längst haben sich Amerikaner und Engländer mit den alten Eliten arrangiert und unterdrücken belastende Dokumente. Unternehmer wie Quandt sind schließlich für den Wiederaufbau und die Geschäfte der Sieger unentbehrlich. Den Großteil des in der Westzone befindlichen

Besitzes kann die Familie in der Nachkriegszeit retten. Die Währungsreform mit der Einführung der D-Mark begünstigt viele deutsche Unternehmen. Die während des Krieges aufgetürmten Schulden werden entwertet. Und während der Wirtschaftswunderjahre stellt niemand Fragen, wie moralisch – oder eben nicht – sich deutsche Unternehmer im Dritten Reich verhalten haben. Erst siebzig Jahre danach lassen die nach dem Krieg geborenen Kinder die Vergangenheit wissenschaftlich aufarbeiten.

Günther Quandt stirbt 1954 im Alter von 73 Jahren bei einem Urlaub in Ägypten. Herbert und sein Halbbruder Harald treten das reiche Erbe in dritter Generation an. Die Söhne verwalten eine wenig homogene Unternehmensgruppe aus diversen Beteiligungen zwar gemeinsam, teilen jedoch die Verantwortungsbereiche auf. Der ältere Sohn Herbert führt den Elektro-, Fahrzeug-, Erdöl- und Düngemittel- sowie den Textilbereich. Harald Quandt ist für die restlichen Beteiligungen, vor allem für die ehemaligen Rüstungsbetriebe, verantwortlich. Das geht nicht sehr lange gut.

Filetstück der Gruppe sind die Aktienpakete der Automobilfabriken Mercedes-Benz und Bayerische Motoren Werke (BMW). Der Hersteller von Flugzeugmotoren, Motorrädern und eher wenig erfolgreicher Autos ist in den 1950er-Jahren vom Konkurs bedroht. Der BMW-Generaldirektor muss den Anteilseignern 1959 berichten, dass alle Reserven und die Hälfte des Grundkapitals aufgebraucht sind. Das Management und die Großaktionäre sehen eine einzige Chance: BMW soll vom Konkurrenten Daimler-Benz übernommen werden. Die Verwaltung will den Aktionären den Nominalwert ihrer BMW-Aktien um die Hälfte kürzen. An der geplanten Eigenkapitalerhöhung sollten sie nicht mehr beteiligt werden. Die schwäbischen Mercedes-Produzenten sollen 75 Prozent an BMW übernehmen. Die bayrischen Aktionäre, viele aus dem Münchner Bürgertum, laufen Sturm gegen die geplante Enteignung. Das *Handelsblatt*

Die Quandts

berichtet von der Hauptversammlung und sieht eine »wutentbrannte Masse«. Der Rettungsplan scheitert an dieser Allianz von Kleinaktionären und BMW-Händlern, die den Autobauer eigenständig erhalten wollten. Tatsächlich sind viele Beteiligungen von BMW krass unterbewertet. Ein Verkauf zu den vorgelegten Bedingungen hätte bedeutet, das Unternehmen zu einem Spottpreis an die Konkurrenz zu verschleudern.

Herbert Quandt erkennt den Moment, setzt alles auf eine Karte und investiert auf eigenes Risiko Millionen in das Not leidende Unternehmen. »Ich habe mich damals durch meine Entscheidung gewissermaßen zu meinem Glück gezwungen.« Als stellvertretender Aufsichtsratsvorsitzender und Mitglied des Präsidiums bei Daimler-Benz kennt Quandt die finanziellen Eckdaten seines Konkurrenten. Er nutzt seine Kontakte zur Frankfurter Bank, organisiert Kredite und erstellt einen Sanierungsplan. Er setzt sich durch. Ein neues Management bringt neue, erfolgreichere Modelle in die Schauräume. BMW kommt innerhalb von vier Jahren aus der Verlustzone. Und schreibt bis heute schwarze Zahlen. Knapp die Hälfte aller BMW-Aktien ist seither im Familienbesitz der zwei Quandt-Linien.

Das Unternehmen hat im Krisenjahr 2021 einen Nettogewinn von 12,5 Milliarden Euro erwirtschaftet und eine Milliarde Euro als Dividende an die Familie überwiesen. Heute werden die Quandts zu den drei reichsten Familien Deutschlands gezählt, vielleicht ist sie sogar die reichste, aber wer weiß das schon so genau.

Die beiden Halbbrüder Harald und Herbert sind höchst unterschiedliche Charaktere. Herbert hat ein angeborenes Augenleiden. Seine Sehkraft nimmt kontinuierlich ab. Schon als Zehnjähriger kann er keine reguläre Schule besuchen. Sein Vater finanziert ihm Privatunterricht. Herbert wird zur Ausbildung in die väterliche Akkumulatorenfabrik, später ins Ausland geschickt.

Herbert Quandt meidet im wahrsten Sinne des Wortes das öffentliche Scheinwerferlicht. Dennoch betreibt er Sport, seine Leidenschaft ist das Segeln. Im Sommer verbringt er regelmäßig mehrere Wochen im Mittelmeer oder vor der dänischen Küste. Auf der Jacht »Seebär« fühlt er sich sicher. Er kennt jeden Zentimeter des Schiffes und kann sich an Bord frei und gefahrlos bewegen.

Das, was er nicht sieht, kann Herbert hören. Er fängt die Stimmung in einem Raum auf, kann die Gesprächspartner nach dem Klang einordnen. Bei Sitzungen hört er genau zu, wirkt zurückgezogen und entscheidet dann rasch und endgültig. Zu Hause in seiner Villa auf der noblen Ellerhöhe von Bad Homburg geht es förmlich zu. Der Butler trägt eine weiße Jacke, seine Kinder werden von Sicherheitsleuten zur Schule gebracht und abgeholt. Der Vater fürchtet Entführungen und den Terror der Roten Armee Fraktion. Die Kinder aus drei Ehen wachsen behütet, aber nicht frei auf.

Sein Halbbruder Harald wächst auf dem Anwesen des NS-Propagandaministers Goebbels auf der Berliner Insel Schwanenwerder auf. Dem Ziehsohn von Goebbels mangelt es an nichts. Die Villa am Ufer der Havel und des Wannsees liegt in allerfeinster Lage. Pferde weiden auf den Koppeln, Hunde tummeln sich auf dem fast siebentausend Quadratmeter großen Grundstück, und die Jacht »Baldur« liegt am Bootssteg. Als »großer Bruder« wird Harald von seinen bald sechs Geschwistern angehimmelt. Geld spielt im Haus Quandt-Goebbels keine Rolle. 1936 erhält der 15-Jährige ein Motorrad geschenkt, noch vor dem Abitur bekommt er ein eigenes Auto. Es ist ein Geschenk seines leiblichen Vaters.

Seine Mutter ist die »erste Frau« des Hitlerreiches. Harald wird in und von den Spitzen der NS-Parteibonzen sozialisiert. Adolf Hitler ist oft zu Gast auf Schwanenwerder. Der Quandt-Sohn wird zum »Role Model« eines deutschen (Hitler-)Jungen. Er meldet sich im Rahmen des Reichsarbeitsdienstes für den

Angriffskrieg gegen Polen, macht dann ein Praktikum in einer Gießerei in Posen (dem heute polnischen Poznań) und verliebt sich in eine ältere Schauspielerin. Mit 18 Jahren meldet er sich als Freiwilliger zu den Fallschirmjägern, kämpft auf Kreta, später in Russland und wird als Oberleutnant Stabsoffizier am italienischen Kriegsschauplatz. Bei der Schlacht um Monte Cassino wird er schwer verwundet und kommt in ein britisches Lazarett. Das rettet ihm das Leben.

Im Mai 1945 erhält er in einem englischen Kriegsgefangenenlager in der Hafenstadt Bengali den letzten Brief seiner Mutter. »Mein geliebter Sohn! Du kennst Deine Mutter – wir haben dasselbe Blut, es gab für mich keine Überlegung … Die Welt, die nach dem Führer und dem Nationalsozialismus kommt, ist es nicht mehr wert, darin zu leben, und deshalb habe ich auch die Kinder hierher mitgenommen. Sie sind zu schade für das nach uns kommende Leben, und ein gnädiger Gott wird mich verstehen, wenn ich selbst ihnen die Erlösung geben werde. Du wirst weiterleben, und ich habe die einzige Bitte an Dich: Vergiß nie, daß Du ein Deutscher bist, tue nie etwas, was gegen die Ehre ist und sorge dafür, daß durch Dein Leben unser Tod nicht umsonst gewesen ist.«

Magda Goebbels betäubt in den letzten Apriltagen 1945 mithilfe eines Arztes im Berliner Führerbunker ihre sechs Kinder mit Morphium und tötet sie mit Zyankali. Das erfährt der einzige überlebende Sohn als Gefangener der Briten. Nach seiner Freilassung studiert der Ex-Oberleutnant Maschinenbau, tritt ins väterliche Unternehmen ein, genießt nach Krieg, Verwundung und Gefangenschaft den Reichtum, den Erfolg, das pralle Leben. Aber über allem schwebt die Erinnerung: Harald Quandt, Stiefsohn von Joseph Goebbels, Sohn einer Mutter, die sechs Kleinkinder im Führerbunker ermordet hat. Der Industriellensohn flüchtet in die Welt der Illusion. Partys, Frauen, Alkohol und kindische Spielereien. Seine Villa, das »Haus am Tümpel«, lässt er mit 52 Telefonen ausstatten. Er kann damit sogar eine

Musikbox anwählen. Harald will spielen. Für den Aufbau seiner achtzig Quadratmeter großen Märklin-Modelleisenbahnanlage stellt er einen Spezialisten an, der mit ihm gemeinsam Schienen verlegt, Hunderte Häuschen baut und aus Borsten von Bodenbürsten Weizenfelder imitiert. Eine spezielle Schaltung kann für die Modelleisenbahn Tag und Nacht simulieren. Lichter gehen an. Harald Quandt hat seine Freude daran.

Seit 1951 ist Harald Quandt mit Inge Bandekow, der Tochter des Rechtsanwaltes Erich Bandekow, verheiratet. Der Advokat berät den Vater, seine Tochter Inge arbeitet als Sekretärin im Vorzimmer von Günther Quandt. Gelegentlich kommt der Sohn in seiner Luftwaffenuniform vorbei. Inge schwärmt seit Jahren vom jungen Quandt. Endlich funkt es zwischen den beiden. Der Vater kommentiert Haralds Ehepläne schnoddrig: »Du stiehlst mir eine sehr gute Sekretärin, jetzt musst Du mir eine neue organisieren.«

Die Ehe steht unter keinem guten Stern. Inge Quandt fühlt sich im Großindustriellenhaushalt überfordert, sie klammert sich an Harald, kann kaum noch eigene Entscheidungen treffen. Ihre zunehmende Depression wird über Jahre mit Amphetaminen behandelt. Dennoch bringt Inge fünf Mädchen zur Welt. Fotos vermitteln das Bild einer heiteren Vorzeigefamilie in den 1960er-Jahren.

Harald und Herbert Quandt haben von ihrem Vater nicht nur sein Vermögen, sondern auch die Fortune für Geschäfte geerbt. Sie sind die Wirtschaftswunderboys. Harald holt alles nach, was er während des Krieges versäumt hat. Der Vater von fünf Töchtern gehört zum Jetset des Aufschwungs. Er spielt Schlagzeug, Akkordeon und swingt auf der Hammondorgel. Seine Feste im Bad Homburger Haus sind legendär. Die später ermordete Edelprostituierte Rosemarie Nitribitt fährt mit ihrem roten Mercedes vor. Alkohol, Frauen, Exzesse. Es sind die Jahre des beginnenden Wirtschaftswunders, in denen ein Gunter Sachs den Titel »Playboy« als Berufsbezeichnung erwirbt und Boxikone Bubi Scholz zum bewunderten Kumpel des ehemaligen Oberleutnants wird. Er lädt Quandt in sein neues Haus in Berlin ein und zeigt es ihm stolz: »So toll wie dein Haus ist es natürlich nicht«, sagt der Boxer zum Millionär. Harald Quandt antwortet mit einem Anflug von Demut: »Du hast es dir selbst geschaffen. Ich bin kein Vergleich, ich bin ein Erbe.«

Fliegen bleibt die Passion des ehemaligen Fallschirmjägers. Der Privatpilot ist mehrere Jahre Präsident des Deutschen Aero Clubs und betreibt den ersten in Deutschland zivil zugelassenen Geschäftsreise-Jet. Er trägt das Luftverkehrszeichen D-INGE.

In der Nacht auf den 22. September 1967 hebt Harald Quandt mit einer zweimotorigen »Beechcraft 90 King Air« in Frankfurt ab. Als Ziel hat der Pilot Nizza angegeben. Mit dabei: zwei Freunde von Harald und seine Berliner Geliebte Sigrid Friedenthal. Sie wollen ein paar Tage Kurzurlaub in der Villa an der Côte d'Azur machen. Vermutlich löst sich eine Lötstelle zur Stromversorgung der Instrumente. Der Pilot verliert in der Dunkelheit und bei schlechtem Wetter über den Bergen des Piemonts die Orientierung. Die Maschine prallt gegen einen Hügel beim Dorf Comba Gambasca. Das Wrack und die Leichen werden erst nach Tagen gefunden.

Der 45-jährige Großindustrielle hinterlässt seine Frau Inge und fünf minderjährige Töchter. Inge Quandt muss zunächst 42 Millionen Mark Erbschaftssteuer zahlen, eine Summe, die die Konzernfinanzen erheblich belastet und kaum finanziert werden kann.

Nach dem Tod ihres Mannes wendet sich die Witwe zunächst dem Fernsehjournalisten und Mercedes-Rennfahrer Rainer Günzler zu. Günzler ist einer der ersten Moderatoren des aktuellen ZDF-Sportstudios. Er bleibt ihr Geliebter und Vertrauter, kann ihr aber auf Dauer keinen Halt geben.

Günzler beeinflusst seine Geliebte. Das Quandt'sche Vermögen soll getrennt werden. Der Sportjournalist kritisiert das risikoreiche Geschäftsgebaren des BMW-Managements.

Nach Jahren des Streites wird das Vermögen tatsächlich geteilt. Der Zweig von Herbert Quandt behält BMW und Varta, vier Fünftel des Aktienpaketes an Daimler-Benz wandern zu Harald Quandts Witwe, die in einer Nacht-und-Nebel-Aktion 15 Prozent der Daimler-Aktien an die Scheichs von Kuwait verkauft. Deutschlands Politik ist entsetzt. Die Familie wird für den Verkauf des »Familiensilbers« ans Ausland heftig kritisiert. Auch Herbert Quandt reagiert mit »blutendem Herzen«. Daimler-Benz sei das »vornehmste und schönste Unternehmen« überhaupt. Diese Perle gehört nun Kuwait. Die Öffentlichkeit und Herbert Quandt machen den Journalisten Günzler für die Versilberung des Familienbesitzes und für die Spaltung der Dynastie verantwortlich. Während Herbert Quandt »dynastisch« dachte, den Besitz zusammenhalten und verwalten wollte, dachte Inge (und ihre Berater) ans Geld. Das Tischtuch ist zerschnitten.

Der jahrelange Konflikt um die Teilung setzt Inge weiter zu. Sie raucht hundert filterlose Zigaretten am Tag, trinkt, isst kaum noch. *Der Spiegel* schreibt über die »schöne Witwe«. 1976 heiratet Inge Quandt den Verwalter ihres Vermögens, Hans-Hilman von Halem. Zwei Jahre später stirbt sie am Heiligen Abend, im Bett mit einer Zigarette in der Hand. Ihr Ehemann setzt sich an den Schreibtisch, trifft einige finanzielle Verfügungen und schreibt einen Abschiedsbrief. Dann legt er sich zu seiner toten Frau ins Bett und schießt sich mit einem Revolver in den Mund. Die beiden Leichen werden Stunden später gefunden.

Herbert, obwohl deutlich älter als sein verunglückter Halbbruder, ist nun Günther Quandts letzter lebender Sohn. Er hält mittlerweile die bestimmende Mehrheit der BMW-Aktien. Der von ihm an die Spitze des Unternehmens geholte Manager Eberhard von Kuenheim macht die schwächelnden Bayerischen Motoren Werke zu einem echten Konkurrenten für Mercedes & Co. Der fast blinde Herbert Quandt zieht sich immer mehr zurück. Die wenigen Menschen, denen er vertraut, empfängt er nur noch in der Dämmerung. Ein Schattenleben. Als er 1982 stirbt, ist sein Nachlass bis ins Kleinste geregelt. Aus der Unternehmerdynastie wird eine in mehrere Stämme geteilte Gemeinschaft von Erben. Es ist noch immer genug für alle da.

Die Tochter des Industriellen Herbert Quandt mit dessen dritter Ehefrau Johanna, Susanne Hanna Ursula, verheiratete Klatten, gilt heute mit einem geschätzten Vermögen von dreißig Milliarden Euro als reichste Frau Deutschlands. Die Werbekauffrau und Betriebswirtin entgeht 1978 nur knapp einem Entführungsversuch. 2007 kommt Susanne Klatten unfreiwillig auf die Titelseiten der deutschen Illustrierten. Sie wird Opfer eines eher uneleganten Erpressungsversuches eines notorischen Schweizer Heiratsschwindlers, der als »Gigolo-Erpresser« mehreren wohlhabenden Frauen mit erfundenen Geschichten und wohl beträchtlichem Charme Millionen herausgelockt hat.

Susanne Klatten aber lässt sich nicht erpressen. Sie macht die auch für sie eher peinliche Affäre durch eine Anzeige bei der Polizei öffentlich und begründet das im Gespräch mit dem Nachrichtenmagazin *Der Spiegel* wie folgt: »Ich habe häufig genug den Fehler gemacht, mich Menschen zu öffnen, die dieses Vertrauen nicht verdient haben. Dann wird man zum Opfer. Das ärgert einen. Das tut weh.« Der Schweizer Helg Sgarbi wird in Österreich verhaftet und in München zu sechs Jahren Gefängnis verurteilt. Er sitzt seine Strafe in Landsberg am Lech ab, verrät aber weder vor Gericht noch in der Haft, wo die ergaunerten neuneinhalb Millionen Euro geblieben sind. Angesichts der Strafdauer von sechs Jahren freut er sich über ein unredlich erworbenes, aber stattliches »Jahreseinkommen« von eineinhalb Millionen Euro (steuerfrei) pro Jahr im Knast.

Die Quandt-Erbin verkraftet den finanziellen Verlust. Sie spendet pro Jahr das Zehnfache der erpressten Beträge für Wissenschaft, Forschung und für soziale Projekte.

Die Theaterdynastie Steiner

»Unermüdlich, vom Theater besoffen«

Adolf Loos war gar nicht so streng, jedenfalls nicht, wenn er im Wiener Prater lustwandelte und sich den dort gebotenen Vergnügungen hingab. Der Feind des Ornamentes, der Prediger der Moderne hatte auch eine gewisse Vorliebe für die Kulisse, für den schönen Schein im Sein. Und so kann ausgerechnet der umstrittene und angefeindete Wegbereiter der modernen Architekt als Kronzeuge für einen Mann aufgeboten werden, der das Theatralische in all seinen Spielarten verkörperte: »Gabor Steiner! Ich habe eine Vorliebe für diesen Mann. Wie dankbar können ihm alle Wiener sein! Ohne ihn könnte man schamrot werden, wenn uns ein Fremder im Sommer fragen würde: Wo soll ich den Abend verbringen? Er allein rettet in den Sommermonaten den Ruf Wiens als Theaterstadt, als die Stadt der Musik, des Tanzes und der Lebensfreude.« Wer aber war der Mann, der sich solches Lob von Adolf Loos erworben hat? Und wofür?

Vor wenigen Tagen erst hat Theaterdirektor Gabor Steiner im einstigen »Kaisergarten« beim Praterstern auf fünf Hektar Parkgrund den ersten Themenpark der Welt eröffnet: »Venedig in Wien«. Die *Österreichische Illustrierte Zeitung* berichtet am 21. Juni 1895 über diese neue Attraktion der k. u. k. Residenzhauptstadt Wien. »Nach dem unerhörten Erfolge des vorjährigen ›Internationalen Dorfes‹ in der Rotunde konnte man dem kühnen Projecte ›Venedig in Wien‹ einen glänzenden Triumph voraussagen. Nun – wo sich in zauberhafter Schönheit und Naturtreue das Abbild der herrlichen Lagunenstadt im Englischen Garten im Prater erhebt, sieht man auch, in welch unvergleichlicher Weise dieses ›Venedig‹ über alle ähnlichen Veranstaltungen in Wien und im Auslande hinausgewachsen ist. ›Venedig in Wien‹ ist keine Coulissenschieberei mehr, nichts auf Täuschung Berechnetes – es ist der vollendete veritable Städtebau, der hier [...] die althistorischen Häuser und Paläste [einer mächtigen großen Seestadt], ihre Gassen und Plätze mit peinlichster Porträttreue abconterfeite. [...] So ist dieses ›Venedig in Wien‹ [...] auch eine künstlerische That ersten Ranges.«

Den Wienern beiderlei Geschlechtes dichtet man in jenen Tagen eine gewisse Leichtlebigkeit auch unter tristen sozialen Verhältnissen an, und für Spektakel aller Art sind die Hauptstadtbewohner bis heute empfänglich.

Und genau das bietet Gabor Steiner ihnen und den Gästen aus allen Teilen der Habsburgermonarchie. Seit einem Jahr hat er den ehemaligen »Kaisergarten« von einer Londoner Gesellschaft, die diese innerstädtische Immobilie um günstige 50 000 Gulden gekauft hatte, gepachtet. Die »Assets Realisation Company« betreibt seit ein paar Jahren vor dem und in Konkurrenz zum »Volksprater« ein eher bescheidenes Vergnügungsetablissement. Gegen ein paar Kreuzer können gezähmte Wölfe und derlei wildes Getier mehr bestaunt werden. Diesen »Englischen Garten« überlassen die Engländer dem Wiener. Gabor Steiner investiert kräftig, natürlich auf Kredit, und verwirklicht eine Idee, die er aus London mitgebracht hat. Im Londoner Olympia Exhibition Center hat Steiner »Venice in London« gesehen, ein temporäres Kulissendorf, das italienisches Flair nach Großbritannien bringen sollte. Im Verein mit dem in Galizien geborenen Architekten und Secessionsmitglied Oskar Marmorek lässt Gabor Steiner ein »Meisterwerk Potemkin'scher Architektur« aus dem Boden stampfen. Venedig im Kleinen, Palazzi, Piazze und Canale inklusive. Marmorek ist gerade 32 Jahre alt und bereits einer der meistbeschäftigten Architekten Wiens. Das von ihm skizzierte Ensemble ist eine Mischkulanz aus bemalten Kulissen und gemauerten Häusern, die einzelne

FRITZ LUCKHARDT
K.u.K. HOFPHOTOGRAPH
WIEN.

VENEDIG in WIEN.

Oskar Marmorek
Architekt.

13

Im Englischen Garten des Wiener Praters lässt Gabor Steiner sein »Venedig in Wien« bauen – den ersten Themenpark der Welt.

venezianische Palazzi relativ genau nachahmen. Der stadtbe-
kannte Zyniker Karl Kraus fand erwartungsgemäß einiges an
Gabor Steiners »Bordellcultur« zu bekritteln, und der Wiener
Polizeipräsident Franz Ritter von Stejskal spottete: »Endlich
hab'n wir an' Ort, wo wir alle Gauner finden werden.«

Die ganze Anlage war auch ein technisches Meisterwerk: Sie
wurde von einem bis zu fünf Meter breiten und fast einen Kilometer langen Kanal durchzogen. Für den Wiener Canal Grande
hatte die Direktion 25 echte Gondolieri samt ebenso vielen fast
echten Gondeln aus Venedig importiert.

Den Wienern gefällt die neue Praterattraktion. An den
Wochenenden drängen sich gut 50 000 Besucher durch die
engen Gassen »Venedigs« und konsumieren eifrig die dargebo-
tenen Lustbarkeiten – vom bayrischen Biergarten bis zur noblen Champagner-Bar der Marke Heidsieck. Die *Österreichische
Illustrierte Zeitung* erkennt zwischen Venedig und Wien eine
»tiefgefühlte Wahlverwandtschaft, die sich nicht allein auf die
hüben und drüben gültige Parole ›Wein, Weib und Gesang‹
beschränkt, sondern auch in dem ganzen schönheits- und
genuss- und sangesfrohen Milieu der Lagunenwelt ein zweites
südlich verklärtes, farbenfröhliches Alterego gefunden hat. Und
dann diese venezanischen Nächte! Nicht leicht lässt sich schö-
ner und stimmungsvoller ein warmer Sommerabend verbringen, als in irgend einem der lieblichen Zecherasyle am Ufer der
leise plätschernden Lagune bei dunklem bayerischen oder
blondem Pilsner Bier oder bei einem feurigen Glase Refosco
oder Terrano träumerisch hinausblickend auf die Brücken,
unter denen alle Augenblicke die Gondeln hervorgeschossen
kommen, mit ihren eleganten Insassen, fröhlich plaudernden
und scherzenden Herren und Damen.« Der wahrscheinlich
weltweit erste Themenpark nimmt Las Vegas und die chinesi-
sche Glücksspielstadt Macau vorweg. Dort gibt es noch heute
gigantische »Venetian Palace«-Hotels, Kanal und Gondeln
inklusive.

Auf mehreren Bühnen werden im »Venedig in Wien« Operetten von Carl Michael Ziehrer oder Walzer von Johann und Josef Strauss gespielt. Selbst Richard Strauss, der sich doch einem ernsthafteren musikalischen Genre zugehörig fühlt, gastiert bei Gabor Steiner. Er dirigiert ein 150 Mann starkes Freiluftorchester. Der spätere Ruhm von Richard Strauss ist in Wien keine selbstverständliche Sache. Strauss gilt als »moderne« Erscheinung, seine Kompositionen werden vielfach abgelehnt. Aber Gabor Steiner hat eben ein feines Gespür für Starqualitäten. Egal, ob es um eine spanische Tänzerin in knappem Röckchen oder um einen Komponisten der Avantgarde geht. Fürs Publikum ist beides sensationell – und nur darauf kommt es an.

Die Vergnügungssucht der Wiener verlangt freilich nach immer neuen Attraktionen. Und Gabor Steiner inszeniert sie. Schon zwei Jahre nach der Eröffnung von »Venedig in Wien« dreht der Impresario an einem noch größeren Rad – einem Riesenrad. In nur acht Monaten Bauzeit schraubt die englische Firma Basset das 65 Meter hohe »Giant Wheel« aus 450 Tonnen Stahl zusammen, der von Glasgow nach Wien geliefert wird. Dreißig Waggons bieten den Wienern und ihren Gästen einen – auch heute noch – prachtvollen Ausblick auf den Prater und die Stadt. Steiner investiert jede verdiente Krone in sein nächstes Projekt: Neben dem Riesenrad entstehen eine »Blumenstadt«, eine »elektrische Stadt« und eine »American Scenic Railway«. Adolf Loos bekrittelt diese neue Gestaltung. Er kommentiert 1903: »Venedig war sicher kein ästhetisches Heldenstück. Aber die elektrische Stadt war einfach scheußlich!«

Immerhin, rund dreihundert Bogenlampen und fünftausend Glühlampen sorgen für »leuchtende Fronten und funkelnde Giebel«. Bei all dieser schwindelerregenden Bautätigkeit geraten die Finanzen aus dem Blick. Gabor Steiners Unternehmen geht in Konkurs, er selbst muss die Direktion abgeben. Adolf Loos wirft ihm – ungewöhnlich für Wien, das den Erfolg gern bewundert, das Scheitern aber mit Häme begleitet – keinen Stein hinterher: »Nein, dieser Mann ist ein unverbesserlicher Idealist. Wie ein aristokratischer Rennstallbesitzer betreibt er ein Venedig. Was er verdient, steckt er sicher wieder hinein. Nicht in seine Tasche.« Wirtschaftliches Scheitern wirft einen Steiner aber nicht aus der Bahn. Der drohenden Schuldhaft entzieht sich der Unternehmer durch die rechtzeitige Abreise ins Ausland. Im Unterhaltungsgeschäft gehört derlei zum guten Ton. Der Zeitpunkt für einen Abschied aus Wien ist günstig gewählt. Mit dem Beginn des Weltkrieges wird die Vergnügungsindustrie zur Krisenbranche.

Genau dort, wo einst Liebespaare in Gondeln durch den Prater schaukelten und feine – oder nicht ganz so feine – Damen bei der Wasserrutsche das Gleichgewicht verloren und in den flachen Teich plumpsten, nur um dann pitschnass und unter dem Gaudium des gaffenden Publikums mit am Körper anliegender nasser Wäsche »gerettet« zu werden, wird 1917 ein Frontabschnitt mit Schützengräben, Stacheldrahtverhauen und MG-Stellungen nachgebaut, damit das Publikum in Wien sich eine Vorstellung von den Schrecknissen der Front machen kann.

Nach dem Krieg und der wunderbaren Schuldentilgung durch die Hyperinflation kommt Gabor Steiner nach Wien zurück, um als Musikverleger zu wirken, erwartbar erfolgreich. *Die Stunde* blickt 1933 anlässlich seines 75. Geburtstages auf das Leben des Theatermannes zurück: »Er wollte sich seine Jugend stets von neuem bestätigen, er wollte arbeiten, schaffen, ins Leben rufen, gründen. Mit einem Wort: tätig und wieder tätig sein. Denn Gabor Steiner konnte sich nicht als ein Mann zur Ruhe setzen, der ein Sümmchen ins Trockene gebracht hat. Solche ökonomische Sorgsamkeit, solches Bedachtnehmen aufs eigene Wohl lag ihm nicht. Er mußte Geld in der Hand haben, um es auf recht schöne Weise auszugeben. Er dachte sein Leben lang in mehrstelligen Ziffern, was er unternahm, war prunkvoll, hatte Licht und Farbe, war großzügig und verschlang viel Geld, sehr viel Geld. Gabor Steiner hieß nicht umsonst Wiens ›maitre de plaisir‹. Für ihn ist das Theater niemals kalte, doktrinäre Form gewesen, er hat es immer als Ausstattungsstück gelebt, als Zauberwelt großen Stils mit blendenden Dekorationen, mit viel Musik und mit viel Girls.«

Gabor Steiner ist Teil eines Familiengeflechtes, das die Wiener Musikszene beherrscht. Sein älterer Bruder Franz ist in die großen Fußstapfen seines Vaters Maximilian Steiner getreten. Der älteste Sohn des Pächters des Theaters an der Wien genießt zwar in Temeswar (dem heutigen rumänischen Timişoara) eine gediegene musikalische Ausbildung, es verschlägt ihn aber zunächst zur Nordbahn, wo er es gerade einmal zum »Offizial« bringt, ehe er im Theater als Leiter für seinen erkrankten Vater Maximilian einspringen muss. Ihn beerbt er auch. Der Pachtvertrag für das Theater an der Wien, womit nicht die Stadt, sondern der kleine Fluss gemeint ist, der heute unter dem Naschmarkt und der Verkehrswüste des Karlsplatzes kanalisiert dem Donaukanal zuplätschert, geht auf den ältesten Sohn über, der das Theater weiter bespielt. Fürs Bühnengeschäft sind die 1880er-Jahre nicht leicht. Nach dem großen Ringtheaterbrand 1881, bei dem Hunderte sterben – die genaue Zahl der Opfer wird nie ermittelt werden können –, meiden viele Wienerinnen und Wiener die feuergefährlichen Theater, die ja ohne Subventionen privatwirtschaftlich geführt werden, wenn nicht das Kaiserhaus sie finanziert, wie das bei der k. u. k. Hofoper oder dem k. u. k. Hof-Burgtheater der Fall ist.

Franz Steiner kann immerhin Operettenpremieren von Johann Strauss und Carl Millöcker in üppiger Ausstattung auf die Bühne bringen. Mit Alexander Girardi engagiert der Impresario einen absoluten Publikumsliebling. Das alles geht nicht ohne Schulden. Nachdem er im Jahr 1888 auch noch die Konzession fürs Carltheater pachtet, wo sein jüngerer Bruder Gabor als künstlerischer Leiter werkt, wächst der Schuldenberg auf respektable 250 000 Gulden an. Auch eine neue Strauss-Operette ist nicht billig. Der Walzerkönig ist im ausgehenden 19. Jahrhundert ein international gefeierter Star und hat seinen Preis. Woran wohl auch Maximilian Steiner, der Vater von Franz und Gabor, nicht ganz unbeteiligt ist. Unter der Direktion von Maximilian Steiner wird im Theater an der Wien nach der musikalisch eher beiläufigen Fingerübung von Johann Strauss Sohn mit dem reißerischen Titel *Indigo und die 40 Räuber* mit der Uraufführung der *Fledermaus* ein musikalischer Welterfolg geboren, der noch 150 Jahre nach der Uraufführung die Häuser füllt. In den ersten zwei Monaten nach der Premiere wird die Operette 49-mal gespielt. Die »goldene Operettenära« hat ihren Höhepunkt erreicht. Johann Strauss ist zum »Superstar« geworden. Und wird es auch nach dem Tod von Maximilian Steiner bleiben.

Berlin und Wien wetteifern um die Aufführungsrechte an neuen Strauss-Kompositionen. Und dabei hat Franz Steiner gar keine guten Karten – aus pikanten amourösen Gründen. Aus eben diesen Gründen wird *Eine Nacht in Venedig* 1883 als einzige Strauss-Operette nicht in Wien, sondern in Berlin uraufgeführt und vom Publikum nur lau akklamiert. Die Wiener Premiere sechs Tage später gerät hingegen zum Triumph für Strauss, der freilich seine zweite Ehegattin an den Impresario des Theaters verliert. Lily Strauss zieht in die Wohnung von Franz Steiner. Diese Affäre lässt das Verhältnis zwischen Walzerkönig und Theaterdirektor merklich abkühlen. Der umschwärmte Walzerkönig schreibt – vergeblich – klagende Briefe an seine untreue Lily, die als Ernestine Henriette Angelica Dittrich geboren wurde. Doch die Beziehung zu der 25 Jahre jüngeren Frau, die Johann Strauss Sohn – schon wieder eine Musikerdynastie – bereits während seiner Ehe mit der Opernsängerin Henriette »Jetty« Treffz-Chalupetzky – sagen wir es dezent – umschwärmt hat, ist ohnehin unerquicklich. Das ungleiche Paar schwebt keineswegs im Walzertakt durchs Eheleben. Und so wird Lily Strauss dem Komponisten schließlich vom Direktor wegengagiert. Allerdings wird auch die neue Beziehung von Lily und Franz Steiner nach wenigen Akten unharmonisch enden.

Kein Glück in der Liebe, wenig Glück an der Abendkasse. Auch Franz Steiner wachsen die Schulden über die Ohren, er muss die Pacht der beiden renommierten Theater aufgeben und sich den Lebensunterhalt künftig in Berlin und New York mit einer Theateragentur verdienen, während sich seine Lily ins eher nicht weltstädtische Bad Tatzmannsdorf zurückzieht.

Die dritte Generation der Theaterdynastie sollte schließlich jenseits des großen Teiches die größten Erfolge feiern. Maximilian Raoul Steiner, einziger Sohn von Gabor Steiner, wurde 1888 zwar nicht in einem Vergnügungsetablissement geboren, sondern im wenig glamourösen Hotel Nordbahn nächst des Praters.

Max Steiner wird in Hollywood zum »Vater der Filmmusik«. Sein Ruhm wird keineswegs »vom Winde verweht«.

Das Tingeltangelgeschäft saugt er aber praktisch mit der Muttermilch auf.

Max Steiner, wie er der Einfachheit halber genannt wurde, entwickelte sich unter väterlicher Protektion und Förderung zum musikalischen Wunderkind. Die kaiserliche Musikakademie absolvierte er in nur einem Jahr, schloss sie als bester Schüler ab und erhielt vom Kaiser eine Goldmedaille. Kaum ein Jahr später komponierte Max seine erste Operette: *Die schöne Griechin*. In einem Alter, in dem junge Männer heute in die Pubertät kommen, dirigierte das Wunderkind bereits das Orchester seines Vaters. An Vorbildern fehlte es nicht. Johann Strauss, Jacques Offenbach und Franz Lehár gingen bei den Steiners ein und aus.

Die finanziellen Pleiten seines Vaters und die erzwungene Übersiedlung nach England sollten für den jungen Mann internationale Erfahrungen und Kontakte bringen. Max Steiner dirigierte in London am königlichen Theater. Mit dem Ausbruch des Ersten Weltkrieges wurden die Steiners jedoch zu »feindlichen Ausländern«. Um einer Internierung zu entgehen, zog es Max Steiner über den Atlantik – nach New York. Dort lernte er die amerikanische Form der Operette, das Musical, kennen und komponierte bald für ein neues Unterhaltungsgenre, den Stummfilm.

In Hollywood werden Musiksynchroniseure gesucht. Steiners Spezialität ist das punktgenaue Synchronisieren von Leinwandaktion und Musik. Die Untermalung für *The Bondman* wird 1915 Steiners erste Fingerübung im neuen Geschäftsfeld. Hunderte Stummfilme flimmern in den amerikanischen Kinos über die Leinwand, sie alle brauchen die Musik als dramaturgischen Effekt. Max Steiner freundet sich mit William Fox – der eigentlich Wilhelm Fried Fuchs heißt –, einem der großen Produzenten der Filmindustrie, an. Er öffnet dem gebürtigen Wiener die Tore zur Filmmetropole Hollywood. Dort wird er zum »Vater der Filmmusik«, zum Erneuerer, eigentlich zum Erfinder, einer

Kunstgattung. Er erkennt, dass mit dem Übergang vom Stumm-zum Tonfilm die Filmmusik eine neue Aufgabe erfüllen muss. 1929 wird Steiner vom neu gegründeten RKO-Studio engagiert und kann dort seine revolutionäre Musiktheorie entwickeln.

Die Kompositionen sollten nicht mehr nur als gefälliges Hintergrundrauschen das laute Rattern der Stummfilmprojektoren übertönen, sondern dramatische Akzente setzen und die Wirkung auf der Leinwand steigern.

Steiners Kompositionen für Hollywood-Blockbuster wie *Symphony of Six Million* oder vor allem die Musik zu *King Kong* sind eigenständige Kunstwerke, die Bilder kommentieren, Emotionen verstärken und eine dramatische Wirkung entfalten. Steiners Filmmusik trägt maßgeblich zum Erfolg der Hollywood-Produktionen an den Kinokassen bei. In wenigen Jahrzehnten komponiert der Wiener für die RKO-Studios die Musik zu 111 Filmen und ist damit der weitaus produktivste Musiker im Filmgeschäft.

David O. Selznick wirbt Max Steiner für sein Studio ab und beauftragt den Komponisten 1939 mit der Filmmusik für *Vom Winde verweht*. Fast drei Viertel des 221-minütigen Epos brauchen irgendeine Art von musikalischer Begleitung. Steiner stellt sich dieser gigantischen Aufgabe und entwickelt für *Vom Winde verweht* ein verfeinertes Konzept: Jeder wichtigen Figur schreibt er ein eigenes musikalisches Leitmotiv auf den Leib.

Max Steiner ist in Hollywood angekommen. Er beginnt für die größten Studios zu arbeiten. Für Warner Brothers komponiert er die Fanfare, die am Beginn jedes Films des Studios zu hören ist, wenn dessen Logo erscheint. Klassiker wie *Casablanca* mit Humphrey Bogart und Ingrid Bergman sind auch durch die Filmmusik Max Steiners unvergessen. Doch Erfolg ruft Neider hervor. Steiners Kritiker werfen ihm »Mickey Mousing« vor und verspotten damit seine Kompositionstechnik, die durchaus auch auf Effekt angelegt war. Nebbich! Er wird zwei Dutzend Mal für einen Oscar nominiert und kann immerhin drei Statuen mit nach Hause nehmen. In Hollywood ist in diesen Tagen vor Ausbruch des Zweiten Weltkrieges und danach die musikalische Konkurrenz groß. Viele jüdische Komponisten müssen, um der Verfolgung durch die Nationalsozialisten zu entgehen, aus Europa flüchten. Viele suchen und bekommen Aufträge an der Westküste. Leopold Stokowski und Erich Wolfgang Korngold werden zu Stars der Filmindustrie.

Gabor Steiner stirbt im vorletzten Kriegsjahr im 87. Lebensjahr in Kalifornien, doch die musikalische Schaffenskraft seines Sohnes Max hält noch Jahrzehnte an. Hollywood wird ihn erfolgreich und wohlhabend machen.

Und irgendwann zählt der Prophet auch im eigenen Land. Seit 2009 wird der »Max Steiner Film Music Achievement Award« in Wien an herausragende Filmkomponisten vergeben. Das erste »Hollywood in Vienna«-Konzert mit symphonisch und live gespielter Filmmusik fand schon zwei Jahre zuvor anlässlich des 50. Todestags von Erich Wolfgang Korngold im Wiener Konzerthaus statt. Steiner und Korngold erlebten beide nicht mehr die »Hommage« ihrer Heimatstadt. Für den Ruf Wiens als »Musikstadt« haben sie jede Ehrung verdient.

Familie Wittgenstein

»Wir sind in unserer Haut gefangen.«

Die Wiener Tageszeitungen schweigen. Sie schreiben keine Zeile über den tragischen Tod eines Wiener Industriellensohnes in einer Berliner Kneipe. Keine Zeile. Ist es Pietät, noble Zurückhaltung oder die Angst vor der wirtschaftlichen Macht- und Sonderstellung einer Familie? Die Wittgensteins gelten als eine der reichsten Industriellenfamilien der k. u. k. Monarchie, wenn nicht als die reichste überhaupt.

Das Familienoberhaupt Karl Wittgenstein kurt Anfang Mai 1904 in Karlsbad unweit von Prag und erhält dort eine Depesche zugestellt. Er möge sich sofort nach Wien begeben. Warum, wird ihm nicht mitgeteilt. Vom Tod seines drittältesten Sohnes wird er erst in seinem Palais in der Wiedner Alleegasse, der heutigen Argentinierstraße, erfahren. Leser des *Grazer Volksblattes* wissen mehr. Die Zeitung aus der Provinz schreibt schon am 4. Mai über den »Selbstmord des Dr. Rudolf Wittgenstein«. Ein Reporter aus der Stadt an der Mur weiß aus Berlin zu vermelden: »Der Selbstmörder litt schon seit längerer Zeit an Schwermut.« Besser informiert zeigt sich ausgerechnet der *Lavanttaler Bote* vom 14. Mai 1904. Dort ist »Dr. Wittgenstein« ein 23 Jahre alter Chemiestudent, Sohn eines Kaufmannes aus Wien. Der Studiosus sei abends in Berlin in eine Kneipe gegangen und habe zwei Gläser Milch bestellt. Das irritiert den Wirt offensichtlich. Kein Bier, keinen Korn, Milch! Der junge Gast sei vor seinen Gläsern »sehr verstört dagesessen«, habe dem Mann am Klavier eine Flasche Selterswasser und einen Kognak servieren lassen und dafür einen Musikwunsch geäußert. Tatsächlich intoniert der Pianist sogleich das alte Kärntner Volkslied »Verlassen, verlassen, verlassen bin i«. Ob das damals tatsächlich zum Repertoire eines Berliner Kneipenpianisten gehört hat, sei dahingestellt. »Im Wald steht a Hügerl, viel Bleamerln blühn drauf, / durt schlaft mei arms Diandle, ka Liab weckt's mehr auf. / Durthin is mei Wallfahrt, durthin is mein Sinn, / durt merk i recht deutlich, wia verlassen i bin.«

Während der Klavierspieler die traurige Weise intoniert, greift der Student in seine Jackentasche und schluckt ein weißes Pulver. Rudolf Wittgenstein, Erbe eines ungeheuren Vermögens, sackt binnen Sekunden röchelnd auf seinem Stuhl zusammen. Ärzte werden gerufen, doch vergebens. Zehn Abschiedsbriefe hinterlässt der Student. Seinen Eltern schreibt er, dass er sich das Leben genommen habe, weil ein Freund von ihm gestorben sei. Ohne den wolle er nicht länger auf der Welt sein. Es ist das Ende einer traurigen Kindheit und Jugend, reich, aber nicht behütet. Verliebt in einen Mann. Homosexualität ist 1904 für die Kirche eine Sünde und für die Familie eine Schande. Als Selbstmörder darf Rudolf nach der Überführung aus Berlin nicht in der Familiengruft am Wiener Zentralfriedhof begraben werden.

Rudolf ist bereits der zweite Wittgenstein-Sohn, der sich das Leben nimmt. Schon der erstgeborene Sohn Hans kann die Erwartungen des Vaters nicht erfüllen. Das Geschäft, der Handel, Technik, Geld – das alles interessiert Hans wenig. Die Musik ist es, zu der er sich hingezogen fühlt. Hans weicht dem Druck des Vaters und flieht über den Ozean, nach Amerika. Ein Jahr nach seiner Flucht, 1904, berichten einige Zeitungen aus Wien und Prag, der älteste Sohn des Großindustriellen Karl Wittgenstein sei bei einer Bootsfahrt über den Rand einer »Barke« ins Meer gefallen. Die österreichischen Blätter waren sich weder über den Ort noch über den Verlauf des Unglückes einig. »Bei klarem Wetter« sei es passiert – je nach Zeitung vor Kuba oder vor New York –, eine Bergung der Leiche sei versucht worden, aber erfolglos geblieben. Der 24-jährige Sohn des Großindustriellen habe als Volontär bei einem »großen amerikanischen

Etablissement« gearbeitet. Was genau passiert ist, bleibt ein Geheimnis. Verunglückte Hans? Verschwand er einfach in ein anderes Land? Nahm er sich das Leben? Die Familie tat, als wüsste sie es nicht, als interessierte sie das Schicksal ihres ältesten Sohnes nicht übermäßig. Der *Neuen Freien Presse* teilte die Familie Wittgenstein lediglich seltsam emotionslos mit, »eine Nachricht des Inhaltes, dass Herr Hans Wittgenstein in New-York eines plötzlichen Todes durch Ertrinken gestorben sei, bei ihr nicht eingetroffen ist. Allerdings fehlt seit fünf Wochen jede Nachricht von dem Aufenthalt des jungen Mannes, der sich zuletzt in Havanna befunden hatte. Von dort trat er eine Reise auf einer Segelyacht an, und seither hat er nichts von sich hören lassen.«

Die Wittgenstein-Kinder genossen alle Privilegien der damaligen Oberschicht: Reichtum, eine luxuriöse Umgebung, Hauslehrer, Musiklehrer, Zeichenlehrer, zahlreiche Geschwister, Ferien in den Bergen, Ferien am See. Doch nur die Oberfläche glänzte. Der Schein überlagerte das Sein. Die jüngste Tochter Margarethe Wittgenstein fällte ein harsches Urteil: »Zärtlichkeit, Wärme und Gemütlichkeit, dauerhafte Friedenszustände [...] gab es bei uns nicht. Wenn ich an meine Kindheit zurückblicke, so überwältigt mich der Gedanke, wieviel an uns gesündigt worden ist. So schlecht ist kaum jemand erzogen worden. Lieblos ohne die geringste Unterstützung an Gutem oder Förderung der Begabung und gleichzeitig überwältigt mich wieder der Gedanke, wieviel Gutes wir von zu Hause mitbekommen haben.«

Der Vater war meist außer Haus, erfolgreich, autoritär, von seinen acht Kindern, vor allem den Söhnen, erwartete er Leistung, Erfolg und Interesse am Geschäftsleben. Die Töchter hatten da einen größeren Freiraum, von ihnen wurde nur erwartet, eine möglichst gute Partie am Heiratsmarkt zu sein. Die Mutter Leopoldine »Poldy« Kallmus, spielte in der Familie Wittgenstein eine Nebenrolle. Die neun Geburten – die zweite Tochter Dora starb bei der Geburt – hatten sie körperlich geschwächt, die Erziehung der Kinder wurde ans reichlich vorhandene Personal delegiert, sie zog sich zurück und spielte gegen die »Überlastung der Nerven« stundenlang Klavier. Margarethe: »Wir Kinder begriffen nicht, dass sie so wenig eigenen Willen und eigene Meinung hatte, und bedachten nicht, wie unmöglich es war, neben meinem Vater eine eigene Meinung und Willen zu bewahren.«

Dabei hat der Patriarch Karl Wittgenstein selbst Erfahrung mit der Flucht vor einem (über-)mächtigen Vater. Hermann Christian Wittgenstein verbietet Karl den Besuch der Technischen Hochschule. Der 18-Jährige reißt aus, nicht zum ersten Mal. Karl wird als eigensinniges Kind beschrieben. Schon mit elf Jahren haut er ab, verschenkt seinen teuren Mantel, damit er als Straßenbub durchgeht, wird beim Betteln erwischt und von der Polizei schließlich wieder nach Hause gebracht. Als junger Mann gelingt ihm dann der Ausbruch aus der Familie. Mit falschem Pass und kaum mehr als seiner alten Geige im Gepäck landet Karl in New York und versucht sein Glück in verschiedenen Branchen. Freilich: Eine Karriere vom Tellerwäscher zum Millionär bleibt ihm versagt, aber er lernt in Amerika die Kraft, aber auch die Härte einer Aufsteigergesellschaft kennen. Auch er leidet unter der mangelnden Anerkennung durch den Vater: »Ich habe nur einen Wunsch, mit Papa besser zu stehen.« Zwei Jahre bleibt Karl in der Neuen Welt, um dann reumütig und abgemagert zur Familie nach Wien heimzukehren. Das amerikanische Abenteuer war für ihn kein großer Sieg.

Aber: Die Erfahrungen in New York prägen sein Weltbild. Später, als Großindustrieller, wird er unter seinesgleichen »der Amerikaner« genannt. Und es ist nicht nur positiv gemeint. Neben der Bewunderung für den deutlich höheren Lebensstandard der amerikanischen Arbeiter bringt Karl Wittgenstein auch die Härte, die Skrupellosigkeit und die Geldgier aus New York mit.

In seiner Familie hat Karl Wittgenstein Armut nie kennengelernt. Der Sohn des Wollgroßhändlers Hermann Christian

Ein Bild von einem Patriarchen. Karl Wittgenstein wird mit der Produktion von Eisenbahnschienen zum reichen Mann. Sein Sohn Ludwig verschenkt sein ererbtes Vermögen und schreibt während des Ersten Weltkrieges sein philosophisches Meisterwerk – den *Tractatus logico-philosophicus*.

Wittgenstein wächst in finanziell gesicherten Verhältnissen auf. Schon sein Großvater, ein Gutsverwalter namens Moses Meyer, der aus dem ehemaligen Kreis Wittgenstein stammt, erwirbt als Kaufmann ein ansehnliches Vermögen. In der napoleonischen Zeit wurde die jüdische Bevölkerung dazu verpflichtet, neben ihrem Vornamen einen festen Familiennamen anzunehmen. Fortan nannte sich Moses Meyer nach seinem Geburtsort Wittgenstein. Religiös ist er nicht. Die Familie Wittgenstein zählt zur ersten Generation assimilierter Juden, die zum Protestantismus konvertiert. Das Judentum wurde als Hindernis für den Aufstieg in einer christlichen Gesellschaft erkannt. Sein Sohn Karl ließ nach seiner vom Katholizismus geprägten Ehegattin Leopoldine Kallmus alle acht überlebenden Kinder katholisch taufen. Ihr war das wichtig, ihm war es egal.

Ein Jahrhundert später versuchte die Familie, ihre jüdische Herkunft (fast) vollständig abzuschütteln. Um 1938 den Rassengesetzen der Nationalsozialisten zu entkommen, behaupteten die Nachkommen von Hermann Christian Wittgenstein, dieser sei nicht der leibliche Sohn von Moses Meyer Wittgenstein, sondern der uneheliche Nachkomme eines Fürsten aus dem Hause Waldeck gewesen. Richtig? Falsch? Mit viel Geld konnten auch nationalsozialistische Rassengesetze großzügig interpretiert werden. So wurden die Nachkommen des zum Protestantismus konvertierten Hermann Christian unter den Nazis zu »Halbjuden« und waren damit zumindest vor den brutalsten Verfolgungen geschützt.

Der vermeintlich illegitime Fürstensohn Hermann Christian ehelicht die Wienerin Franziska »Fanny« Figdor, die aus einer der reichsten Geschäftsfamilien Wiens stammt. »Tu, felix Austria, nube« gilt nicht nur fürs Kaiserhaus. Fanny bringt elf Kinder zur Welt. Karl ist ein Sandwichkind. Er übersiedelt mit der Familie aus einem Leipziger Vorort nach Vösendorf bei Wien, damals wie heute keine Metropole, doch immerhin nah an einer dran. Warum Vösendorf? Dort steht ein ziemlich verfallenes Schloss, das im Besitz des Habsburgerkaisers Franz I. ist, leer. Der Monarch hat die Herrschaft Vösendorf im Juli 1794 von den Erben der Maria Gabriela Fürstin von Colloredo-Mannsfeld erworben und nicht viel damit anfangen können. Das vernachlässigte Schlossgut wird 1850 für 15 Jahre an Franziska Wittgenstein verpachtet. Ihr Ehegatte Hermann Christian hat aus der Verwaltung von sanierungsbedürftigen Adelsgütern ein Geschäftsmodell gemacht: darum also Vösendorf. Viele der elf Kinder des Paares wachsen im Schloss auf – auch Karl. Nach 15 Jahren läuft der Pachtvertrag aus, und die Familie zieht weiter, nach Wien.

Nach seinem Studium am k. k. Polytechnischen Institut nächst der Wiener Karlskirche, das er nicht abschließt, wird Karl Wittgenstein als technischer Zeichner bei verschiedenen Eisenbahngesellschaften und Industriefirmen beschäftigt, bis ihn Paul Kupelwieser, der Schwager seiner Schwester Bertha, 1872 in das böhmische Walzwerk in Teplitz holt. Er macht dort rasch Karriere. Der Krieg zwischen dem russischen Zarenreich und der Türkei lässt die Eisenwerke glühen. Karl Wittgenstein erkennt die Chancen, die der Krieg bietet. Er will den Russen Eisenbahnschienen für eine kriegswichtige Strecke verkaufen. Der junge Techniker reist nach Kiew, um den russischen Staatsrat Poljakow zu treffen. Der wollte schwere Schienen, dafür aber nur einen geringen Preis zahlen. »Ich ging zu Poljakow und sagte zu ihm: ›Exzellenz, hier geschieht eine große Dummheit!‹« Für eine Bahnstrecke, die nur wenige Monate für Militärtransporte benötigt wird, würden leichtere und viel billigere Schienen reichen. Wittgenstein kann den Russen überzeugen. Das Teplitzer Walzwerk bekommt den russischen Rüstungsauftrag. Nur fünf Jahre nach seinem Eintritt wird Karl Generaldirektor. Mit eiserner Hand modernisiert und rationalisiert er die Produktion, ganz so, wie er es in Amerika gesehen hat. Einige Jahre später kann Wittgenstein die Aktien des Betriebes günstig übernehmen. Innerhalb eines Jahrzehntes wird er zum bestimmenden Stahlmagnaten der Monarchie.

Wittgenstein formt ein Schienenkartell, das in der k. u. k. Monarchie de facto ein Monopol etablieren kann. Zwölf Jahre nach dem Beginn seiner Karriere in Teplitz als Zeichner übernimmt Wittgenstein sämtliche Aktien der Böhmischen Montangesellschaft. Und vier Jahre später vereinigt er als Zentraldirektor die Teplitzer Werke mit der Prager Eisenindustriegesellschaft im ersten österreichischen Eisenkartell. Da besitzt der noch immer junge Unternehmer bereits eines der größten Vermögen in der Monarchie. Der Wiener Schriftsteller, Satiriker und *Fackel*-Herausgeber Karl Kraus macht ihn zur Zielscheibe seiner Attacken: »Wenn Herr Wittgenstein die Eintrittskarte zum Deutschen Schulvereinsfest mit tausend Kronen bezahlt, dann hat man der Öffentlichkeit zu sagen, dass der Herr samt seinen auch deutschen Kumpanen durch Hungerlöhne die deutsche Arbeiterschaft aus angestammten Gebieten treibt, die Slawisierung Österreichs wirksamer fördert, als zehn Sprachenverordnungen vermöchten.«

Aber Karl Wittgenstein ist längst in der Wiener Gesellschaft etabliert. Er ist immun gegenüber solchen publizistischen Anfeindungen und toleriert sogar die Marotte, dass seine Tochter Margarethe eine persönliche Vorliebe für die sozialkritischen Schriften von Karl Kraus entwickelt. Sein strenger Moralbegriff und sein leidenschaftliches Arbeitsethos machen den Unternehmer zur Verkörperung protestantischer Ethik. Er wird mit Alfred Krupp verglichen, von der erstarkenden Sozialdemokratie im Parteiorgan *Arbeiter-Zeitung* wegen seiner Monopolstellung und dem Druck auf die Arbeiterschaft attackiert: »Herr Karl Wittgenstein. Sein Geschäft floriert, er häuft Millionen auf Millionen. Aber auf wessen Rücken wird er zum Nabob? Das Geschäft bereichert ihn so, daß vor kurzem die Arbeitszeit um zwei Stunden wöchentlich verlängert wurde, und zwar ohne Lohnerhöhung!! Er läßt nunmehr auch Samstag bis 6 Uhr statt wie früher bis 4 Uhr arbeiten; der Millionär läßt sich von seinen Lohnsklaven wöchentlich zwei Arbeitsstunden schenken oder, wenn das nobler klingt, er erpreßt ihnen um zwei Arbeitsstunden wöchentlich mehr!«

Die Wittgensteins werden zum Geldgeber und Förderer der künstlerischen Avantgarde. Ohne seine Spende von 50 000 Kronen hätte die Wiener Sezession nicht gebaut werden können. Wittgenstein kauft Kunst, von Klimt, Schiele, Segantini und vielen anderen.

Karl Wittgenstein war ein Selfmademan (diesen Anglizismus gebrauchten Zeitungen schon anno 1913) und hatte eine angeborene Respektlosigkeit gegenüber Autoritäten und Konventionen, vielleicht verweigerte er auch deshalb mehrere »Angebote«, ihn zu nobilitieren, seinem Namen also ein »von« voranzustellen. Im Nachruf der *Neuen Freien Presse* auf ihn wird sein Charakter als »stahlhart« beschrieben, eine ziemlich naheliegende Metapher für einen Stahlindustriellen. Doch sobald er mit Kunst konfrontiert war, fiel vom »Willensmenschen« das Schroffe ab. »Die scharfblickenden Augen konnten im Anblick eines Kunstwerkes den Ausdruck der Verträumtheit und nach innen gerichteter Versunkenheit bekommen.« Das Verhältnis Wittgensteins zur Malerei war das eines durchaus modernen Menschen, eines durchs Sehen, nicht durch akademische Bildung geschulten Betrachters. Den industriellen »Macher« fasziniert an der Kunst der Kampf unterschiedlicher künstlerischer Energien. Das gefällt ihm. Deshalb wird er zum Mäzen einer ganzen Künstlergeneration im Wien um 1900. Karl Wittgenstein füllt den »Garantiefonds«, der von der Stadt Wien für die Überlassung eines Grundstückes zum Bau der Secession verlangt wird. Dadurch erhält er Zugang zu Klimt & Co.: »Er trat mit den Künstlern selbst in ein intimeres Verhältnis und wußte sie sowohl in seinem Palais in der Alleegasse wie auch in seinem Blockhaus am Hochreith zu heiter verbrachten Tagen und Abenden zu vereinen, die manchem Teilnehmer dieser fröhlichen Zusammenkünfte unvergeßlich bleiben dürften. In dieser Gesellschaft fühlte sich Karl Wittgenstein am wohlsten.«

Den Künstlern schadet die Freundschaft zum Industriellen nicht. Anlässlich der Verlobung von Karls Tochter Margarethe mit dem amerikanischen Mediziner und Unternehmer Jerome Stonborough (eigentlich Jerome Hermann Steinberger), der mit der Kupfer-Industriellenfamilie Guggenheim verschwägert ist, wird bei Gustav Klimt ein Porträt bestellt. Mama Leopoldine hat die Idee. Margarethe ist wenig begeistert. Der Meister steht im Ruf, die zu malenden Damen oftmals stundenlang ins Atelier auf der Josefstädter Straße zu bitten und sich ihnen dabei durchaus auch erotisch zu nähern. Die empfohlene Anwesenheit einer Anstandsdame im Atelier lehnt die selbstbewusste Margarethe Wittgenstein ab. Sie werde mit dem Faun schon selber fertig.

Der Maler ist viel beschäftigt, die Geschäfte gehen gut, er kann sich der vielen Aufträge aus der besseren Wiener Gesellschaft kaum erwehren. Klimt kann es sich aussuchen. Er porträtiert nicht jeden. Aber den Wittgensteins kann ein Gustav Klimt nicht absagen. Für fünftausend Gulden – beim Honorar gibt es keinen

Rabatt – wird er das Bildnis der Margaret Stonborough-Wittgenstein liefern. Die Sitzungen verlaufen amüsanter, als die 22-Jährige befürchtet hat. Der Maler und das Mädchen unterhalten sich mit dem Rezitieren von Gedichten Georg Christoph Lichtenbergs, auch die Anzüglichkeiten Klimts bleiben im Rahmen. Nach Monaten schließlich wird das Ölbild geliefert. Man sieht eine große, dunkelhaarige Frau mit dunklen Augen in einem blassblauen Kleid mit eigenartigem Faltenwurf. Margarethe ist keine dem damaligen Ideal entsprechende Schönheit, aber ihr Blick ist wach, ihre Erscheinung selbstbewusst. Klimt hat sie »getroffen«. Die junge Dame selbst gefällt sich nicht. Margarethe bemängelt die Darstellung ihres Mundes, hält das Porträt für misslungen und lässt es von einem anderen Maler »verbessern«. Zeit ihres Lebens wird das Porträt nicht aufgehängt. Es verstaubt hinter einem Sofa in der Villa Toscana in Gmunden. Das Porträt übersteht Nazizeit und Weltkrieg. Nach 1945 wird es der Stadt Linz um 300 000 Schilling zum Kauf angeboten. Der Gemeinderat zeigt wenig Kunstverstand – zu teuer. So landet Klimts wichtigstes Porträt nicht in Linz, sondern in der Münchner Neuen Pinakothek.

Das Haus Wittgenstein wird zum kulturellen Zentrum des Fin de Siècle. Es sind jene Jahre, die Wiens Ruf als Kulturhauptstadt begründen. Leopoldine Wittgenstein ist selbst eine begabte Pianistin, sie begrüßt im Salon des Palais die musikalischen Größen der Zeit. Ihre »Hausmusikabende« sind berühmt. Zwei Bösendorfer-Flügel stehen einander im roten Musiksalon gegenüber. Richard Strauss spielt Duette mit dem hochbegabten Sohn Paul Wittgenstein. Johannes Brahms, Gustav Mahler, Bruno Walter werden regelmäßig als Gäste im Neorenaissancepalais begrüßt. Karl Wittgenstein unterstützt Arnold Schönberg und die Wiener Secessionisten. Bilder von Gustav Klimt hängen neben den Meistern der Münchner und der Wiener Schule. Der Chef des Hauses greift selbst zur Violine. Karl spielt regelmäßig und gut. Woher er die Zeit, die Kraft für so viel Tätigkeit nimmt? Leistung, Anstrengung bis zur Erschöpfung prägen sein Leben. So maßlos er in seinen Unternehmen agiert, so maßlos strengt er sich auch in der Freizeit an. Wenn er nach einer langen Wanderung in den Bergen in die Alleegasse heimkommt, schreit er schon auf der ausladenden Treppe.»Hallo Wirtshaus!« Dann eilt das Personal herbei und tischt Deftiges auf. Blunzen, Speck, Geselchtes und Krenfleisch.»Wer viel verbrennt, muss viel Holz nachlegen.«

In einem Alter, da andere erst zum Gipfel der Karriere emporsteigen, steigt Karl Wittgenstein aus. Mit 52 Jahren zieht er sich aus allen Leitungsfunktionen seiner Firmen zurück, auch weil die öffentliche Kritik an seinen Geschäftspraktiken zunehmend lauter wird. Er hat genug. Seine Firmenbeteiligungen wandelt er in Immobilienvermögen um, er verschiebt Kapital ins Ausland, investiert in Aktien und Anleihen und lebt von der nicht gerade geringen Rendite. Das Vermögen wächst, selbst während des Ersten Weltkrieges, dessen Ausbruch er nicht mehr erleben sollte. Karl hält sich häufig auf seinem Gut Hochreith in den niederösterreichischen Alpen auf, das er zum Sommersitz der Familie ausgebaut hat. Rund um ein geräumiges Blockhaus ist eine kleine Siedlung entstanden. Die älteste Tochter Hermine hat den Jugendstil-Architekten Josef Hoffmann mit der Dekoration einiger Zimmer im Blockhaus beauftragt, nicht allen Familienmitgliedern behagt diese wilde Mischung aus Wiener Dekadenz und amerikanischer Wildwestromantik. Karl schon. Er reitet, geht auf die Jagd. Die Wittgensteins bleiben »bürgerlich«, auch wenn sie immens reich sind.

Als Privatier tut er das, was ihm Spaß macht. Seine Unrast bleibt ihm. Er reist drei Monate allein und auf eigene Faust durch die britischen Kolonien: Ägypten, Indien, Ceylon, Hongkong. Ich bin dann mal weg. Karl sucht das Weite, er sucht die Weite. Es ist Amerika in ihm. Die Familie in Wien bekommt nur spärliche Nachrichten von seiner Reise. Nach einem Vierteljahr taucht er wieder in Wien auf und bringt für die Damen des Hauses Rubine aus Indien und für die jungen Herren silberne Dolche mit.

Karl Wittgenstein genießt die Zeit als Privatier in vollen Zügen, möglicherweise ahnt er, dass die schönen Jahre bald vorbei sein werden. Von Ärzten hält er wenig, er nennt sie »Quacksalber«. Medizinische Konsultationen vermeidet er. 1906 macht sich eine Geschwulst im Rachenraum schmerzhaft bemerkbar. Erst als es unvermeidlich wird, lässt er sich von medizinischen Koryphäen untersuchen. Beim starken Raucher, der ein Dutzend Havannas pro Tag inhaliert, wird ein Tumor in der Mundschleimhaut diagnostiziert. Der damals berühmte Professor Anton von Eiselsberg operiert ihn, aber eine Heilung der Krebserkrankung ist nicht möglich. Immer wieder wächst der Tumor nach, zwölf weitere Operationen sind nötig. Dennoch verschlechtert sich Karls Zustand. Der starke Wittgenstein wird schwach, er kann kaum noch feste Nahrung zu sich nehmen. Es ist ein langes Siechtum. Zu Weihnachten 1912 bittet er seine Frau, ihm auf dem Klavier Beethoven und Brahms vorzuspielen. Er selbst kann seine Geige nicht mehr halten. Zu seinen letzten Freuden gehört ein Glas Rotwein. Ein Jahr vor Ausbruch des Krieges stirbt der Patriarch im 66. Lebensjahr. Ein Nachruf charakterisiert den »Eisenkönig«: »Er wußte seine großzügigen Pläne mit der größten Energie durchzusetzen, wobei es nicht selten zu Kämpfen kam, wie sie das amerikanische Wirtschaftsleben oft bietet und wobei Kapital gegen Kapital kämpft, bis der eine Teil niederbricht. Karl Wittgenstein war aber stets der Sieger, der über die Niedergebrochenen zu neuen wirtschaftlichen Erfolgen schritt.«

Die wirtschaftlichen Erfolge manifestieren sich in einem reichen Erbe. Tochter Margaret – nach ihrer Eheschließung mit dem Amerikaner Jerome Stonborough verwendet sie die englische Form ihres Vornamens – investiert einen Teil ihres Erbes in die Gmundner Villa Toscana. Das Anwesen in bester Lage über dem Traunsee gehörte einst dem österreichischen Erzherzog und Großherzog der Toskana Leopold II. und seiner Gattin Maria Antonia von Neapel-Sizilien, und es war durchaus eines Fürsten würdig – von außen. Innen fehlte es an modernen Sanitärräumen, Strom und Wasser mussten erst auf den neuesten Stand der Technik gebracht werden. Margaret Stonborough-Wittgenstein konnte die Villa Toscana und die gesamte Halbinsel vor Gmunden 1913 aus dem Nachlass von Erzherzog Johann Salvator von Österreich-Toskana ersteigern. Sie zahlte dafür 335 000 Kronen, weit unter dem damaligen Schätzwert.

Erzherzog Johann Salvator gilt zu diesem Zeitpunkt seit 22 Jahren als verschollen. Der Habsburger war ein höchst eigenwilliger, in den Augen des Kaisers politisch unzuverlässiger Angehöriger der großen Familie. Immer wieder war es zu Konflikten mit Kaiser Franz Joseph gekommen, der seinen Verwandten auf die konservative Linie des Hauses Habsburg bringen wollte. Im Jahr vor seinem Verschwinden war es zum Bruch gekommen. Erzherzog Johann Salvator musste um Entlassung aus dem Kaiserhaus bitten, die ihm – einem als liberal bekannten »Enfant terrible« – gnädig gewährt wurde. In Wahrheit soll Johann Salvator bei der Audienz mit dem Kaiser wütend seinen Säbel zerbrochen und Franz Joseph gar geohrfeigt haben. Das wiederum wollen wir so nicht glauben. Jedenfalls wurde Johann Salvator vom Kaiser der militärische Rang eines Feldmarschall-Leutnants aberkannt. Ein Skandal. Der degradierte Erzherzog nannte sich fortan bürgerlich Johann Orth und ehelichte in London Ludmilla »Milli« Stubel, eine Tänzerin der Wiener Hofoper. Der verbürgerlichte Erzherzog machte das Kapitänspatent, kaufte in Hamburg den Frachtdampfer »Santa Margarita« und nahm – angeblich – eine Ladung Zement an Bord, die er nach Valparaíso in Chile bringen sollte. Er, seine Frau und 23 Mann Besatzung kamen dort aber nie an. Nach offizieller Geschichtsschreibung ist das Schiff vor Kap Hoorn in einem Sturm gesunken. Es gibt aber ein Dutzend anderer Versionen der mysteriösen Geschichte. Factum est: Johann Orth ist und bleibt verschollen und wird erst 21 Jahre später für tot erklärt. Seine Villa Toscana geht auf den Geldadel über, der sich aber seiner gesellschaftlichen Aufgabe bewusst ist. Margaret Stonborough-Wittgenstein spendet ein Vielfaches des Villenkaufpreises an wissenschaftliche Institutionen. Denn die 1920er-Jahre sind zwar »goldene Zeiten« für die Wiener Forschung und Lehre. Das auf seine Alpenlande reduzierte Österreich steht aber politisch wie wirtschaftlich vor einem Scherbenhaufen. Die Akademie der Wissenschaften war de facto pleite. Mit einem »Check« über eine halbe Million Kronen rettet die Schwester des österreichischen Philosophen Ludwig Wittgenstein die Akademie. Bis zur Weltwirtschaftskrise, in der ihr Ehemann Jerome den Großteil seines Vermögens verlieren wird, spendet das Paar eine Million Kronen für die Wissenschaft. Die Ehe zwischen der Wittgenstein-Tochter und dem Amerikaner besteht da längst nur noch auf dem Papier. Die beiden leben getrennt, sind aber nicht zerstritten.

Als Nachfolger und Verwalter des Wittgenstein-Vermögens wurde nicht die jüngste Tochter Margaret, sondern Paul eingesetzt. Auch er lebte im ständigen Konflikt mit dem Vater, auch er inskribierte, dem Drängen des Vaters nachgebend, an der Technischen Hochschule, aber Paul fühlte sich zum Künstler berufen. Er nahm Klavierunterricht bei dem blinden Komponisten und Pianisten Josef Labor und beim bedeutenden Klavierpädagogen Theodor Leschetizky. Und er folgte dabei dem Leitspruch der Familie: Den bequemen Weg vermeiden und den schwierigsten wählen. Diesem Motto folgte Paul – wenn auch anders als gedacht.

Nach dem Tod seines Vaters kann Paul endlich das tun, was er will – nämlich ein Leben als Künstler führen. Er debütiert als Pianist in Wien. Akribisch plant er seinen ersten Auftritt vor der feinen Gesellschaft und den strengen Musikkritikern der Hauptstadtpresse. Er mietet den Goldenen Saal im Musikverein, kauft

Freikarten für alle weitschichtigen Verwandten. Obwohl die Programmauswahl ungewöhnlich und schwierig ist, erscheint eine wohlwollende Kritik im *Neuen Wiener Tagblatt*: »Ein junger Mann aus der Wiener Gesellschaft, der sich anno 1913 als Klaviervirtuose mit einem Konzert von John Field in der Öffentlichkeit einführt, muß entweder ein fanatischer Schwärmer oder ein sehr selbstbewußter Dilettant sein. Nun, Herr Paul Wittgenstein ist weder das eine noch das andre, sondern, was uns mehr gilt als beides: ein ernster Künstler. Er unternahm sein Wagnis, ohne zu wissen, daß es eins war, aus lauter Liebe zur Sache, und von der ehrlichen Absicht geleitet, vor dem Publikum eine ebenso zuverlässige wie seltene Probe seiner eminenten Fertigkeiten abzulegen.« *Die Zeit* beurteilt Pauls Debüt deutlich kritischer: »Technisch nicht schlecht vorbereitet betrat auch Paul Wittgenstein das Konzertpodium, aber er befindet sich noch in dem Stadium unsicheren Tastens. Die Musik ist ihm keine neue Sprache geworden, die Kunst nicht Mysterium. Er spielt und bringt die Noten, aber nicht ihren esoterischen Inhalt.«

Auch verhaltene Kritik bringt Paul nicht von seinem Weg ab. Bis zum Beginn des Krieges im August 1914 gastiert er in zahlreichen Konzertsälen der Monarchie. Er arbeitet hart an seinem künstlerischen Weg. Sein jüngerer Bruder Ludwig erkennt die wahren Beweggründe hinter dessen Ambitionen: »Du willst Dich, glaube ich, nicht hingeben und hinter der Komposition zurücktreten, sondern Du willst Dich selbst darstellen. Ich weiß nun, dass auch dabei etwas herauskommt, das dafürsteht, gehört zu werden, und zwar meine ich nicht nur für den, der die Technik bewundert, sondern auch für mich und jeden, der einen Ausdruck einer Persönlichkeit zu schätzen weiß.«

Sich selbst darstellen, aus eigener Kraft etwas erreichen, höchste Ansprüche an sich stellen. Die Wittgenstein-Söhne haben und machen es sich nicht leicht. Es ist auch ein Bruderkampf, jeder definiert sich über den anderen. Sehr verschieden und doch so ähnlich. Und alle im Widerstand gegen den Vater.

Der Kriegsausbruch verändert alles. Die drei Wittgenstein-Brüder melden sich freiwillig zum Wehrdienst in der k. u. k. Armee. Eingezogen hätte man sie vorerst nicht, sie waren nicht wehrpflichtig. Und angesichts ihrer gesellschaftlichen Möglichkeiten wäre es ihnen ein Leichtes gewesen, dem Kriegseinsatz zu entkommen. Doch alle drei betrachten es als ihre Pflicht, für Gott, Kaiser und das Vaterland zu kämpfen. Paul zieht schon im August mit dem k. u. k. Dragonerregiment »Kaiser Ferdinand« Nr. 4 nach Galizien. Der 36-jährige Kurt war im April 1914 nach New York gereist und arbeitete nach Kriegsausbruch in der Propagandaabteilung des k. u. k. Generalkonsulates, bis er eine Schiffspassage ins kriegstaumelnde Europa kaufen konnte. Ludwig, der jüngste Sohn, war wegen einer Leistenoperation vom Kriegsdienst befreit. Er kämpfte darum, dennoch eingezogen zu werden. »Jetzt wäre mir Gelegenheit gegeben, ein anständiger Mensch zu sein, denn ich stehe vor dem Tod, Aug in Auge.« Tatsächlich wurde Ludwig Wittgenstein auf ein von den Russen erobertes Patrouillenboot auf der Weichsel beordert, um sich dort zu langweilen. Beim Schälen von wurmigen Erdäpfeln, beim sich Ärgern über die eher grobschlächtigen Kameraden beginnt er sein philosophisches Konzept zu entwickeln. Im März 1916 wird er schließlich an die russische Front versetzt. Für ihn wird der »Heldentod« plötzlich zur angsteinflößenden Perspektive. In seinem Tagebuch bereitet er sich auf das Schlimmste vor: »Ob ich es aushalten werde? Die heutige Nacht wird es zeigen. Gott stehe mir bei! In steter Lebensgefahr. Die Nacht verlief durch die Gnade Gottes gut. Von Zeit zu Zeit werde ich verzagt. Das ist die Schule der falschen Lebensauffassung! Der Tod gibt dem Leben erst seine Bedeutung.«

Mitten im gewalttätigen Chaos der Schützengräben, des Stellungskrieges der Artillerieschlachten überlebt Ludwig durch seine bedingungslose Zuwendung zur Philosophie. Er schreibt an seiner philosophisch-logischen Abhandlung, die nach dem Krieg unter dem Titel »Tractatus logico-philosophicus« erscheinen wird. Das nur rund 120 Seiten starke Werk begründet Wittgensteins Ruf, einer der bedeutendsten Philosophen des 20. Jahrhunderts zu sein. Nicht die wirtschaftlichen Leistungen seines Vaters Karl, nicht der erworbene Reichtum, nicht die technischen Innovationen, sondern die Gedankenleistung seines jüngsten Sohnes schreiben den Namen »Wittgenstein« in die Geschichte ein. Dabei war Ludwig wenigstens von der technischen Begabung her seinem Vater ähnlicher als die anderen Geschwister. Schon als Kind baute er eine Spielzeugnähmaschine.

Ludwig durfte ab 1903 eine öffentliche Oberrealschule in Linz besuchen. Warum der Wiener Industriellensohn in die Provinz auf eine Realschule geschickt wurde, ist bis heute ungeklärt. An der Linzer Schule kommt es zu einer flüchtigen Begegnung mit einem Mitschüler, dessen Name dreißig Jahre später von Millionen gebrüllt wird: Adolf Hitler. Obwohl gleich alt, besucht Ludwig die fünfte Klasse, Adolf die dritte. Ob die beiden Schüler je miteinander sprachen? Gemeinsame Interessen, wie etwa die Verehrung für Richard Wagner, hätten sie gehabt. Hitler liefert in *Mein Kampf* einen Hinweis, der auf eine flüchtige Bekanntschaft hinweisen könnte: »In der Realschule lernte ich wohl einen jüdischen Knaben kennen, der von uns allen mit Vorsicht behandelt wurde, jedoch nur, weil wir ihm in Bezug auf seine Schweigsamkeit, durch verschiedene Erfahrungen gewitzigt, nicht sonderlich vertrauten.«

Der Wiener fühlt sich in Linz nicht wohl. Seine Eltern haben ihn bei einem Lehrer des Linzer Akademischen Gymnasiums einquartiert. Das Jahreseinkommen des Realschülers beträgt ein Hundertfaches des Gymnasialprofessors. Wittgensteins Schulnoten sind schlecht, er schwänzt viele Stunden. Nach eineinhalb Jahren verlässt er die Realschule. Seine Mitschüler, die er hartnäckig siezt, spotten ihm nach: »Wittgenstein wandelt wehmütig widriger Winde wegen wienwärts.« Dort absolviert er zur Zufriedenheit seines Papas ein Ingenieurstudium und konstruiert eine neue Antriebstechnik für Propellerflugzeuge. Für die Erfindung des »Blattspitzenantriebes« bekommt der junge Techniker 1911 ein europäisches Patent. Bei seinen technischen Experimenten stößt Wittgenstein auf mathematische Grundlagenfragen, die sein Interesse fesseln und seine Gedanken in Richtung Philosophie lenken.

»Wovon man nicht sprechen kann, darüber muss man schweigen.« Dieser letzte Satz aus dem *Tractatus* ist der am häufigsten daraus zitierte. Und er passt eigentlich immer. Der *Tractatus* wird viel besprochen, aber wenig gelesen. Den meisten Zeitgenossen erscheint die Schrift, die einer klaren mathematischen Gliederung folgt und gleichsam eine Serie kurzer Aphorismen ist, unverständlich. Davon geht Wittgenstein schon in seinem Vorwort aus. »Dieses Buch wird vielleicht nur der verstehen, der die Gedanken, die darin ausgedrückt sind – oder doch ähnliche Gedanken – schon selbst einmal gedacht hat. – Es ist also kein Lehrbuch. – Sein Zweck wäre erreicht, wenn es Einem, der es mit Verständnis liest, Vergnügen bereitete.«

Der *Tractatus* trägt Wittgenstein den Ruf ein, »ein Genie« zu sein. Die kulturhistorische Bedeutung des schmalen Buches ist unbestritten. Der *Tractatus* kann als Teil jener kulturellen Welt gesehen werden, die aus der zerfallenden Habsburgermonarchie bis in die 1920er-Jahre herüberreichte. Es ist das Nebeneinander, das Miteinander und oft auch das Gegeneinander von radikaler Moderne und dem Verklingen einer 640 Jahre alten monarchischen Tradition. Tatsächlich findet sich die Spannung zwischen radikaler Neuerung und Antimodernismus, die für das Milieu der Wiener Moderne in weiten Teilen charakteristisch war, in Wittgensteins Denken wieder. Er schreibt nüchtern, fast schroff, aber mit leidenschaftlicher Intensität. Nur mit Mühe findet sich nach Ende des Weltkrieges ein Verleger für diese Arbeit. Erst 1922 kommt es zu einer Veröffentlichung mit einem Vorwort des englischen Philosophen Bertrand Russell.

Kaum hat Ludwig Wittgenstein sein intellektuelles Lebenswerk geschaffen, interessiert es ihn nicht mehr. Er verzichtet auf sein ererbtes Vermögen zugunsten seiner Geschwister (nur Margaret erhält nichts, weil sie, mit einem amerikanischen Unternehmer verheiratet, als finanziell abgesichert gilt) und beginnt nach einem Sommer, in dem er sich als Gärtner im Stift Klosterneuburg beweisen will, ab September 1920 als Lehrer in einer kleinen Volksschule im niederösterreichischen Dorf Trattenbach etwa siebzig Mädchen und Buben zu unterrichten. Im ersten Brief schildert er seine Eindrücke: »Ich bin jetzt endlich Volksschullehrer und zwar in einem sehr schönen und kleinen Nest, es heißt Trattenbach (bei Kirchberg am Wechsel, N.Ö.). Die Arbeit in der Schule macht mir Freude und ich brauche sie notwendig; sonst sind bei mir gleich alle Teufel los.« Die ersten positiven Eindrücke verfliegen bald. Wittgenstein leidet an intellektueller Unterforderung, die Kinder daran, dass er sie überfordert. Bei Fehlern ist er gnadenlos streng, setzt wie damals üblich auch das Rohrstaberl ein und begründet seine Ungeduld philosophisch: »Wir sind aufs Glatteis geraten, wo die Reibung fehlt. Also die Bedingungen im gewissen Sinne ideal sind, aber wir eben auch nicht gehen können. Wir wollen gehen, dann brauchen wir die Reibung, zurück auf den rauen Boden.« Die Trattenbacher werden mit dem überaus engagierten, aber strengen Lehrer aus Wien nicht warm. Es fehlt an Gemeinsamkeiten. Nach seinem ersten Schuljahr schreibt Wittgenstein an Bertrand Russell nach Cambridge: »Ich bin noch immer in Trattenbach und bin nach wie vor von Gehässigkeit und Gemeinheit umgeben. Es ist wahr, dass die Menschen im Durchschnitt nirgends sehr viel wert sind. Aber hier sind sie viel mehr als anderswo nichtsnutzig und unverantwortlich.« In den zwei Jahren, die er in Trattenbach verbringt, übersiedelt er vier Mal und hat nur zu zwei Menschen ein »gutes Verhältnis« – zu einer 70-jährigen Bäuerin und zum Pfarrer. Wittgensteins Suche nach Sinn, der im Einfachen verborgen ist, ist der Versuch einer Selbsttherapie.

Die Flucht vor dem Suizid, den er als »verboten« akzeptiert und ablehnt. Ludwig will »anständig« werden, unentwegt strebt er nach »moralischer Besserung« und nach Distanz zu seiner Herkunft. Als bekannt wird, dass der »Herr Lehrer« Spross einer sagenhaft reichen Familie ist, ist das für Ludwig eine Katastrophe. Er wollte doch nur ins Leben einfacher Menschen eintauchen, dort seine ererbte Identität verlieren und eine eigene gewinnen. Seine Schwester Hermine klagt: »Ich hätte (oft) lieber einen glücklichen Menschen zum Bruder, als einen unglücklichen Heiligen!« Immerhin sechs Jahre lang arbeitet einer der größten Philosophen an mehreren Volksschulen im ländlichen Niederösterreich und schreibt ein *Wörterbuch für Volks- und Bürgerschulen*. Es bleibt nach dem *Tractatus* das einzige zu seinen Lebzeiten gedruckte Werk Wittgensteins.

Alle Wittgensteins sehen sich auf der richtigen Seite des europäischen Krieges. Das steht für die Familie außer Frage. Ludwig spendet gleich zu Kriegsbeginn 1914 100 000 Kronen für – seiner Meinung nach – bedürftige Künstler: Else Lasker-Schüler, Rainer Maria Rilke, Adolf Loos und Georg Trakl. Der holt die – für ihn ungeheuer große Summe – freilich nicht von der Bank ab, er hat Scheu, das Gebäude zu betreten. Die Familie wird später massiv in Kriegsanleihen investieren und damit einen großen Teil ihres Vermögens verlieren.

Die grausame Kriegsmaschine nimmt Fahrt auf. »Er lebt doch! Er kommt zurück!«, jubelt die älteste Schwester Hermine. Aus Sibirien erreicht sie ein Brief aus einem Gefangenenlager bei Omsk. Paul schreibt aus Russland. Bei der ersten österreichischen Offensive in Ostgalizien wird der Dragoner Wittgenstein bereits am 26. August 1914 bei einem Angriff nahe Zamość in Polen als Kommandant einer Aufklärungspatrouille durch einen Schuss in den rechten Oberarm schwer verwundet und gefangen genommen. In einem russischen Feldlazarett wird ihm der rechte Arm amputiert: einem Pianisten – der Arm!

Der einarmige
Pianist Paul
Wittgenstein
strebt nach künst-
lerischer Vollen-
dung. Maurice
Ravel komponiert
eigens für ihn das
*Klavierkonzert in
D-Dur für die linke
Hand.*

Sein Bruder Ludwig schreibt ihm wenig Tröstliches: »Welcher Philosophie würde es bedürfen, darüber hinwegzukommen. Wenn dies überhaupt anders als durch Selbstmord geschehen kann.« An Selbstmord denkt der 28-Jährige jedoch nicht. Seine Schwester Margaret will gar einen Konzertflügel nach Sibirien schicken, daraus wird aber nichts. Im Lager lernt er aus einem Selbsthilfebuch für amputierte Kriegsheimkehrer, sich einarmig zu waschen, anzuziehen und Fleisch zu zerdrücken, statt zu schneiden. Der Autor dieses Ratgebers, Géza Graf Zichy, hat einst Franz Liszt mit seinem einarmigen Klavierspiel beeindruckt, der später für den ungarischen Grafen Klavierwerke für eine Hand komponiert. Diese Stücke wird Paul Wittgenstein später in sein Programm aufnehmen.

Der verwundete Paul hat ein neues Ziel. Schon im Oktober 1915 kann er Russland als Invalide verlassen und mit einem der ersten Austauschzüge über St. Petersburg–Haparanda–Trelleborg in seine Vaterstadt zurückkehren. In Wien wird er neuerlich operiert und beginnt mit einem Boxtraining. Seine linke Hand soll stark werden. Auch mit nur einem Arm will Paul seinen Pianistentraum verwirklichen. Auf diese Weise wird er den Krieg und sein Leben als Invalide überleben. Im Gegensatz zu seinem älteren Bruder Konrad. Der 40-jährige Reserveoffizier erschießt sich zu Kriegsende 1918. Er betrachtet die Niederlage der k. u. k. Armee auch als sein persönliches Scheitern. Dass Untergebene seinen Befehlen nicht mehr gehorchen, erlebt Konrad als Schande. Misserfolge verzeihen sich die Wittgensteins nicht. Nach Konrads Tod fallen seine Anteile am Erbe den Geschwistern zu.

Am 4. März 1949 berichtet der *Wiener Kurier* auf seiner Kulturseite: »Der berühmte einarmige österreichische Pianist Paul Wittgenstein, der seit 1938 nicht mehr in Wien konzertierte, wird am 10. März in Wien ankommen, um im Schmidt-Gedächtniskonzert der Wiener Philharmoniker mitzuwirken. Der in Amerika lebende Pianist unternahm kürzlich eine Tournee durch England, wo ihn die Einladung der Wiener Philharmoniker erreicht hat. Paul Wittgenstein hat die Einladung angenommen und wird in dem Konzert der Wiener Philharmoniker die Beethoven-Variationen spielen, die Franz Schmidt speziell für den einarmigen Pianisten komponiert hatte.«

Der »einarmige Pianist« wird zu seinem Markenzeichen. Paul Wittgenstein beginnt seine Konzertkarriere schon ein Jahr nach seiner Entlassung aus russischer Gefangenschaft. Der *Teplitz-Schönauer Anzeiger* kündigt im Dezember 1916 ein Konzert des invaliden Reserveoffiziers mit dem örtlichen Kurorchester an. »Derzeit stehen noch Karten, insbesondere auch im 1. Rang und 2. Rang an der Theaterkasse zur Verfügung.« Weil das Repertoire für einarmige Pianisten doch sehr beschränkt ist, vergibt Wittgenstein ab 1922 Kompositionsaufträge, etwa an Franz Schmidt, Richard Strauss, Paul Hindemith oder Maurice Ravel. Die

Zusammenarbeit mit dem vermögenden Klaviervirtuosen bleibt nicht frei von Misstönen. Hindemith komponiert für ihn *Klaviermusik mit Orchester*. »Es würde mir leid tun, wenn Ihnen das Stück keine Freude machen würde – vielleicht ist es Ihnen anfänglich ein wenig ungewohnt zu hören – ich habe es mit großer Liebe geschrieben und habe es sehr gern.« Paul Wittgenstein mag die *Klaviermusik* nicht spielen. Er zahlt zwar das vereinbarte Honorar, lässt die Komposition aber ungespielt in der Schublade liegen. Seinem Musikgeschmack entspricht die späte Klassik, weniger die Moderne. Der junge Erich Wolfgang Korngold komponiert für Paul ein Klavierkonzert, das der Pianist eigenmächtig ändert. Er streicht Teile.

Wenige andere Komponisten dulden solche Eingriffe in ihr Werk. Maurice Ravel komponiert für Paul das *Klavierkonzert in D-Dur für die linke Hand*. Die Uraufführung findet bei einem Privatkonzert in der französischen Botschaft statt. Ravel ist Ehrengast und traut seinen Ohren nicht. Wittgenstein hat Teile des Orchesterparts für sein Klavier übernommen, Harmonien geändert, Kürzungen durchgeführt und Arpeggios hinzugefügt. Ravel tobt. Sein *Klavierkonzert für die linke Hand* gehört zu den wichtigsten Kompositionen der Zeit nach dem Ersten Weltkrieg. Und obwohl sich Paul Wittgenstein verpflichten muss, nur noch die Originalpartitur von Ravel zu spielen, ist das Verhältnis unheilbar zerrüttet. Die Kritik im *Neuen Wiener Tagblatt* vom Konzert mit der vollen Orchesterbesetzung lässt nichts von den Streitereien zwischen dem Komponisten und dem Interpreten ahnen. »In künstlerischem Heroismus das Schicksal überwindend, wurde er Virtuose der ihm gebliebenen Linken und erhob seine Einseitigkeit zur Vollendung, ja zur Unerreichbarkeit.«

Wenn Paul nicht auf Tournee ist, unterrichtet er Privatschüler. Wie sein Bruder Ludwig ist er ein äußerst fordernder Lehrer. Am Wiener Konservatorium bekommt er einen unbezahlten Lehrauftrag, der sich für ihn jedoch bezahlt macht. Er verliebt sich in die fast dreißig Jahre jüngere Studentin Hilde Schania, die als Folge einer Masernerkrankung fast blind ist. Ist es diese Behinderung, die sie für den älteren Mann mit Behinderung besonders attraktiv macht? Hilde wird schwanger. Paul mietet ihr eine Wohnung, versteckt seine Geliebte aber vor der Familie und der Welt. Zwei Jahre später kommt die zweite Tochter zur Welt. Die Familie Wittgenstein erfährt nichts von der Existenz der Kinder.

1926 stirbt Leopoldine Wittgenstein. Im selben Jahr beginnt Ludwig mit der Planung einer neuen Stadtvilla für seine Schwester Margaret in der Wiener Kundmanngasse 19. Er entwirft das Haus mit der gleichen strengen und konsequenten Logik wie vorher die Arbeit am *Tractatus*: »Der Gegenstand ist einfach.« Ludwig skizziert jedes Detail des Stadthauses, bis hin zu den Türklinken. Nach Fertigstellung des radikal geradlinigen Wohnbaues kehrt er 1929 nach Cambridge zurück, wo er ab 1911 studiert hatte, um dort Philosophie zu lehren. Im Börsenkrach verliert Margarets – längst von ihr getrennt lebender – Gatte Jerome den Großteil seines Vermögens. Frau Stonbourough-Wittgenstein muss sich bescheiden. Die Villa in der Kundmanngasse mitsamt dem riesigen Park soll vermietet werden. »Wir haben sehr wenig Geld übrig behalten. Nach sorgfältigen Berechnungen stellt es sich heraus, dass ich noch gegen 30 000 Dollar jährlich behalten werde.« Die bescheideneren Einkünfte reichen noch immer für ein großes Auto, einen Chauffeur, eine Köchin, zwei Dienst- und ein Extramädchen, einen Portier und eine Gouvernante. Mehrere Grundstücke und ein Teil der Kunstsammlung werden verkauft. Die Armut der Reichen ist vergleichsweise komfortabel.

Die 1930er-Jahre bringen den Aufstieg totalitärer Regime. In Deutschland kommt Hitler an die Macht. Anton Groller, der Vermögensverwalter der Familie, beweist ein feines Gespür für die Gefahren, die einer wohlhabenden jüdischen Familie drohen. Er empfiehlt, die liechtensteinische Staatsbürgerschaft anzunehmen, um das Vermögen zu retten. Paul lehnt das ab. Er sei mit »Leib und Seele« Österreicher. Margaret besitzt durch die Ehe mit Jerome auch die amerikanische Staatsbürgerschaft. Das schützt sie, das nützt sie. Sie gründet in der Schweiz die »Wistag AG« und transferiert Vermögen ins Ausland.

Nach dem sogenannten »Anschluss« Österreichs an Nazideutschland beantragt Ludwig Wittgenstein, der seit 1929 wieder in Cambridge lebt und dort für den *Tractatus* die Doktorwürde verliehen bekommt, die britische Staatsbürgerschaft. Paul verliert seine Stelle als Klavierdozent am Konservatorium und wegen »Rassenschande« auch das Sorgerecht für seine zwei Kinder.

Die Familie beginnt den Kampf um ihr – noch immer – beträchtliches Vermögen und um menschliche Grundrechte. Margaret verhandelt mit den Nationalsozialisten; sie reist mit Paul nach Berlin zu Kurt Mayer, dem Leiter der »Reichsstelle für Sippenforschung«. Behauptete uneheliche Verbindungen in der Vergangenheit sollen einen »Ariernachweis« mit zumindest einem Mischlingsstatus bringen. Zwischen Margaret, Paul und Ludwig kommt es im Zuge der Verhandlungen mit den Nazis zu wütenden Auseinandersetzungen. Die älteste Schwester Hermine benötigt hohe Summen, um sich von den NS-Behörden bürgerliche Rechte zu erkaufen. Es geht um Gold im Wert von mehr als zwei Millionen Franken, das bei Schweizer Banken lagert. Paul will es nicht den Nazis ausliefern. »Die Deutschen sind Erpresser.« Mrs Stonborough verhandelt dennoch weiter. Schließlich siegt die Nazigier über den Rassenwahn. Den Wittgensteins werden im August 1939 »Mischlingszertifikate« ausgestellt, nachdem eine »uneingeschränkte Deutschblütigkeitserklärung« des Großvaters Hermann Christian Wittgenstein amtlich verfügt wird. Die Definition als »Mischling ersten Grades« kostet rund zwei Millionen Franken. Paul verzeiht seiner Schwester den Handel mit den Nazis nicht: »In den Jahren 1938 und 1939 glaubte Mrs. Stonborough offenbar, dass die Nazis Leute wären, mit denen man auf der Basis von Achtung ihre

Geschäfte machen konnte. Wenn wir sie mit Nachsicht betrachten, ist das Beste, was wir zu ihren Gunsten sagen können, dass sie sehr dumm gewesen ist.«

Ludwig lehrt bereits in Cambridge, Paul emigriert mit der Mutter seiner Kinder in die USA, und auch Margaret flieht aus dem NS-Staat, nachdem sie Besuch von der Gestapo erhalten hat. Ihr Ehegatte Jerome Stonborough hatte sich schon im Juni 1938 in Gmunden das Leben genommen.

Paul stirbt am 3. März 1961 als letztes der acht Wittgenstein-Geschwister in New York. Da ist sein Bruder Ludwig schon seit zehn Jahren tot. Im *Tractatus logico-philosophicus* steht: »Der Tod ist kein Ereignis des Lebens. Den Tod erlebt man nicht.«

Familie Trapp

»Edelweiß, Edelweiß, ach, ich hab' dich so gerne.«

Kaum eine Familie hat das Bild Österreichs in der Welt so geprägt wie die singende Kinderschar des k. u. k. Korvettenkapitäns Georg Ritter von Trapp. Die idealisierte Familiengeschichte wird zum Drehbuch eines der erfolgreichsten Hollywood-Filme. In Österreich (und auch am großen Filmmarkt Deutschland) wird diese Sternstunde der Filmgeschichte weitgehend ignoriert. Dabei bestimmt der Hollywood-Blockbuster seit sechzig Jahren Österreichs Bild in der Welt. Etwa 1,4 Milliarden Menschen rund um den Globus haben den Film bisher gesehen, täglich werden es ein paar Tausend mehr.

Sie verbinden die singende Trapp-Familie mit Österreich, mit der Landschaft der Salzkammergut-Seen, mit der Kulisse der Barockstadt Salzburg, mit Burgen und Bergen. Und mit dem tapferen Widerstand gegen das Böse in Gestalt des Hitlerregimes. Aber das ist alles nur ein kleiner Ausschnitt einer viel größeren Geschichte.

»Ein freundlicher und fröhlicher Film mit schönen Aufnahmen und manchmal zu viel Musik. Trotz einiger Geschmackseinwände ab zehn Jahren möglich«, schrieb der *Evangelische Film-Beobachter* wenige Wochen nach der deutschsprachigen Premiere im Jahr 1965. Da war der Film schon wieder aus den meisten deutschsprachigen Kinos verschwunden. In Salzburg lief *The Sound of Music* gerade einmal ein paar Tage. Am Stoff selbst liegt es nicht, dass der Film hierzulande ein Misserfolg war. Die Geschichte der Trapp-Familie ist in den 1950er-Jahren in Deutschland und in Österreich durchaus mehrheitsfähig. Die beiden deutsch-österreichischen Filme *Die Trapp-Familie* (1956) und die schnell nachgeschobene Fortsetzung *Die Trapp-Familie in Amerika* (1958) sind Meilensteine der großen Heimatfilmära. Publikumsliebling Josef Meinrad verkörpert darin einen jungen katholischen Geistlichen, der die singende Familie mit professioneller Härte zu einem echten Chor formt. Ruth Leuwerik ist Maria, und Hans Holt spielt Georg von Trapp. Netter geht es nicht.

Hollywood adaptiert diesen »Plot« fürs Breitwandkino. Die Hauptfiguren: ein zwangspensionierter U-Boot-Kapitän (Christopher Plummer), eine sehr katholische Lehrerin (Julie Andrews) und sieben Kinder aus der ersten Ehe des verwitweten adeligen Leutnants mit der Tochter eines englischen Torpedoproduzenten. In Nebenrollen treten auf: die Äbtissin der Benediktinerinnenabtei am Salzburger Nonnberg, ein musikalischer Kaplan, der damalige österreichische Bundeskanzler, eine preußische Opernsängerin und der Salzburger Erzbischof. Dazu eine Bankenpleite in Zell am See und Adolf Hitler. Die Weichen für einen Welterfolg und fünf Oscars waren somit gestellt.

Maria Augusta Kutschera wird 1905 in Wien geboren. Ihre genaue Abstammung bleibt lange im Dunkeln. Es gibt Ungereimtheiten. Im Salzburger Trauungsbuch wird als Heimatpfarre »Baden bei Wien« angegeben. Der Vater sei ein »Karl Baron Kutschera« gewesen. Im Meldezettel von Maria Kutschera fehlt der Hinweis auf ihren zweiten Namen »Augusta«, und als Meldeadresse des Kleinkindes wird die Kirchengasse 104 im Wiener Vorstadtbezirk Kagran angegeben. Dort habe sie als »Kostkind« – also als Pflegekind – bis zu ihrer Abmeldung nach Salzburg gelebt. Zugezogen sei das Kleinkind aus Maria Enzersdorf, einem südlichen Vorort Wiens. In der Mariazellergasse 10 dürfte sich damals ein altes Winzerhaus befunden haben. Fräulein Kutschera hat in Wien die Lehrerinnenbildungsanstalt besucht und ist bei den Benediktinerinnen am Salzburger Nonnberg als Novizin registriert.

Ihr späterer, deutlich älterer Ehemann Georg Ritter von Trapp dient zu dieser Zeit schon bei der k. u. k. Kriegsmarine in Fiume, dem heutigen kroatischen Rijeka. Als Seekadett nimmt von Trapp mit dem Panzerkreuzer »Kaiserin und Königin Maria Theresia« an den Kämpfen im Zuge des Boxeraufstandes in China teil.

Den Hang zur Seefahrt hat Georg von seinem Vater geerbt, auch dieser diente in der österreichischen Kriegsflotte. August Trapp machte seine Sache offenbar so gut, dass die im hessischen Bad Homburg geborene »Landratte« von Kaiser Franz Joseph 1876 in den erblichen Ritterstand erhoben wurde. Für einen erfolgreichen Offizier der k. u. k. Marine war das anno dazumal eine übliche Auszeichnung. Ein höherer Sold war damit nicht verbunden. Georg wird vier Jahre nach der Adelserhebung seines Vaters im April 1880 in der heutigen kroatischen Hafenstadt Zadar geboren, eine eher bescheidene Garnisonsstadt an der dalmatinischen Küste, die aber über regelmäßige Schiffsverbindungen nach Triest bequem erreichbar war. Nur vier Jahre nach der Geburt seines ersten Sohnes stirbt August von Trapp an Typhus.

Die Mutter Hedwig, genannt »Hede«, muss die drei kleinen Kinder allein versorgen. Und sie bestimmt die schulische und berufliche Karriere des ältesten Sohnes, ganz im Sinne des Vaters. Georg wird mit 14 Jahren in die Marine-Akademie in Fiume aufgenommen. Seine Karriere ist damit vorgezeichnet: Seeoffizier. Neben Fremdsprachen lernen die jungen Kadetten alles, was man für eine Laufbahn in der Marine braucht: Meteorologie, Ozeanografie, Schiffsbau, Seemanöver, Signalsprachen und, weil ein k. u. k. Offizier dem Kaiser keine Schande machen soll, auch »Etikette«. Die angehenden Seeleute werden auch musisch gebildet. Georg von Trapp spielt Geige. Der 18-jährige Seekadett 2. Klasse befährt auf der Segelschulcorvette »SMS Saida II« sämtliche Ozeane und kommt so einmal rund um die Welt.

Ein Kapitän ohne Schiff, ein Offizier ohne Uniform. Georg Ritter von Trapp bringt sieben Kinder aus erster Ehe in die zweite Ehe mit einer Klosternovizin mit.

Sechs Jahre vor Ausbruch des Ersten Weltkrieges wird Ritter von Trapp nach seiner Ernennung zum Linienschiffsleutnant nach Fiume versetzt und mit dem Kommando eines Unterseebootes, der »SM U-5«, betraut. Es gibt ungefährlichere und prestigeträchtigere Kommanden. Gerade einmal 14 Meter lang ist diese neue Waffe der österreichischen Marine. Unter Wasser kann das Boot nur in doppelter Schrittgeschwindigkeit fahren – und auch das kaum fünfzig Kilometer weit. Dieses U-Boot wird Georg von Trapps Schicksal.

Bei den Festivitäten zur Kiellegung der »SM U-5« im April 1908 lernt der schneidige Korvettenkapitän die junge und – laut Augenzeugenberichten – ausnehmend hübsche Industriellentochter Agathe Gobertina Whitehead kennen. Ihr englischer Großvater gilt als Erfinder des Torpedos und besitzt in Pula eine Werft, in der für die k. u. k. Marine U-Boote gebaut werden. Agathe Whitehead war das, was man in der voremanzipatorischen Zeit eine gute Partie nannte. Ihr Großvater Robert Whitehead konnte seinen zwei Söhnen und zwei Töchtern und diese wiederum ihren Kindern ein beachtliches Vermögen vererben.

Der findige Techniker Robert Whitehead wird 1823 in Bolton im Nordwesten Englands geboren, arbeitet auf französischen Werften, entwirft und baut für die Mailänder Textilindustrie innovative Webstühle und nimmt schließlich ein Angebot des Österreichischen Lloyds in Triest an. Er konstruiert für die k. u. k. Marine Motoren und Antriebseinheiten für Schiffsschrauben, für die der k. u. k. Forstbeamte und Erfinder Josef Ressel ein Patent erhalten hat. Whitehead wird Werftdirektor, dann Eigentümer und erfindet schließlich eine tödliche Waffe: den Torpedo. Damit werden Robert Whitehead und seine Familie reich, sehr reich. Unter der Leitung seines Schwiegersohnes Georg Graf von Hoyos produziert die Torpedofabrik von Robert Whitehead in Fiume bis zum Beginn des Ersten Weltkrieges 13 168 Torpedos für zahlreiche Marinen der Welt. Die verheerende Wirkung der von ihm erfundenen Waffe wird Whitehead ebenso wenig erleben wie die Eheschließung seiner Enkelin Agathe mit dem U-Boot-Kapitän Georg von Trapp. Er stirbt im November 1905 in Fiume.

Die Firma Whitehead fertigt in Lizenz amerikanische Boote, die nach ihrem Entwickler John Philip Holland als eigene Klasse typisiert sind. Am Abend der Kiellegung findet in der Marinebasis ein Ball statt. Der Marineoffizier Georg von Trapp ist eingeladen und wagt mit der Tochter des Werfteigners ein Tänzchen. So beginnt eine Liebesgeschichte, die alsbald vor dem Altar ihren kirchlichen Segen erhält. Der junge Korvettenkapitän aus niederem Adel heiratet in eine reiche Industriellenfamilie ein. Noch im gleichen Jahr bezieht das Ehepaar Trapp eine mehr als standesgemäße Villa in der Nähe von Pula, wo die ersten zwei Kinder, Rupert und Agathe, zur Welt kommen. Das ehestiftende U-Boot ist hingegen zwei Jahre nach Kiellegung noch immer nicht einsatzbereit.

Mit Ausbruch des Krieges müssen die Familien der Offiziere den Marinehafen verlassen. Agathe zieht mit den zwei Kindern nach Zell am See auf den Erlhof. Der prächtige Gutshof gehört ihrer Mutter Agathe Whitehead, geborene Gräfin von Breunner-

Enckevoirth. Dort kommen die Kinder Maria Franziska, Werner, Hedwig und Johanna zur Welt. Trotz Krieges und zahlreicher »Feindfahrten« findet der Kapitän offenbar genügend Zeit für Landgänge.

Georg Ritter von Trapp wagt sich auf einer dieser Feindfahrten mit der »SM U-5« bis ans Südende der Adria. In der Straße von Otranto torpediert sein U-Boot am 27. April 1915 den französischen Panzerkreuzer »Léon Gambetta«. Für Kapitän von Trapp und die k. u. k. Marine ist die Versenkung der »Léon Gambetta« ein Triumph, für die Franzosen eine Tragödie: Von den 821 Mann an Bord sterben 684. Auch Admiral Victor-Baptistin Senès und alle seine Offiziere ertrinken. Nur 137 Matrosen überleben die Katastrophe, können sich in fünf Rettungsboote retten. Der Untergang der »Léon Gambetta« wird selbst in einer Kurzmeldung der *New York Times* registriert. Das amerikanische Blatt berichtet am 1. Mai 1915 über den Erfolg des Österreichers und zitiert ihn: »Bedauerlicherweise konnte ich bei der Rettung der Schiffbrüchigen nicht helfen.«

Wenige Wochen nach der von der k. u. k. Propaganda gefeierten Versenkung des Kreuzers attackiert die »SM U-5« ein italienisches U-Boot. Im direkten Duell zerstört Trapp die »Nereide« vor der Inselgruppe Pelagosa (das heute kroatische Palagruža). »Keiner gerettet«, vermerkt der Heeresbericht. Insgesamt zerstört Trapp auf seinen 19 Feindfahrten zwölf Handelsschiffe mit 45 669 Bruttoregistertonnen. Damit zählt er zu den erfolgreichsten Kommandanten im Mittelmeer und zu einem der besten der kleinen österreichischen U-Boot-Flotte. Trapp wird zum Kriegshelden stilisiert, und die Heimkehr seines U-Bootes wird mit dem Druck von Bildpostkarten gefeiert.

Am Kriegsverlauf ändert das nichts.

Mit der Niederlage der Habsburgermonarchie im Ersten Weltkrieg endet auch Georg von Trapps Laufbahn als aktiver Marineoffizier. Die k. u. k. Marine wird von Kaiser Karl I. noch in den letzten Kriegsstunden an das neu entstehende Königreich der Serben, Kroaten und Slowenen übergeben. Das größte Schlachtschiff, die »SM Viribus Unitis«, sinkt. Die neue Republik Österreich verliert mit dem adriatischen Küstenland den Zugang zum Meer. Keine Häfen, keine Schiffe, keine Marine. Georg von Trapp entschließt sich, Privatier zu werden.

Der ans Land verbannte Kapitän muss im Juni 1921 einen persönlichen Rückschlag hinnehmen. Mit Bescheid Nr. 59/O.K.1921 vom 18. Juni 1921 wird sein »Gesuch um die Verleihung des Maria-Theresien-Ordens« abgelehnt. Die Verantwortlichen halten Trapps militärische Großtaten für nicht ausreichend belegt. Der Korvettenkapitän i. R. betrachtet den negativen Bescheid als Affront und versucht es im Oktober 1923 ein weiteres Mal. Die Monarchie ist seit fünf Jahren untergegangen, aber die k. u. k. Bürokratie tut so, als ob nichts passiert wäre. Trapp schreibt ans »Kapitel des Maria-Theresien-Ordens« und begründet seinen Wunsch nach der begehrten Auszeichnung ausführlich und mit beigefügtem Gutachten von Admiral Miklós Horthy, der zu diesem Zeitpunkt als Reichsverweser auf der Budapester Burg residiert und Ungarn regiert. Beim zweiten Versuch klappt es. Georg Ritter von Trapp wird am 27. April 1924, genau neun Jahre nach der Versenkung des französischen Panzerkreuzers »Léon Gambetta« zum Träger des Ritterkreuzes des Maria-Theresien-Ordens.

Das Leben einer aristokratischen Militärelite nach dem Untergang der Habsburgermonarchie spiegelt die weltpolitischen Ereignisse des Ersten Weltkrieges, der Weltwirtschaftskrise, der galoppierenden Inflation wider.

Die wahre Geschichte hinter der Geschichte verortet die Familie Trapp zunächst nicht in Salzburg, sondern in Niederösterreich. Agathe und Georg von Trapp kommen am zweiten Weihnachtsfeiertag des Jahres 1920 vom Erlhof in Zell am See ins Martinschlössl nach Klosterneuburg bei Wien. Es gehört dem Bruder seiner Ehefrau Agathe, Robert »Bobby« Whitehead. Das junge Paar bezieht die neue Bleibe.

Auch Agathes Mutter Agathe Whitehead und die verwitwete Schwägerin Maria Konstanze von Trapp leben im geräumigen Schlössl. Georgs Bruder Werner ist schon 1915 im Krieg gefallen. Wochen später kommen auch die mittlerweile sechs Kinder der Familie Trapp nach Klosterneuburg nach und genießen das durch den Krieg unterbrochene Familienleben. Die Monarchie ist zerfallen, die Aristokratie per Verfassungsgesetz abgeschafft, aber das Leben des alten (Geld-)Adels geht weitgehend ungebrochen weiter. Von den sozialen Nöten, den politischen Wirrnissen, dem Hunger weiter Bevölkerungsschichten bekommen die Bewohner des Martinschlössls wenig mit. Es gibt einen Gemüsegarten, Obstbäume, ein Glashaus, Kühe, Schweine, Hunde und Katzen. Die Familie kann sich in Klosterneuburg fast autark ernähren. Eine Köchin und drei Dienstmädchen, ein Kindermädchen, eine Gouvernante und die Hauslehrerin kümmern sich ums Wohlergehen der von Trapps. Die Erziehung der Kinder obliegt dem Personal. Die wöchentliche Sonntagsmesse ist Pflicht, es sei eine Todsünde, diese zu »schwänzen«, wird den Trapp'schen Sprösslingen eingebläut. Mit täglichen Lesungen aus der Kinderbibel werden die Fundamente einer tiefen Religiosität gelegt. Die norddeutsche Erzieherin, Frau Freckmann, besucht Bibelstunden des Augustinerchorherrn Pius Parsch in der Klosterneuburger Kirche St. Gertrud. Pater Parsch will die Bibel zu einem Buch für das Volk und die Liturgie für alle verständlich machen. Er gilt als Gründer der »Liturgischen Bewegung«. Zufall oder Bestimmung: Auch die spätere zweite Frau des Korvettenkapitäns gerät in den Bannkreis der katholischen »Neuland«-Bewegung, die mit den Ideen von Pius Parsch sympathisiert.

Agathe von Trapp ist um die Jahreswende 1920/21 hochschwanger. Bald nach der Übersiedlung wird ihr siebentes Kind, ein Mädchen, geboren. Die Kleine wird in Anlehnung an die benachbarte Martinskirche Martina getauft.

Mit dem reichen Erbe seiner englischen Frau im Hintergrund

versucht der pensionierte k. u. k. Kapitän ins Schifffahrtsgeschäft einzusteigen. Zwei Jahre nach dem Krieg finanziert Georg von Trapp die Gründung der Hamburger Vega-Reederei. Damit soll die Seefahrertradition des nun zum Binnenland gewordenen Österreichs in die neue Zeit hinübergerettet werden. Das erste Schiff des jungen Unternehmens fährt in der Ostsee. Am Heck des Sechshundert-Tonnen-Schoners »Gertrud« flattert die österreichische Fahne. Und am Kauf der Barke »Toni« beteiligt sich auch der gleichnamige Enkel von Reichskanzler Otto von Bismarck. Das Unternehmen ist an einer Wiener Adresse registriert. Die Zweigstelle in Hamburg steuert bald drei Handelsschiffe, die auf den Namen »Steiermark«, »Kärnten« und »Enns« getauft werden.

Doch bereits nach drei Jahren übergibt Georg von Trapp das Steuer wieder an neue Partner. Auch die Gründung einer Rhein-Donau-Express-Schifffahrt-A.G. wird keine Erfolgsgeschichte, immerhin versenkt Trapp bei seinen Schifffahrtsunternehmungen kein Geld. Beide Gesellschaften kann er verkaufen. Seine unternehmerischen Ambitionen gibt der Seemann aber nicht auf – er wechselt ins Ziegelgeschäft. Im Jänner 1921 meldet die amtliche *Wiener Zeitung* die Eintragung Georg von Trapps als einer von drei Geschäftsführern der Göttweiger Tonwerke und Dampfziegelei ins Handelsregister. Lange währt seine diesbezügliche Tätigkeit allerdings nicht, sie bleibt eine biografische Fußnote. Wirklich Geld verdienen muss Georg von Trapp eigentlich nicht. Das Erbe seiner Frau ermöglicht der Familie ein finanziell unbeschwertes Leben.

Das Familienglück in Klosterneuburg wäre vollständig gewesen: Doch am Weihnachtstag des Jahres 1921 zeigen sich bei der achtjährigen Agathe die ersten Symptome einer Scharlacherkrankung. Ihr Rachen ist entzündet, sie hat Fieber. Agathe steckt alle ihre Geschwister an. Scharlach gilt nach der Jahrhundertwende noch als hochgefährliche und besonders infektiöse Erkrankung. In der durch Krieg und Hunger geschwächten Klosterneuburger Bevölkerung grassiert eine regelrechte

Epidemie. Auch Agathe von Trapp steckt sich bei ihrer Tochter an. Doch im Gegensatz zu ihr wird sie sich von dieser Infektion nicht mehr erholen. Die siebenfache Mutter übersteht zwar die Scharlacherkrankung, nicht aber das rheumatische Fieber, das darauf folgt.

Neun Monate nach der Scharlachinfektion stirbt Agathe im Alter von 31 Jahren im Martinschlössl. Die Kinder werden von ihrer sterbenden Mutter ferngehalten. Erst nach dem Begräbnis am nahe gelegenen Martinsfriedhof dürfen die Kinder zurück ins Haus. Der Tod seiner jungen Frau ist eine Katastrophe für Georg von Trapp.

Das Martinschlössl in Klosterneuburg hätte auch nach dem Tod Agathes das Zuhause der Großfamilie bleiben können. Der Witwer will aber nicht im Haus seiner englischen Verwandtschaft bleiben. Er sucht ein eigenes Anwesen für sich und seine sieben Kinder und wird in Aigen bei Salzburg fündig.

Damit ist die »Location« von *The Sound of Music* gefunden. Österreichs Bild in der Welt wird fortan durch Berge und Seen, durch Salzburg und das Lied »Edelweiß« bestimmt. Klosterneuburg bleibt eine unerwähnte Randnotiz.

In Salzburg betritt eine ausgebildete Lehrerin die Bühne. Maria Augusta Kutschera soll dem betuchten Witwer bei der Betreuung der Kinderschar helfen. Sie wird von der Oberin des Benediktinerinnenstiftes Nonnberg als Kindermädchen zur Familie Trapp geschickt.

Im Hollywood-Film ist das Mädchen eine eher verhaltensauffällige »Novizin« des Frauenklosters. Dafür findet sich in den Archiven der altehrwürdigen Benediktinerinnen kein Eintrag. Aber es stimmt: Maria Augusta Kutschera hat als junge Frau einenhalb Jahre in der Benediktinerinnenabtei am Nonnberg gelebt. Sie ist keine Salzburgerin und in schwierigen Familienverhältnissen aufgewachsen. Ihre Mutter Augusta Kutschera, geborene Rainer, ist zum Zeitpunkt der Geburt gerade erst

19 Jahre alt. Sie wird nur zwei Jahre nach der Geburt ihrer einzigen Tochter sterben. Woran? Wir wissen es nicht. Vom Vater erfahren wir in Maria Augustas Vita ebenfalls wenig. Er heißt Karl Kutschera und war 24 Jahre älter als seine Frau. Die Verhältnisse dürften bescheiden, aber nicht ärmlich gewesen sein. Der Vater kümmert sich kaum um seine Tochter, auch er stirbt bereits drei Jahre nach ihrer Geburt. Die Vollwaise wächst bei einem älteren Cousin auf, später als Kostkind bei einer Pflegefamilie. Das alles verschweigt Maria Augusta in ihrer späteren Biografie. Aus Scham?

Nach der Volks- und »Mittelschule« besucht Maria die Lehrerinnenbildungsanstalt in der Wiener Hegelgasse. Das junge Mädchen wird vom Erlebnis des Hungers im Wien der Nachkriegszeit geprägt. »Der Hunger war so groß, dass es unmöglich wurde zu lernen oder zu arbeiten.« Maria erlebt christliche Nächstenliebe durch die englischen und amerikanischen Quäker. Die »Society of Friends« organisiert für Zehntausende Wiener Kinder Suppenküchen. Sie sollen wenigstens einmal am Tag eine warme Mahlzeit bekommen.

Mit kaum 18 Jahren schließt Maria Kutschera die Ausbildung zur Volksschullehrerin ab und wird im Herbst 1922 von den Salzburger Benediktinerinnen als Erzieherin für die dortige Schule aufgenommen. Eine lebhafte Person sei sie gewesen, die »Gustl«, nicht wirklich hübsch, aber sie habe es hervorragend verstanden, mit Kindern umzugehen, erinnert sich die ehemalige Schülerin Dorothea Rákóczy. Zur Nonne sei sie trotz all ihrer Gläubigkeit nicht wirklich geeignet gewesen. Das habe die Äbtissin Virgilia Lütz bald erkannt.

So weit stimmt die Beschreibung der ehemaligen Klosterschülerin mit dem Selbstbild von Maria Kutschera und der filmischen Darstellung in *The Sound of Music* überein. Die quirlige Erzieherin passte eher nicht ins strenge Klosterleben. Da fügte es sich gut, dass Kapitän von Trapp für seine herzkranke Tochter Maria eine Hauslehrerin suchte. Die Nonnen »leihen« ihre

Erzieherin an den Villenhaushalt aus. Zwei Jahre später wird das Kindermädchen zur Hausherrin. Im August 1926 verlässt Maria Kutschera offiziell das Kloster wegen »Eheschließung mit Ritter von Trapp«, die allerdings erst ein Jahr später in der kleinen Klosterkapelle stattfindet. Der viel ältere Aristokrat ehelicht die Junglehrerin wohl kaum aus großer Liebe, aber sicher aus praktischen Erwägungen.

In *The Sound of Music* dient die Barockbasilika St. Michael am Mondsee als Kulisse für die Szene. Die sieben Kinder aus der ersten Ehe haben ein eher distanziertes Verhältnis zur Stiefmutter, was sich in sprachlichen Feinheiten ausdrückt. Sie sagen zu »Gustl« zwar »Mutter«, ihre verstorbene Mutter heißt bei ihnen aber nach wie vor französisch »Maman«.

Die politischen Krisen der 1920er- und 1930er-Jahre ziehen an der Trapp-Familie vorbei. 1935 wird zum Wendejahr. Georg von Trapp hat das Familienvermögen in ein kleines Bankhaus in Zell am See investiert. Die Familie Whitehead besitzt am Zeller See nicht nur ein stattliches Landhaus, das sich heute im Besitz der Familie Piëch-Porsche befindet, sondern auch große Liegenschaften im Kaprunertal. Schon in den 1920er-Jahren wird die Nutzung der Wasserkraft in den Hohen Tauern geplant, da kann Grundbesitz von strategisch wichtiger Bedeutung sein. Die Whiteheads engagieren sich bei einer Kesselfall Alpenhaus GmbH, die eine wirtschaftliche Nutzung des »weißen Goldes der Alpen« plant, und an einer Bankneugründung in Zell am See. Frank Whitehead, ein Bruder von Agathe Whitehead, beteiligt sich mit fast zwei Millionen Kronen, was in der Nachkriegsinflationszeit etwa 140 000 Euro entspricht, am Bankhaus A. Lammer & Co. Die ehemalige Wechselstube investiert in den Bau der Großglockner-Hochalpenstraße und der Schmittenhöhe-Bahn. Sie vergibt großzügig Kredite an einen Münchner Kunsthändler und Maler mit klingendem Namen – Hugo Grundherr von Altenthann und Weiherhaus. Der Aristokrat

stammt aus uraltem Nürnberger Adel, ist aber nicht gut bei
Kasse. Die Kredite der Lammer-Bank werden mit einem
Gemälde, das angeblich von Leonardo da Vinci stammt, besi-
chert. Die Jahre nach dem Börsenkrach von 1929 sind keine
guten Zeiten für den aufstrebenden Salzburger Tourismus und
schon gar keine guten Zeiten für den Kunsthandel. Und ein
Leonardo, dessen Echtheit nicht belegt werden kann, erweist
sich als unverkäuflich. Auch die österreichische Bundesregie-
rung, der das Bild als Geschenk für den faschistischen »Duce«
Benito Mussolini angeboten wird, lehnt höflich ab.

Das Bankhaus A. Lammer & Co. gerät – wie das so schön
heißt – in Schieflage. Georg von Trapp verhält sich ritterlich und
investiert sein in London deponiertes Vermögen in das Bankhaus, um das Grundkapital seines Schwagers zu retten. Das
erweist sich freilich als keine gute Idee. Vom wahren Ausmaß
der Kalamitäten, in denen sich das Bankhaus befindet, ahnt
Georg von Trapp nichts. Im November 1933 wird zunächst ein
Ausgleichsverfahren über die Bank eröffnet, und wenige Wochen
später wird ihr die Konzession zur Ausübung des Bankgewerbes
entzogen. Das ererbte Vermögen ist weg.

Noch bleibt der Familie die Villa in Salzburg-Aigen und ein
Grundbesitz in der Nähe von München. Man muss sich auf ein
bescheideneres Leben einstellen. Die zehn angestellten Dienst-
und Hausmädchen werden entlassen, von nun an müssen die
Kinder, die längst herangewachsen sind, Aufgaben im Haushalt
übernehmen. Sie tun es mit naiver Begeisterung. Immerhin bleiben eine Wäscherin und der Hausmeister im Dienst der Familie
Trapp, die aus den nobleren Etagen in den dritten Stock übersiedelt und die Familienwohnung an Theologiestudenten vermietet. So kommt der Theologe und Priester Franz Wasner in
die Familie. Täglich wird die heilige Messe gelesen, die Trapps
singen dazu. Sie tun das bald so hörenswert, dass sie beim Volks-
liedwettbewerb in der Gaststätte »Zum elektrischen Aufzug« am
Mönchsberg den ersten Preis gewinnen. Der Trapp'sche Fami-

lienchor wird professionell. Singen wird zum Geschäftsmodell. Die künstlerische und menschliche Achse zwischen Franz Wasner und der gleichaltrigen Maria Augusta wird den späteren Welterfolg ausmachen. Er kümmert sich um die musikalische Ausbildung, fordert extreme Disziplin bei den Proben, und Maria übernimmt die Rolle der Geschäftsfrau, die sich ums Marketing des Familienunternehmens kümmert. Vater Georg, den die Kinder zärtlich immer Papa mit französischem Akzent nennen, bleibt im Hintergrund.

»Edelweiß, Edelweiß, / Du grüßt mich jeden Morgen. / Sehe ich dich, / Freue ich mich, / Und vergess' meine Sorgen.« Das Lied gilt beim angloamerikanischen Publikum als Österreichs Nationalhymne oder zumindest als altes österreichisches Volkslied. Bei den Dreharbeiten zu *The Sound of Music* sollten die Salzburger Statisten in der Felsenreitschule das vermeintlich allen bekannte Lied anstimmen. Nur mit Mühe war dem amerikanischen Regisseur Robert Wise zu vermitteln, dass die Österreicher »Edelweiß« noch nie gehört hatten. Und die echten »Trapp Family Singers« werden auf ihren ausgedehnten Tourneen durch Amerika und den Rest der Welt keinen einzigen Song des Musicals singen – dieses entsteht nämlich erst nach deren Karriereende. Richard Rodgers und Oscar Hammerstein – Texter und Komponist – waren niemals in den Alpen, sie haben auch nie ein echtes Edelweiß gesehen.

1965, im Jahr, in dem die Verfilmung ihres Broadway-Musicals in die Kinos kommt und zwanzig Jahre nach dem Ende des Zweiten Weltkrieges, haben viele Österreicher eine erstaunliche Distanz zu dem freundlichen Bild, das der Film von Österreich zeichnet.

Der Familienvater Georg von Trapp verlässt darin das Land, weil er die Besetzung seiner Heimat durch die Nationalsozialisten ablehnt. Für die Dramaturgie des Bühnenstückes und des Filmes ist diese Erzählung wichtig, sie enthält auch einen wahren Kern. Der ehemalige Korvettenkapitän ist Monarchist

Das idealisierte Bild einer »typisch« österreichischen Familie. Der Trapp-Familienchor im Park vor ihrer Villa in Salzburg. In *The Sound of Music* wird ihre Lebensgeschichte verfilmt.

und betont katholischer Österreicher, seine politischen Sympathien gehören dem christlichsozialen Bundeskanzler Kurt Schuschnigg, durchaus auch in der autoritären Ausprägung des christlich-deutschen Ständestaates. Die Trapps werden zur idealtypischen Ausprägung einer »gesunden, kinderreichen« österreichischen Familie stilisiert.

Adolf Hitler und die Nationalsozialisten werden von der Trapp-Familie abgelehnt. Als eines der wenigen Häuser in Salzburg wird die Villa Trapp beim Einmarsch Hitlers nicht mit der Hakenkreuzfahne beflaggt. Die Kinder verweigern in der Schule den Hitlergruß.

Fliehen muss die Familie nicht. Aber die beiden im Ausland studierenden Söhne kehren nach 1938 nicht nach Österreich zurück. Georg von Trapp, der wegen seines Geburtsorts Zadar, das damals zu Italien gehörte, italienischer Staatsbürger ist, und die Familie verlassen Salzburg mit Sack und Pack samt Klavier. Sie reisen mit dem Zug nach Südtirol, um dort auf ihre Visa für eine bereits vereinbarte Konzertreise durch Amerika zu warten.

Im Film wird Georg von Trapp in einer Zeit, da viele seiner Landsleute, die beim »Anschluss« 1938 ihr Heil in Hitlerdeutschland gesucht haben, noch leben, als österreichischer Patriot gezeigt. Vielleicht erklärt das – wenigstens zum Teil – auch den geringen Erfolg des Filmes in Österreich. Es fehlten darin einfach die Identifikationsfiguren.

Das Bild der Maria entspricht dem typisch amerikanischen Frauenbild der Zeit. Und der Korvettenkapitän, dargestellt vom Kanadier und späteren Oscar-Preisträger Christopher Plummer, wirkt eher britisch als österreichisch.

Amerikanische Filmkritiker sehen in *The Sound of Music* eher die Abbildung einer konservativen amerikanischen Ideologie zur Zeit des Kalten Krieges. Das »reine« ländliche Leben wird idealisiert und romantisiert, es siegt eine protestantische Arbeitsethik (obwohl Maria im Film eine katholische Ordensschwester ist), und der Film transportiert das Bild einer »heilen« Großfamilie mit vielen Kindern. Die Kinder der Trapp-Familie sind zum Zeitpunkt der Auswanderung freilich längst erwachsen. Da bringt der Hollywood-Film einiges durcheinander.

The Sound of Music ist die filmische Adaption eines der erfolgreichsten Broadway-Musicals, das wiederum auf den 1952 veröffentlichten Lebenserinnerungen von Maria Augusta beruht – *Vom Kloster zum Welterfolg*. Das Musical von Richard Rodgers und Oscar Hammerstein, das die Geschichte des Familienchores dramatisiert, wurde ab November 1959 im New Yorker Lunt-Fonntane Theatre 1443 Mal aufgeführt und ging danach im Londoner Westend 2386-mal über die Bühne. Die Musical-Melodien begeistern seit sechs Jahrzehnten Millionen Menschen – zuerst auf der Bühne, dann im Kino und alljährlich im Weihnachtsprogramm amerikanischer TV-Stationen. Immer wieder. Etwa 300 000 Touristen pilgern Jahr für Jahr nach Salzburg und besuchen die Drehorte des Hollywood-Filmes, als wären es Weihestätten. Mozart und Salzburg? Trapp und Salzburg!

Wunderbar tourismustauglich setzt *The Sound of Music* die Salzburger Landschaft und Kultur in den denkbar schönsten Technicolor-Farben in Szene. Der Film hat längst ein Eigenleben entwickelt, die Geschichte der Nonne mit den sieben Kindern eines Witwers funktioniert weltweit als Märchen, das es nie war. Die »echte« Familie Trapp bildet in der neuen amerikanischen Heimat eine verschworene Wohn- und Erwerbsgemeinschaft. Während der ausgedehnten Konzertreisen – jedes Jahr von September bis Mai – verbringen sie täglich Stunden um Stunden auf engstem Raum in ihrem dunkelblauen Autobus, der sie durch die USA kurvt. In den ersten Jahren hat die Familie praktisch keinen festen Wohnsitz. Ihr Zuhause ist der Bus. Alle leben aus dem Koffer, monatelang.

Als Chor müssen sie zusammenbleiben, zusammenleben, miteinander harmonieren. Bestrebungen, den Familienverband zu verlassen, zu heiraten und eine eigene Familie zu gründen werden lange unterdrückt. Die Kinder sind längst erwachsene Frauen und Männer, auch wenn sie auf der Bühne mit Zöpfchen und Dirndlkleid alpenländisch auftreten. Ihre eigenen Bedürfnisse müssen sie im Dienste der Familienmission und des Familieneinkommens zurückstellen, was zu Spannungen führt. Die beiden Söhne, Rupert und Werner, können sich früher der Umklammerung entziehen. Rupert studiert Medizin in Innsbruck, Werner macht außerhalb des Familienkreises eine landwirtschaftliche Ausbildung, aber sie bleiben Mitglieder des Familienchores.

Der Chor besteht noch bis 1956, dann wollen die älteren Geschwister endlich ihr eigenes Leben führen. Mit dem Tod Georg von Trapps und dem Ausscheiden Johannas ist der ursprüngliche »Familienchor« eigentlich Geschichte. Doch mittlerweile sind die »Family Singers« so gut im Geschäft, dass weitergemacht werden muss. In den späteren Jahren springen immer wieder »Ersatzsängerinnen« ein. Der Familienchor wird zum Unternehmen. Familie ist eben ein weiter Begriff.

Maria von Trapp hat da schon ihre Lebenserinnerungen geschrieben. Für im Rückblick eher lächerliche neuntausend Dollar verkauft sie die Filmrechte an Wolfgang Reinhardt, den Sohn des Gründers der Salzburger Festspiele Max Reinhardt.

Ein Sommerferienaufenthalt führt die von Trapps 1941 nach Stowe in Vermont. Die weitgehend unberührte, harmonische, aber nicht sehr spektakuläre Landschaft erinnert die Familie ans Salzkammergut, nur ohne Seen. Ein abgewirtschaftetes Farmhaus ist zu kaufen. In den ersten Jahren hat das Bauernhaus nicht einmal elektrisches Licht – ein Bastlerhit. Salzburg wird nach Vermont verpflanzt. Wieder wird die gesamte Familie eingespannt. Die erwachsenen Töchter pflanzen Bäume, graben die Erde für Gemüsegärten um, nähen, stricken, kochen, waschen, zeichnen und basteln Handarbeiten, die bald verkauft werden. Aus dem devastierten Bauernhof wird eine formidable »Lodge«, die im Winter auch bald Gäste beherbergt. Maria von Trapp lässt eine Langlaufloipe anlegen und bringt damit diese bis dato in den USA unbekannte Sportart in die Hügel von Vermont. Immer bleibt die Familie in gemeinsamer Arbeit, auf gemeinsamen Reisen, beim gemeinsamen Singen verbunden. Sie geben dem Hof den biblischen Namen »Cor Unum« – »Ein Herz«. Es ist Anspruch, wenn auch nicht Wirklichkeit einer doch komplizierten Familie.

Heute bewirtschaftet Martin von Trapp, ein Stiefenkel von Maria Trapp, den Hof, erzeugt biologischen Käse aus Rohmilch und lässt Kühe draußen weiden und Schweine frei herumlaufen.

Die Familiensaga nervt den Landwirt. Der meistverkaufte Käse auf der »von Trapp«-Farm heißt »Oma«, es ist die einzige Reverenz an die österreichische Herkunft der Familie. Das Familienleben sei verkitscht dargestellt worden, meint Martin. Maria Augusta von Trapp sei durchaus ehrgeizig und dominant gewesen. Für die angeheirateten sieben Kinder war sie immer die »Stiefmutter« geblieben. Mit Georg von Trapp hat Maria Augusta übrigens auch zwei »eigene« Töchter und einen Sohn.

Maria Augusta Trapp, die ihr Leben und das »ihrer« Familie zu einem weltweiten Mythos gemacht hat, stirbt 1987. Ihre Lebensgeschichte, oder das, was Regisseur Robert Wise, die beiden Hauptdarsteller Julie Andrews und Christopher Plummer und die 20th Century Fox daraus gemacht haben, lebt in den Köpfen von Millionen Menschen fort. Es ist das Bild einer – scheinbar – idealen Familie. Schön wie die Salzburger Landschaft, aber wie vieles: Kulisse.

Die Kennedys

»Wir wollen keine Verlierer in unserer Familie.«

Beim West Los Angeles Police Department geht am Sonntag, den 5. August 1962 um 4.25 Uhr ein Notruf ein. Eunice R. Murray, Haushälterin der Schauspielerin Marilyn Monroe, informiert den diensthabenden Officer, sie habe die amerikanische Ikone nackt am Bauch liegend in ihrem Bett in ihrer Villa am Helena Drive im Nobelviertel Brentwood gefunden. Sie ist tot. Was geschah in dieser Nacht?

Die gerichtsmedizinische Untersuchung der 36-Jährigen stellt als Todesursache die Einnahme einer hohen Dosis von Barbituraten fest. Diese Medikamente wirken wie Alkohol, ihnen wird eine angstlösende und entspannende Wirkung zugeschrieben. In den 1960er-Jahren werden Barbiturate als Schlafmittel verschrieben, ihre Nebenwirkungen sind bekannt. Schon nach kurzer Zeit können sie abhängig machen. Woran Marilyn gestorben ist, ist weitgehend unumstritten, ob sie allerdings tatsächlich bewusst eine Überdosis des Beruhigungsmittels geschluckt hat, bleibt ein Geheimnis. Selbstmord, Unfall oder gar Mord?

Über Jahrzehnte halten sich Gerüchte und kursieren Verschwörungstheorien. War die erfolgreichste Schauspielerin ihrer Zeit tatsächlich lebensmüde? Oder wurde die 36-Jährige ermordet? Wer erteilte den Auftrag? Gibt es Verbindungen zur mächtigen Kennedy-Familie?

97 FBI-Dokumente über Marilyn Monroe, geborene Norma Jeane Baker, wurden unter dem amerikanischen Freedom of Information Act veröffentlicht, die letzte Version im Jahr 2013. Die Bespitzelungsprotokolle erzählen einiges über den Lebensstil in Hollywood, aber noch mehr über die paranoide Kontroll-

sucht des FBI und seines allmächtigen Präsidenten J. Edgar Hoover, der immer und überall auf der Jagd nach kommunistischen Verschwörern und Sympathisanten der »Reds« war.

Auch Marilyn Monroe gerät ins Visier der Staatsschützer, vor allem nach ihrer Eheschließung mit dem Schriftsteller Arthur Miller und der durch ihn beförderten Kontakte zu als »links« eingestuften Intellektuellen. Die FBI-Dokumente mit den vielen geschwärzten Passagen lösen das Rätsel des Todes der Schauspielerin nicht. Unter dem unverfänglichen Titel »Enclosure 61-9454-28« vom 23. Oktober 1964 wird von einem anonymen ehemaligen »Special Agent« behauptet, Marilyn Monroe habe intime sexuelle Beziehungen mit dem damaligen Justizminister Robert »Bobby« Kennedy, dem Bruder des Präsidenten John F. (»Jack«) Kennedy, gehabt. Das Dokument firmiert unter der lakonischen Überschrift »Robert F. Kennedy«.

Der Verfasser ist ein hoher Beamter der amerikanischen Bundespolizei, die aber gerade in den Jahren des Kalten Krieges nicht nur Verbrecher jagt, sondern Tausende amerikanische Bürger bespitzelt. Hoover, der Chef des FBI, ist der mächtigste und für seine Gegner einer der gefährlichsten Männer der USA. Und er hasst die Familie Kennedy. Der FBI-Chef hatte eine regelrechte Obsession, alles über das Privat- und vor allem über das Sexleben von Hollywoodgrößen zu erfahren. Wissen ist Macht, wenn man es für Erpressungen benützen kann.

Das »Enclosure 61-9454-28« wäre Sprengstoff gewesen, hätte Hoover es an die Öffentlichkeit gebracht: »Robert Kennedy hatte über einen längeren Zeitabschnitt eine Liebes- und Sexaffäre mit Marilyn Monroe. Ihr erstes Zusammentreffen war von seiner Schwester Patricia und ihrem Mann, Peter Lawford, organisiert worden«, behauptet der ungenannte kalifornische Geheimagent. Für ihn ist der attraktive Schauspieler Peter Lawford die Schlüsselfigur. Er heiratete in den Kennedy-Clan ein und knüpfte für die katholische Ostküstenfamilie Kontakte zu Stars wie Frank Sinatra, Sammy Davis Jr. und Dean Martin.

Peter Lawford hatte zahlreiche Affären, unter anderem mit Ava Gardner, damals noch die Ehefrau von Frank Sinatra, und vermittelte die Kontakte zwischen Marilyn Monroe und den Kennedy-Brüdern. Lawford selbst war ein Mitglied des legendären »Rat Pack«. Diese informelle Gruppe von grandiosen Schauspielern und Sängern rund um Frank Sinatra war durch Konzerte und Shows im Sands Hotel von Las Vegas sowie durch ihre legendären Alkoholexzesse berühmt-berüchtigt. Das »Rat Pack« unterstützte John F. Kennedy bei seinem Präsidentschaftswahlkampf und nach dessen Ermordung Robert Kennedy bei seinem.

Robert Kennedy hatte Ende des Jahres 1961 und Anfang 1962 sehr viel Zeit in Hollywood verbracht, wo er sich um die Umsetzung eines Filmprojektes bemühte. Marilyn Monroe war keineswegs die dümmliche Blondine und das willenlose Sexobjekt, als das Hollywood sie präsentierte, sondern politisch interessiert, klug und verletzlich. Norma Jeane, wie sie tatsächlich hieß, hatte freilich kein glückliches Händchen bei der Wahl ihrer Partner. Der äußerlich eher wenig attraktive Schriftsteller und Pulitzer-Preisträger Arthur Miller hielt sich für ihr intellektuell weit überlegen. Ihr erster Mann Joe DiMaggio war vor allem eine Baseballikone. Die Ehe sollte nur wenige Monate halten. Da der ältere Sportstar am Ende seiner Karriere, dort die gefeierte Filmdiva. Eine konfliktreiche Beziehung. Aber Joe DiMaggio erwies sich später, als es Marilyn wirklich dreckig ging, als Gentleman. Monate vor ihrem Tod schienen die beiden wieder zueinanderzufinden. Doch die Wirklichkeit verhinderte ein romantisches Comeback.

Und dann Robert Kennedy und Marilyn Monroe – ein überaus attraktives Paar. Da der (leider verheiratete) brillante Jurist und Justizminister, Bruder des smarten Präsidenten, dort der größte weibliche Filmstar Hollywoods. Tatsächlich hielt sich Bobby Kennedy in den Tagen vor Marilyns Tod in Hollywood auf. Er war im Beverly Hills Hotel abgestiegen und hatte mehrfach mit Marilyn Monroe telefoniert. Die Schauspielerin beklagte sich beim Justizminister über den Hinauswurf durch ihre Filmproduktionsgesellschaft 20th Century Fox während der Dreharbeiten für den Film *Something's Got to Give*. Der Star hatte sich an 17 von dreißig Drehtagen krankgemeldet und die Produktionskosten dementsprechend unkalkulierbar gemacht. Bobby Kennedy versprach zu intervenieren, tat es aber nicht. Marilyn Monroe fühlte sich benützt, rief den Justizminister ein weiteres Mal an, drohte ihrem Geliebten, die Affäre öffentlich zu machen. Ein perfektes Mordmotiv für Verschwörungstheoretiker. Ein Rosenkrieg mit der bekanntesten Schauspielerin ihrer Zeit, einer Sexikone, die von Millionen Menschen verehrt wurde, hätte das Image der Kennedys in der amerikanischen Öffentlichkeit nachhaltig ruiniert. Denn damit wäre in den prüden 1960er-Jahren zugleich publik geworden, dass die Blondine auch dem Präsidenten näherstand, als dies einem verheirateten Mann erlaubt war.

Marilyn Monroe verehrte John F. Kennedy, dessen bubenhafter Charme ihn zur Projektionsfläche aller idealistischen Hoffnungen und Erwartungen eines neuen Amerikas werden ließen.

Die berühmteste Frau ihrer Zeit und der Präsident. Keine Affäre könnte die Fantasie mehr anfachen. Am 19. Mai 1962 tritt Marilyn Monroe in den Scheinwerferkegel des Madison Square Garden in New York. Ihr Körper ist buchstäblich in ein hautenges pfirsichfarbenes Kleid eingenäht. Jede Rundung ist sichtbar. 2500 Strasssteine lassen Marilyn glitzern. Vor 15 000 Gästen haucht sie ein laszives Geburtstagsständchen ins Mikrofon: »Happy birthday, Mr. President.« Monroe variiert das Liedchen mit einem selbst verfassten Text. »Thanks, Mr. President, / For all the things you've done, / The battles that you've won. / [...] / And our problems by the ton. / We thank you so much.« Es ist einer der letzten öffentlichen Auftritte Monroes (für den sie einen Drehtermin in Hollywood platzen lässt). Drei Monate später ist sie tot.

Die Liebeserklärung zum 45. Geburtstag des Präsidenten macht sie – und ihn – unsterblich. Moderator des Abends ist der britische Schauspieler und Kennedy-Schwager Peter Lawford. Es gibt von diesem Auftritt zwar Fernsehbilder und Tondokumente, doch nur ein einziges gemeinsames Foto von Marilyn Monroe und John F. Kennedy entging der Zensur. Es stammt vom offiziellen Fotografen des Weißen Hauses Cecil Stoughton, der das Bild hinter der Bühne machte. Der Präsident dreht sich von der Kamera weg, Marilyn Monroe spricht, und Robert Kennedy hört zu. Der Secret Service und das FBI haben strikte Anweisungen, jegliches Bildmaterial zu kontrollieren und zu beschlagnahmen. Dieses eine Foto bleibt nur deshalb erhalten, weil sich die Negative des Filmes im Trockenraum befinden, als Sicherheitsbeamte die anderen Bilder des Fotografen konfiszieren.

John F. Kennedy, der in der Familie immer nur »Jack« genannt wurde, hatte die Schauspielerin erst im Februar 1962 bei einer Dinner Party in New York kennengelernt. Kennedy liebte den Hollywood-Glamour und er liebte Schauspielerinnen – ob blond oder brünett war Jack ziemlich egal. Der Präsident stand im Ruf, ein fast schon krankhaft aktives Sexualleben außerhalb seiner Ehe zu führen. Pulitzer-Preisträger Seymour Hersh zitiert Kennedy in seinem Skandalbuch *Kennedy. Das Ende einer Legende* mit folgenden Worten: »Ich bekomme Migräne, wenn ich nicht a ›strange piece of ass every day‹ bekomme.« Mit seinen Eskapaden versuchte Jack, die Schmerzen seines chronischen Rückenleidens zu kompensieren.

John F. Kennedy, der nach außen in der Rolle des jugendlich strahlenden Politikers brillierte, war ein schwer kranker Mann, der nur mithilfe der Einnahme täglicher Medikamenten-»Cocktails« seinen Pflichten nachgehen konnte. Kennedy litt an der Addison'schen Krankheit (Nebennierenrindeninsuffizienz), einer Schilddrüsenerkrankung, die durch ständige Cortisongaben unter Kontrolle gehalten werden musste, und bereits seit früher Jugend auch an Zöliakie. Gegen sein akutes Rückenleiden erhielt der Präsident zwei- bis dreimal pro Tag das Schmerzmittel Procain gespritzt, er musste überdies ein Stützkorsett tragen. Kennedy ließ sich auf seinen Auslandsreisen vom eher dubiosen New Yorker Arzt Max Jacobson einen Drogencocktail bestehend aus Steroiden und Amphetaminen verabreichen. Dr. Jacobson firmierte in der Umgebung des Präsidenten unter dem Tarnnamen »Miracle Max«.

Jack Kennedy wäre bei jedem Dopingtest sofort aufgeflogen. Für die Kameras lächelte er, gab den starken jugendlichen Präsidenten, der er – jedenfalls in den ersten Monaten seiner Präsidentschaft – gar nicht war. Das militärische und publizistische Debakel in der Schweinebucht beim gescheiterten Invasionsversuch auf Kuba, die Niederlage gegen die Sowjetunion im Wettrennen um den ersten Menschen im All, die Demütigung beim Gipfeltreffen zwischen Kennedy und Nikita Chruschtschow in Wien, bei dem der Sowjetführer den jungen Amerikaner wie einen Schulbuben belehrte, und schließlich der Bau der Berliner Mauer, den die Atommacht USA nicht verhindern konnte: Kennedys erstes Jahr war eine außenpolitische Katastrophe. Umso mehr suchte der »neurotische Womanizer« den großen Auftritt in der Öffentlichkeit, um sein Image zu pflegen.

Am 12. September 1962 hielt John F. Kennedy vor Tausenden Studenten eine Rede im Stadion der Rice University in Houston, Texas, die den Wettlauf zur ersten Mondlandung eröffnete. »Wir haben uns entschlossen, zum Mond zu fliegen. Wir haben uns entschlossen, in diesem Jahrzehnt auf dem Mond zu landen und all die anderen Dinge zu erledigen, nicht weil es leicht wäre, sondern gerade weil es schwer ist, weil dieses Ziel uns helfen wird, das Beste unserer Energien und Fähigkeiten einzusetzen und zu erproben, weil wir bereit sind, diese Herausforderung anzunehmen und sie nicht widerwillig aufschieben werden, und es ist eine Herausforderung, die wir beabsichtigen zu gewinnen.«

Diese Rede und dieser eine Satz – »We choose to go to the moon!« – gingen in die Geschichte ein. In der Zeit des

Kalten Krieges waren die Fronten klar. Die kommunistischen Sowjets hatten einen Riesenvorsprung in der Raketentechnik. Die Eroberung des Weltraumes galt als das wichtigste Zukunftsfeld der Wissenschaft. Sechs Jahrzehnte später wissen wir, dass Kennedy die Bedeutung der Raumfahrt für die Menschheit überschätzt hat. Aber damals bedurfte es enormer finanzieller Anstrengungen, Geld, das Kennedy vom Abgeordnetenhaus brauchte, um den Vorsprung der Sowjetunion einholen zu können.

John Fitzgerald Kennedy (Markenname JFK) war der zweitälteste Sohn von Joseph P. Kennedy, der gleichnamige Erstgeborene Joseph »Joe« Patrick Jr. war 1944 im Zweiten Weltkrieg als Pilot verunglückt. Die Ambitionen der ehrgeizigen Familie ruhten nach dem Heldentod des Erstgeborenen auf den Schultern von »Jack«. Dessen Vater hatte 1914 die älteste Tochter des ehemaligen Bürgermeisters von Boston John F. »Honey Fitz« Fitzgerald geheiratet. Rose Elizabeth Fitzgerald wird in den 18 Ehejahren neun Kinder (eines davon starb früh) zur Welt bringen und aus dem Hintergrund die Karrieren ihrer Kinder fördern. Und sie bewusst zu selbstständigen Menschen erziehen. Für jedes Kind führt sie eine Registerkarte, in der Gewicht, Schuhgrößen, Augenuntersuchungen und Zahnarzttermine vermerkt werden. Bei so vielen Kindern könnte man sonst leicht die Übersicht verlieren.

Rose Kennedy ist jedenfalls ein politischer Mensch, lebt für Gespräche im Hintergrund, für Strategien, und sie verfolgt für ihre Kinder klare Ziele: »Wenn man in die Politik geht, dann will man an die Spitze.« Die Vereidigung ihres Sohnes John F. zum 35. Präsidenten der Vereinigten Staaten von Amerika wird sie als Höhepunkt ihres Lebens beschreiben. Rose ist das Zentrum einer Familie, die sich als amerikanischer »Adel« begreift. Dabei sind der Aufstieg und der Reichtum der katholischen Kennedys erst zwei Generationen alt.

Eine amerikanische Dynastie: Joseph P. Kennedy und seine Frau Rose haben neun Kinder und große Ambitionen für sie. Ein Sohn soll amerikanischer Präsident werden.

JFKs Vater Joseph Patrick wird in Amerika als Nachkomme irischer Einwanderer geboren, die es an der traditionellen Ostküste zu Wohlstand – wenn auch noch nicht Reichtum – gebracht haben.

Joseph Patrick begründet in der zweiten Generation die »Dynastie« der Kennedys. Nach einer soliden Ausbildung in katholischen Schulen und an der renommierten Harvard University steigt Joseph P. ins Bankgeschäft ein, auch – und vor allem – nützt er die Beziehungen seines Vaters. Die Prioritäten sind klar: hohe gesellschaftliche Anerkennung und Macht. Als irischem Katholiken bleiben Joseph P. Kennedy die traditionell protestantischen Machtzirkel von Boston verschlossen, Anerkennung glaubt er nur durch Geld erringen zu können. Schon mit 25 Jahren wird er Präsident des Columbia Trust und damit zum jüngsten Bankdirektor der USA. Sein Vater spielt dort eine wichtige Rolle. Praktisch, dass auch sein Schwiegervater in spe Einfluss bei einer Bank hat, auch dort macht der junge Mann innerhalb weniger Tage Karriere. Es geht eben nichts über profitable familiäre Beziehungen.

Joseph P. Kennedy ist ein attraktiver Mann, ein – wie man heute sagen würde – »begabter Netzwerker«. Neben seinen Finanzgeschäften investiert er früh in Immobilienprojekte, kauft und saniert Wohnungen und wird wohlhabend. Während des Ersten Weltkrieges kann der Banker eine Einberufung zum Militärdienst vermeiden. Er lässt sich in Boston pro forma bei einer Schiffswerft anstellen und ist damit »kriegswichtig«: Wer Geld und Einfluss hat, braucht nicht in den europäischen Krieg zu ziehen, sondern kann die Zeit für den Aufbau von Geschäften nützen. JFKs Vater geht gern ins Kino, mehr noch, er entdeckt den Film als Möglichkeit, glänzende Gewinne zu machen: Joseph P. kauft 31 Filmtheater in den Staaten von New England. Es ist der Beginn umfangreicher Investments in die wachsende Filmindustrie.

Unternehmensbeteiligungen, Medien und politische Vernetzung: Joseph P. macht daraus ein unschlagbares Geschäftsmodell. Unter anderen demokratischen Verhältnissen wäre er Dauergast vor parlamentarischen Untersuchungsausschüssen, wahrscheinlich sogar vor dem Strafgericht. Um den Wahlkampf seines Schwiegervaters zu unterstützen, engagiert Joseph P. Kennedy italienische Immigranten und ein Dutzend Profiboxer. Die werden dazu eingesetzt, schwankende Wähler mit geballten Fäusten zu überzeugen. Sein Schwiegervater wird wegen dieser »durchschlagenden« Werbemethoden nach der Wahl wegen Wahlbetruges wieder aus dem Repräsentantenhaus ausgeschlossen. Eine Panne.

In den Jahren nach Ende des Ersten Weltkrieges zeigt sich, wie eng Kennedys wirtschaftliche und politische Interessen verwoben und wie gering die Berührungsängste des irischen Katholiken sind, wenn es um die italienische Mafia geht. Innerhalb weniger Jahre wird Joseph P. Millionär. Mit dem Beginn der

Prohibition, also des Alkoholverbotes, eröffnet sich für skrupellose Geschäftsleute ein weites Betätigungsfeld. Kennedy wird zunächst durch Alkoholschmuggel von Kanada nach Amerika reich. Dieses Geschäftsmodell funktioniert nur in enger Zusammenarbeit mit unterschiedlichen Mafiaclans. Über den Import von Zucker aus Kuba, der für die illegale Alkoholproduktion notwendig ist, werden Joseph »Diamond Joe« Esposito und die Kennedys Geschäftspartner.

Der Chef des »Chicago Outfit« gilt als mächtigster Gangster Amerikas. Und die Mafiabosse der 1920er-Jahre sind keineswegs liebenswerte Gentlemen-Gauner. Sie sind brutale, gewalttätige Killer. Und sie machen Geschäfte mit der Politik. Als Preis für die Unterstützung von Joe Esposito und seiner Mafiagang duldet es Präsident Calvin Coolidge, dass wichtige Gewerkschaften vom »Chicago Outfit« übernommen werden. Politik, Kriminalität, Drogengeschäfte und Gewerkschaften werden in den nächsten Jahrzehnten maßgeblich von den großen Mafiafamilien gesteuert.

Joseph P. Kennedy perfektioniert sein System, indem er illegale Gewinne aus dem Alkoholhandel über seriöse Investitionen wäscht. Und er verlagert seinen Wohnsitz in den Westen. Dort locken die Reize der Filmindustrie und ihrer Darstellerinnen. Er kauft und fusioniert Filmgesellschaften, saniert sie und stößt sie mit großem Gewinn wieder ab. Seine wichtigste Geschäftspartnerin und langjährige Geliebte wird Gloria Swanson. Der Stummfilmstar ist eine der schönsten und extravagantesten Diven ihrer Zeit, eine Stilikone, eine Produzentin, eine selbstbewusste Frau, die ganz eigene Ideen von Ehe und Treue hat. Und diese Ideen auch lebt.

Gloria Swanson wird sechsmal heiraten und noch Zeit für eine Affäre mit Joseph P. Kennedy finden. Kennedy gründet die »Gloria Productions«. Als »braver« Katholik versucht er, von der Kirche einen Dispens von der »ehelichen Treueverpflichtung« zu bekommen, um ungestört mit seiner Geliebten zusammenleben zu können. Dieser bleibt ihm jedoch verwehrt. In dieser Angelegenheit gibt es für ihn also kein Happy End.

Das Vorbild des Vaters färbt dann auch auf seine Söhne ab. Jack und Bobby werden in den 1960er-Jahren neben vielen anderen Schönen auch für Marilyn Monroe entbrennen.

Den Tycoon Joseph P. Kennedy drängt es in die Politik; noch nicht an die Spitze, aber ins engste Umfeld der Macht. Bei der Präsidentenwahl 1932 arbeitet Kennedy im Wahlkampfteam des Demokraten Franklin D. Roosevelt und unterstützt ihn mit einer bedeutenden Spende (freilich nur ein Bruchteil der Summe, die Kennedy bei einem missglückten Filmprojekt von Gloria Swanson verliert). Wichtiger für Roosevelt ist aber die mediale Unterstützung, die Kennedy über den Zeitungsbesitzer William Randolph Hearst organisiert. Neben seinen Beziehungen zum »Big Business« und zu Teilen der Mafia bringt Joseph P. Kennedy auch katholische Wähler für Roosevelt. Kennedy hofft, nach der Wahl von Roosevelt für seinen Einsatz mit dem Finanzministerium »belohnt« zu werden. Und wird enttäuscht. Immerhin ernennt ihn der Präsident zum Chef der Börsenaufsicht. Auch diese Position ist Kennedys Aktiengeschäften durchaus förderlich. Unvereinbarkeiten sind kein Thema.

In Europa ziehen immer dichtere Wolken auf. Adolf Hitler hat seine Macht im Deutschen Reich konsolidiert und rüstet massiv auf. Roosevelt ernennt Joseph P. Kennedy zum amerikanischen Botschafter in London. Es ist der wichtigste diplomatische Posten, den Washington zu vergeben hat. Sein Sohn John Fitzgerald, der spätere Präsident, hat bereits ein Jahr zuvor Europa bereist und in seinem literarisch nicht besonders ausgefeilten Tagebuch durchaus zwiespältige Erkenntnisse über Hitlerdeutschland und das faschistische Italien notiert. Im Sommer 1937 fährt der damals 20-jährige John F. Kennedy mit seinem Freund Kirk LeMoyne »Lem« Billings in einem schicken Ford Cabrio, das für diese Fahrt extra über den Atlantik verschifft wird, durch Europa: Frankreich, Italien, eine Nacht in

Innsbruck, die Niederlande und Belgien sind Stationen auf dem Weg ins Deutsche Reich. Das Wetter ist gut, die Mädchen sind hübsch, die Freundlichkeit der Deutschen (und der Tiroler in einer Jugendherberge) beeindruckt die zwei amerikanischen Boys. Saubere Städtchen und die Burgen am Rhein machen auf sie mehr Eindruck als die nicht ganz so adretten italienischen Dörfer. Der junge Amerikaner zieht aus der Betrachtung lieblicher Landschaften gewagte Schlüsse: »Die Städte sind alle sehr reizend, was zeigt, dass die nordischen Rassen den romanischen gewiss überlegen zu sein scheinen.« Der spätere US-Präsident wirft auch einen Blick auf die politischen Systeme des Kontinentes und schwankt zwischen scharfsichtiger Analyse und erstaunlicher Oberflächlichkeit. »Ich komme zu dem Schluss, dass Faschismus das Richtige für Deutschland und Italien ist, Kommunismus für Russland und Demokratie für Amerika und England.«

Vater Joseph P. Kennedy tritt im Frühjahr 1938 seinen Botschafterposten in London an und freundet sich rasch mit Nancy Witcher Viscountess Astor an. Sie ist die Gattin des aus New York nach London »ausgewanderten« millionenschweren Erben und Unternehmers Waldorf Astor (der Familie gehört unter vielem anderen auch das Waldorf Astoria in Manhattan). Nancy Astor ist die erste und lange Zeit auch einzige Frau im englischen Unterhaus, eine Politikerin, brillante Gastgeberin und bildhübscher Fixstern der noblen britischen Gesellschaft. Eine Amerikanerin in London.

Nancy Astor verachtet Juden und in kaum geringerem Ausmaß auch Katholiken. Bei Joseph P. Kennedy macht sie großmütig eine Ausnahme, aber vor allem kämpft sie gegen Kommunisten, wo immer sie solche vermutet. Den Ideen Adolf Hitlers steht die Aristokratin durchaus aufgeschlossen gegenüber. Hitler würde beide »Weltprobleme« – die Juden und die Kommunisten – »lösen«. Joseph P. Kennedy widerspricht ihr nicht. Der amerikanische Botschafter wird häufiger Gast auf Nancy Astors

Landgut Cliveden in der Grafschaft Buckinghamshire. Das noble Anwesen im italienischen Stil war einst ein Hochzeitsgeschenk für Nancy und Waldorf Astor gewesen. Es hat Stil. Der Papa ließ aus Rom die Terrasse der Villa Borghese abbauen, nach England verschiffen und im Park aufbauen. Dort versammelt sich in den 1930er-Jahre der »Cliveden Set«, eine Gruppe konservativer Politiker, die auf einen Ausgleich mit Hitlerdeutschland hinarbeiten. Sie wollen einen Krieg verhindern. Ihre Strategie ist das »Appeasement«. Der radikale Naziführer soll nicht gereizt, seine Forderungen mehr oder weniger erfüllt werden. Joseph P. Kennedy ist dabei.

Nicht nur das: Der US-Botschafter trifft sich heimlich und wiederholt mit dem deutschen Botschafter in London, Herbert von Dirksen. Washington weiß nichts von diesen Geheimkontakten. Kennedy hält mit seinen antisemitischen Meinungen nicht hinter dem Berg. Präsident Roosevelt sei ein Opfer des jüdischen Einflusses in Amerika und unzureichend über Hitlers Pläne informiert. Die Sympathien des amerikanischen Botschafters für Hitler bleiben in der Heimat nicht unbemerkt. In Zeitungskommentaren wird Kennedy für seine nazifreundliche Haltung kritisiert. Er macht für die schlechte Presse »jüdische Schreiber« verantwortlich. Der deutsche Botschafter meldet aus London nach Berlin: Kennedy sei Deutschlands bester Freund.

Mit dem Kriegsbeginn 1939 wird Joseph P. Kennedys Position unhaltbar. Präsident Roosevelt beordert ihn aus London zurück. In Amerika kämpft der Ex-Botschafter unbeirrt weiter gegen einen Kriegseintritt der USA. Es sei »Unsinn«, dass ein Sieg Hitlers in Europa Amerikas Sicherheit gefährden würde. »Wir sollten nicht Krieg führen, nur weil uns Hitler unsympathisch und Churchill sympathisch ist.« Nach dem japanischen Angriff auf die amerikanische Pazifikflotte in Pearl Harbor tritt Amerika in den Krieg ein und wird ihn letztlich entscheiden.

Kennedy behält unrecht. Sein ältester Sohn kämpft in der US-Navy als Pilot gegen Nazideutschland, obwohl auch Joe Jr. in den

1930er-Jahren Sympathien für den Nationalsozialismus erkennen lässt. Bei einer geheimen Kommandooperation explodiert sein mit Sprengstoff vollgestopftes Flugzeug über dem Meer vor England.

Nach dem »Heldentod« von Joe Jr. wird der Zweitgeborene John F., genannt »Jack«, zum Hoffnungsträger der Familie. Er studiert in Harvard Politikwissenschaften und schreibt seine Abschlussarbeit über das Münchner Abkommen zwischen Hitler und dem Westen, in dem die Unabhängigkeit der Tschechoslowakei geopfert wird. Der Titel lautet: »Appeasement in München: Das zwangsläufige Ergebnis der Langsamkeit der britischen Demokratie bei der Abkehr von einer Politik der Abrüstung«. Die Arbeit erscheint unter dem Titel »Why England Slept« als Buch und verkauft sich immerhin 40 000-mal.

Der Harvard-Absolvent wird, wie sein gefallener Bruder, zur Marine eingezogen und übernimmt, ohne ausreichende Erfahrung, bereits im März 1943 das Kommando über ein Schnellboot, das bald darauf von einem japanischen Zerstörer versenkt wird. Die Mannschaft wird gerettet, Kennedy in Amerika zum Kriegshelden stilisiert. Der Weg an die politische Spitze ist damit eingeschlagen.

Nach dem Krieg besucht JFK im Sommer 1945 zum dritten Mal Deutschland. Er soll als Journalist über die Potsdamer Konferenz der drei Siegermächte berichten. Er wird auch General Dwight D. Eisenhower treffen, der Oberbefehlshaber der US-Streitkräfte wird sein Vorgänger im Präsidentenamt.

Kennedy begibt sich im zerstörten Berlin auf die Spuren von Adolf Hitler, der erst seit zwei Monaten tot ist. Er besucht den Führerbunker in Berlin. Kennedy fährt auch auf den Obersalzberg bei Berchtesgaden und lässt sich den Berghof und das Teehaus des »Führers« zeigen. Kennedys politische Einschätzung von Adolf Hitler ist in diesen Nachkriegstagen äußerst irritierend und wird deshalb wohl auch nicht groß zitiert: »Aus dem Hass, der ihn jetzt umgibt, wird Hitler in einigen Jahren hervor-

Die Kennedys

treten als eine der bedeutendsten Persönlichkeiten, die je gelebt haben. Sein grenzenloser Ehrgeiz für sein Land machte ihn zu einer Bedrohung für den Frieden in der Welt, doch er hatte etwas Geheimnisvolles in seiner Art zu leben und in seiner Art zu sterben, das ihn überdauern und das weiter gedeihen wird. Er war aus dem Stoff, aus dem Legenden sind.«

Der Weg ins Weiße Haus beginnt für JFK nur ein paar Jahre später in Boston. Der junge, gut aussehende und smarte Politiker wird für die Demokratische Partei ins Repräsentantenhaus gewählt. Nach sechs Jahren ist der Botschaftersohn schon Senator und heiratet die attraktive Bankierstochter und Journalistin Jacqueline Lee Bouvier, mit der er vier Kinder zeugt, wobei nur zwei überleben sollten: Caroline und John F. Jr.

Jacqueline »Jackie« Kennedy und John werden zum Traumpaar, zu Stilikonen ihrer Zeit. Es besteht kein Zweifel, dass der junge Kennedy nach der Präsidentschaft greift. Im Jänner 1960 gibt er seine Kandidatur bekannt und wird im November zum 35. Präsidenten der USA gewählt. Er symbolisiert das neue Amerika, eine Politikergeneration, die das Massenmedium Fernsehen nutzt. Das Fernsehduell mit dem republikanischen Gegenkandidaten Vizepräsident Richard Nixon entscheidet die Wahl. Am 20. Jänner 1961 wird Kennedy – als erster Katholik – zum Präsidenten der USA vereidigt. Hat er die Wahl tatsächlich gewonnen, oder hat die Mafia mit Stimmenkauf in entscheidenden Bundesstaaten nachgeholfen? Dafür gibt es eindeutige Indizien.

Er wird nur drei Jahre im Weißen Haus amtieren. Drei Jahre, die Geschichte schreiben. Drei Jahre mit ikonischen Bildern, Drei Jahre mit Reden, die die Welt verändern. Drei Jahre, die die Welt in der Kubakrise an den Rand eines atomaren Weltkrieges bringen. Drei Jahre, in denen der Präsident gegen massive Widerstände ankämpfen muss, um das Ende der Rassentrennung durchzusetzen. Drei Jahre mit Aufrüstung, Vietnamkrieg und dem Startschuss für den ersten Flug eines Menschen zum Mond.

Seinen jüngeren Bruder Robert »Bob« macht JFK zum Justizminister. Er ist sein wichtigster Berater, immer an seiner Seite. In der Kubakrise verhandelt Robert erfolgreich mit den Sowjets. Statt des geplanten militärischen Eingreifens setzt er »nur« die Blockade Kubas durch. So wird ein Atomkrieg vermieden. Für Stunden stand die Welt am Abgrund.

Bob soll, wenn dem Präsidentenbruder etwas passiert, sein Nachfolger sein. Die Brüder haben eine klare Vorstellung. Schon der älteste, Joe Jr., soll auf der Highschool selbstbewusst verkündet haben: »Ich werde der erste katholische Präsident der Vereinigten Staaten.« Doch er starb im Zweiten Weltkrieg. Für den Zweitgeborenen John Fitzgerald bedeutete das eine Änderung seiner Berufswahl. »Wenn Joe gelebt hätte, wäre ich weiter Schriftsteller geblieben ... Sollte ich sterben, würde mein Bruder Bob Senator werden wollen, und stieße ihm etwas zu, würde Bruder Teddy an unserer Stelle kandidieren.«

Alle Brüder unterwerfen sich dem Diktum des Patriarchen. »Wir wollen keine Verlierer in unserer Familie.« Und so muss John F. trotz seiner schweren Erkrankungen den gesunden, sportlichen, jungen Sonnyboy spielen – einen Familienvater, einen Visionär geben, der die Grenzen der Menschheit bis zum Mond verschiebt. Ein Mythos wird erfunden, ein Bild retuschiert, ein Image kreiert. Es strahlt noch heute. Sein Vater gibt ihm den Rat: »Es kommt nicht darauf an, was du bist, sondern wofür dich die Leute halten.«

Blenden wir zurück: Wir sehen Marilyn Monroe am 19. Mai 1962 im Scheinwerferkegel des Madison Square Garden. Sie hat vor Tausenden Menschen eine Liebeserklärung gehaucht. Welche Schauspielerin würde dem US-Präsidenten ihre Telefonnummer verweigern? Schon am nächsten Tag meldet sich »Jack« und lädt sie nach Palm Springs in die kalifornische Wüstenoase ein. Der Nebensatz macht alles klar. »Jackie«, seine Frau, würde ihn bei dieser Reise nicht begleiten.

Marilyn Monroe trifft Kennedy im Haus des Sängers Bing Crosby. Die beiden verbringen einen Tag am Pool, Marilyn trinkt reichlich Champagner. Es wird ein angeregter Abend. Beide bleiben über Nacht.

Die Affäre mit Jack und später mit Bob Kennedy wird der bildschönen Frau, die von ihren Kinofans und von der Nachwelt auf die Rolle eines Sexsymbols reduziert wird, zum Schicksal. Marilyn projiziert in den Präsidenten, den sie verehrt, all ihre Sehnsüchte nach einer starken Vaterfigur, nach dem einen Mann, der sie lieben kann, und übersieht dabei, dass sie für die beiden mächtigen Brüder des Kennedy-Clans nur eine weitere nette Abwechslung, eine Trophäe ist. Nach ihrem Tod veröffentlicht John W. Miner, der Leiter der Gerichtsmedizin beim Bezirksstaatsanwalt von Los Angeles, Abschriften der Tonbänder, die Monroes Psychoanalytiker Ralph Greenson wenige Wochen vor ihrem Tod aufgenommen hat. »Solange ich denken kann, wird John Fitzgerald Kennedy bei mir sein.«

Die wenigen Jahre von John F. Kennedys Präsidentschaft, die einen Mythos begründen, enden am 22. November 1963 mit Schüssen aus einem italienischen Mannlicher-Carcano-Gewehr in Dallas, Texas. Abgefeuert vom kommunistischen Gelegenheitsarbeiter Lee Harvey Oswald aus einem Lagerhaus für Schulbücher.

Der Präsident, der im offenen Lincoln Continental X-100 durch Dallas fährt, wird in den Kopf und in den Hals getroffen. Teile der Hirnmasse spritzen auf seine neben ihm sitzende Ehefrau. Wie bereits erwähnt, trägt Kennedy ein Stützkorsett zur Stabilisierung seines Rückens. Es behindert ihn und verhindert, dass sich der Präsident nach dem ersten Schuss ducken kann. Der zweite Schuss trifft ihn im Kopf und ist tödlich.

Die Sicherheitsmaßnahmen waren unerklärlich lax. Die Wahlreise durch Texas galt als hochriskant. Dennoch begleiten nur zwölf Secret-Service-Agenten den Präsidenten auf seiner

Fahrt durch die Stadt, kein einziger stand als potenzieller »Kugel-fang« hinten am Wagen. Nur 350 Polizisten sollten für die Sicher-heit des Präsidenten in der Millionenstadt sorgen, während 200 000 Menschen entlang der Fahrtroute ihm und seiner Frau zujubelten.

Als der Präsident ins Spital gebracht wird, ist er bereits tot. In den folgenden Jahren und Jahrzehnten werden sich zahlreiche Gerüchte um etwaige Hintermänner des Attentates ranken. Immer neue Dokumente werden veröffentlicht, zuletzt 30 000 im Jahr 2017. Ein Täter? Mehrere Täter? War es ein Mafiamord? Waren der sowjetische KGB oder Kubas Kommunisten invol-viert? Die Motive des mutmaßlichen Mörders bleiben im Dun-keln. Lee Harvey Oswald wird zwei Tage nach dem Attentat vom Nachtclubbesitzer Jack Ruby, dem Mafiaverbindungen nachge-sagt werden, bei einer polizeilichen Vorführung durch Schüsse in den Bauch getötet. Kameras filmen den Mordanschlag auf den Kennedy-Mörder. Lee Harvey Oswald kann nicht weiter verhört werden. Auch Jack Ruby stirbt drei Jahre nach dem Mordanschlag.

Bald nach dem Tod von Präsident Kennedy tritt sein Bruder als Justizminister zurück. Er plant seine weitere Karriere. Bob will Jack ins Weiße Haus nachfolgen. Schon 1964 wird Robert Kennedy für den Bundesstaat New York in den Senat gewählt. »Mein Vater hat ein Vermögen gemacht, ich könnte davon leben, ich brauche keinen Titel, ich brauche kein Geld, nicht einmal ein schönes Büro. Ich möchte einfach dienen.«

Das überzeugt die Wähler. Im Senat profiliert sich Robert Kennedy mit sozialen Themen, und er geht zur Vietnam-Politik des demokratischen Präsidenten Lyndon B. Johnson immer wei-ter auf Distanz. Der Senator lehnt den eskalierenden Bomben-krieg gegen Nordvietnam – auch mit religiösen Begründungen – ab. »Sind wir wie der Gott des Alten Testaments, dass wir in Washington entscheiden dürfen, welche Städte, welche Dörfer in Vietnam zerstört werden?« Sein Ziel ist klar: Er will US-Präsident werden. Seine Chancen stehen gut. Der Mythos Kennedy und die wachsenden Anti-Vietnam-Proteste sollen ihn, als Nach-Nachfolger seines Bruders, ins Weiße Haus tragen.

Am 5. Juni 1968 fallen in Los Angeles im Ambassador Hotel 13 Schüsse. Drei Projektile aus einem Iver-Johnson-Revolver treffen Robert Francis Kennedy in der Küche des Hotels. Er hat eine Abkürzung genommen, um vor der Presse seinen Sieg bei den Vorwahlen im liberalen Bundesstaat Kalifornien zu verkünden. Der Schütze ist ein betrunkener 22-jähriger Palästinenser, Sirhan Bishara Sirhan, ein koptischer Christ aus Jerusalem. Sicherheitsleuten überwältigen und schlagen ihn. Kennedy wird ins Spital gebracht, dort notoperiert. Er stirbt am Tag nach seinem Triumph. Ehefrau Ethel Kennedy ist im dritten Monat schwanger. Der 42-jährige Politiker hat mit ihr elf Kinder gezeugt.

Auch um den oder die Täter und das Motiv ranken sich bald Verschwörungstheorien. Es gibt zahlreiche Ungereimtheiten und schlampige Ermittlungen. Auch die Familie Kennedy zweifelt an der Einzeltätertheorie. Hat ein Secret-Service-Agent die tödlichen Schüsse abgefeuert, war es eine Verschwörung des CIA, der einen zweiten Kennedy als Präsident verhindern wollte? Mutmaßungen. Naheliegender sind andere Motive. Der Mord geschieht am ersten Jahrestag des Sechstagekrieges (5. bis 10. Juni 1967). In Sirhans Tagebuch finden Ermittler den Satz: »Robert F. Kennedy muss vor dem 5. Juni 1968 ermordet werden.« Der Palästinenser Sirhan Bishara Sirhan wird in einem Geschworenenprozess zum Tode verurteilt, dann aber zu lebenslanger Haft begnadigt. Und für Sirhan wird es bei »lebenslang« bleiben. Im Jänner 2022 lehnt der kalifornische Gouverneur Gavin Newsom einen Enthaftungsantrag für den 77-Jährigen ab.

Clans wie die Kennedys werden bis heute fast wie moderne Königsfamilien gefeiert. Sie sind nicht die einzige »aristokratische« Dynastie, die den amerikanischen Traum frei interpretiert. Als die amerikanische Republik nach dem Revolutionskrieg gegen die englische Kolonialmacht ihrem ersten Präsidenten die Krone anbot, lehnte George Washington ab. Die Verfassung von 1787 legt fest: Im Land der Freien darf es keine Erbdynastien geben. Vielleicht fehlt den Amerikanern deshalb etwas. Vielleicht haben sich deshalb bürgerliche und politische Dynastien entwickelt, die sich ebenfalls auf Herkunft – am besten herleitbar von den »Gründerfamilien« der ersten Einwanderer –, Protestantismus und wirtschaftlichen Erfolg stützen. Wo es keinen Adel gibt, gibt es die Karriereschmieden der Eliteuniversitäten: Harvard, Princeton et al. Aber Elite wird in den USA auch vererbt, schon ganz von Anbeginn der Vereinigten Staaten an: John Quincy Adams wurde 1825 zum sechsten US-Präsidenten gewählt – er war der Sohn des zweiten Präsidenten, John Adams. Und sein Sohn und sein Enkel waren beide Kandidaten für das Amt des Vizepräsidenten.

Vor den Kennedys war es die Familie Roosevelt, die mit zwei Präsidenten die USA am Beginn des 20. Jahrhunderts viele Jahrzehnte regierte. Der Republikaner Theodore »Teddy« Roosevelt wurde 1901 zum 26. Präsidenten gewählt. Der Demokrat Franklin Delano Roosevelt musste als 32. US-Präsident mit den Folgen der Weltwirtschaftskrise fertig werden und Amerika in den Zweiten Weltkrieg führen. Als einzigem Präsidenten wurden ihm drei Amtsperioden zugebilligt. Obwohl Theodore und Franklin Delano Roosevelt als Cousins fünften Grades nur sehr entfernt familiär verbunden waren, sprach Amerika von der »königlichen Familie«, die angeblich mit zehn weiteren US-Präsidenten verwandtschaftlich verbandelt war.

Immerhin war die Ehegattin von Franklin D. Roosevelt, Eleanor, auch eine geborene Roosevelt. Die Frage nach einem gemeinsamen Familiennamen stellte sich da nicht.

Auch die Familie Bush tritt mit zwei Präsidenten, George Herbert Walker Bush und dessen Sohn George Walker Bush in die Fußstapfen der Roosevelts. Bereits der Großvater des Präsidenten, Prescott Sheldon Bush, vertrat als Senator den Bundesstaat Connecticut, und mit John Ellis »Jeb« Bush, dem ehemaligen Gouverneur von Florida, hat ein weiterer Bush durchaus noch Ambitionen auf eine höheres Amt. Und selbst »Jeb« Bushs Sohn George Prescott Bush ist schon im politischen Geschäft.

Die doch deutlich glamourösere Familie Kennedy ist – trotz aller Schicksalsschläge – weiterhin fest in der amerikanischen Politik verankert. Auch wenn der vierte Bruder, Edward »Ted« Kennedy, seine Ambitionen aufs Weiße Haus aufgrund eines mysteriösen Unfalles begraben musste. Nach einer alkoholgeschwängerten Party mit sechs jungen attraktiven Wahlhelferinnen in einem Ferienhaus auf der Insel Chappaquiddick bringt Ted die 29-jährige Mary Jo Kopechne gegen Mitternacht in seinem Wagen zur Fähre. Er ist alkoholisiert, fährt zu schnell, biegt falsch ab. Der schwere Wagen stürzt von einer Holzbrücke ins Meer. Ted kann sich aus dem Auto befreien. Die junge Frau nicht. Was dann in dieser Unfallnacht geschah, was Edward Kennedy zur Rettung von Mary Jo Kopechne tut oder vielmehr unterlässt, bleibt im Dunkeln. Kennedy erzählt wirre Geschichten, die ihm die Polizei glaubt.

Der Prominente wird in einem Schnellverfahren zu zwei Monaten bedingter Haft wegen unterlassener Hilfeleistung verurteilt. Er bleibt Senator. Die Familie des Unfallopfers wird mit 120 000 Dollar entschädigt. Es hat weder eine Obduktion des Opfers noch ernsthafte Untersuchungen gegeben, was in diesem Auto auf dem Weg zur Fähre passiert ist. Edward Kennedy wird über Jahrzehnte ein angesehener Senator bleiben, beim Versuch, fürs Präsidentenamt zu kandidieren, scheitert er aber. Die Nacht auf der Insel Chappaquiddick beendet den Traum vom zweiten Präsidenten Kennedy.

Seine Witwe Victoria Kennedy amtiert seit 2021 in Wien als amerikanische Botschafterin. Die jüngste Tochter von John F. Kennedy, Caroline, vertrat die Vereinigten Staaten seit 2013 als Botschafterin in Japan und ist seit 2021 Botschafterin in Australien.

Joseph Patrick Kennedy III., ein Enkel von Robert Kennedy, war als Kongressabgeordneter für Massachusetts politisch aktiv, scheiterte jedoch 2020 beim Versuch, in den Senat einzuziehen. Es war die erste Niederlage eines Kennedys im Heimatbundesstaat.

Edward »Ted« Kennedy lieferte kurz vor seinem Tod im Jahr 2009 Einblicke ins dynastische Denken der Familie: »Wir sind eine große Familie – neun in unserer, 30 in der nächsten Generation, 100 in der darauf folgenden Generation. 70 von ihnen sind zwölf Jahre alt und jünger.«

Die Kennedys werden also auch künftig eine Rolle in Politik und Gesellschaft spielen. Das lässt sich kaum vermeiden.

Die Kennedys

Familie Porsche

»Bei Porsche ist man halt schnell.«

Das Arbeitszimmer von Doktor Sigmund Freud mit Blick auf den Innenhof befindet sich in einem großbürgerlichen Miethaus in der Berggasse 19 in Wien-Alsergrund – abgeschottet vom Straßenlärm. So hört der Begründer der Psychoanalyse wahrscheinlich die seltsame pferdelose Kutsche nicht, die im Frühsommer 1898 die steile Berggasse auf holprigem Kopfsteinpflaster hinaufrumpelt und in die Währinger Straße einbiegt. Hinter dem Lenkrad des offenen Wagens sitzt ein 22-jähriger junger Mann. Ferdinand Porsche kommt aus dem nordböhmischen Ort Maffersdorf. Er arbeitet als Konstrukteur in der Jacob Lohner & Co. k. u. k Hof-Wagen-Fabrik in der Porzellangasse 2. Der Firmensitz ist grade mal ums Eck, keine zweihundert Meter von Freuds Ordination entfernt.

Der Kutschenfabrikant Lohner und die Vereinigte Elektrizitäts AG vorm. B. Egger & Co. beginnen im letzten Jahrzehnt des 19. Jahrhunderts mit dem Bau von motorbetriebenen Fahrzeugen. Diese Automobile sind der letzte Schrei. Um 1897 gibt es in der ganzen Monarchie gerade ein paar Dutzend Kutschen ohne Pferde. Reiche Aristokraten und großbürgerliche Fabrikanten zahlen viele Tausend Kronen für diese Fahrzeuge, die zum Gaudium der Straßenbuben auf den staubigen Landstraßen Pferde scheu machen und mit infernalischem Geknatter dahinrollen – bis zur nächsten Panne.

Nicht so das Gefährt des jungen Ferdinand Porsche. Der Sohn eines Spenglers hat seine »Kutsche« mit einem Elektromotor und schweren Bleibatterien bestückt. Das Automobil knattert nicht, raucht nicht, stinkt nicht. Nur die Holzräder rumpeln über das Pflaster. Sie werden von einem 130 Kilogramm schweren Motor angetrieben und bewältigen die Berggasse (nomen est omen) von der Roßauer Lände hinauf in doppelter Schrittgeschwindigkeit. Der Motor bewegt bei 350 Umdrehungen pro Minute den Wagen mit der Kraft von drei bis fünf Pferdestärken. Pferde sind die »Benchmark« – als »PS« definieren sie bis heute die Motorleistung. Und die 430 Kilo schwere Batterie der Marke Tudor soll das Gefährt mit einer Höchstgeschwindigkeit von 35 Kilometern pro Stunde fast fünfzig Kilometer weit bewegen können – vorausgesetzt, der Weg ist eben.

Die Reise des Automobils hat zwar vor der Wende des 19. zum 20. Jahrhundert begonnen und wird – das wissen wir heute – noch lange nicht zu Ende sein. Nicht entschieden ist im Jahr 1898 allerdings die Frage des Antriebes: Werden die Automobile der Zukunft mit einem Benzin- oder mit einem Elektromotor betrieben werden? Benzin ist ein rares Gut und anfangs nur in Glasflaschen in der Apotheke erhältlich. Da scheint ein elektrischer Batterieantrieb doch praktischer zu sein. Der Wagen mit Heckantrieb trägt die bombastische Typenbezeichnung »Egger-Lohner-Elektromobil Modell C.2 Phaeton«. Im Jahr nach seiner ersten Fahrt wird der Prototyp bei einer Wettfahrt in Berlin über vierzig Kilometer Distanz die Wirtschaftlichkeitswertung gewinnen und sämtliche Mitbewerber mit einer Viertelstunde Vorsprung abhängen.

Dennoch setzt sich das Konzept des Elektrowagens nicht durch. Die Batterie ist zu schwer und hat eine zu geringe Energiedichte. Ferdinand Porsche ist seiner Zeit um mindestens ein Jahrhundert voraus. Das Egger-Lohner Elektromobil gilt heute unter dem Kürzel »P1« als erstes Porsche-Serienfahrzeug. In Wahrheit war die Serie nicht besonders groß und Porsche nicht der wichtigste Konstrukteur. Der junge Elektriker dürfte 1898 immerhin am Bau des ersten »Porsche« beteiligt gewesen sein. Gezählte vier Wagen schraubten die Mechaniker in der Lohner-Fabrik in Wien-Floridsdorf zusammen.

Der damals 22-jährige Ferdinand war ein genialer Tüftler und Bastler, ohne akademische Ausbildung, aber mit technischem Gespür. Schon als Schüler hat er das elterliche Haus in Maffersdorf zum Leuchten gebracht. Das handwerkliche Talent erbt Ferdinand von seinem Vater Anton, der als Spenglermeister in der nordböhmischen Gemeinde ein gutbürgerliches Auskommen hat. Die Firma Anton Porsche beschäftigt immerhin neun Gesellen und etliche Lehrlinge, darunter anfangs auch Ferdinand, dessen Interesse aber nicht dem Blech am Hausdach, sondern der damals relativ neuen Elektrizität gilt.

Der junge Mann hat in der modernen Teppichweberei der Brüder Willy und Alfred Ginzkey elektrische Apparaturen kennengelernt und experimentiert mit der neuen Energieform. Seine erste Erfindung macht unter der Jugend von Maffersdorf Furore. Porsche bestückt Schlittschuhe mit kleinen batteriebetriebenen Lämpchen, die ihn zweifellos zur Attraktion machen, wenn er seine Schleifen am zugefrorenen Weiher zieht. Seine Mutter Anna Porsche bringt ihrem Sohn mehr Verständnis entgegen als der Vater und überzeugt diesen, Ferdinand Abendkurse für Elektrotechnik an der Staatsgewerbeschule im nahen Reichenberg (dem heutigen tschechischen Liberec) besuchen zu lassen. Alsbald ist das Haus der Familie Porsche nächtens elektrisch illuminiert. Maffersdorf ist zu klein für das technische Talent. Der junge Porsche wird in die Hauptstadt geschickt. In Wien tritt Ferdinand als Lehrling bei der Vereinigten Elektrizitäts-AG des in Budapest geborenen Béla Egger im Arbeiterbezirk Favoriten ein. Dort trifft Porsche auch Hans Ledwinka, der im zehnten Bezirk die Staatsgewerbeschule besucht und in den 1930er-Jahren bei der Firma Tatra im böhmischen Nesselsdorf (dem heutigen tschechischen Kopřivnice) einen kleinen Wagen mit luftgekühltem Boxermotor, den Typ 570, bauen wird, der als eigentlicher Vorläufer des späteren Volkswagens gilt. Das Konzept stammte von Béla Barényi, dem ein Mannheimer Gericht 1955 seine Urheberschaft am VW Käfer und später eine namhafte Entschädigungssumme zusprach. Aber das ist eine andere Geschichte.

Das Werk in der Favoritner Gudrunstraße ist eine der ersten Adressen in der Monarchie, wenn es um elektrotechnische Anwendungen geht. Egger stellt Akkumulatoren und Glühbirnen her. Die neumodischen Lichtspender werden aus Bleiglas von Arbeitern aus Thüringen mundgeblasen. Pro Tag können rund hundert Kohlefadenglühlampen produziert werden. Das ist der Anfang. Béla Egger baut in Újpest – dem vierten Bezirk von Budapest – eine neue Produktionsstätte. Dort entdecken zwei Ingenieure, dass der Naturkohlefaden mit Wolfram, auf Englisch »tungsten«, überzogen werden kann und dadurch weitaus haltbarer und heller glüht. Die englischen und deutschen Namen Tungsten und Wolfram vereint Béla Egger zum Markennamen »Tungsram«. Unter diesem werden seit 120 Jahren Leuchtmittel verkauft. Als erste Firma in Wien baut Egger mit einer Lizenz des amerikanischen Erfinders Alexander Graham Bell Telefone.

In nur vier Jahren steigt Ferdinand Porsche vom Lehrling zum Leiter der Prüfabteilung des großen Elektrokonzernes auf. Jacob Lohner wirbt den sichtlich begabten jungen Mann für seine Kutschenfabrik ab und macht ihn zum Partner bei seinen Elektromobilprojekten. Fleißig ist Ferdinand Porsche auch. Neben seiner Arbeit bastelt er ein Elektrofahrrad, mit dem er auf die Damen in der Firma einen durchaus günstigen Eindruck macht. Der nicht besonders große, aber quirlige Mann verlobt sich alsbald mit der Buchhalterin Aloisia Johanna Kaes aus dem deutsch-böhmischen Dorf Purschau in der Region Pilsen. 1903 heiraten die beiden. Ferdinand ist 28 Jahre alt. Die Hochzeitsreise tritt das junge Paar standesgemäß in einem von Porsche und Lohner entwickelten Hybridfahrzeug an. Das Familien-Versuchsvehikel glänzt dunkelgrün und hört auf den Namen »Tante Eulalia«, womit Jungehemann Porsche eine gewisse Selbstironie beweist. Sehr weit kommt das Paar mit dem kutschenähnlichen

Der junge Elektriker Ferdinand Porsche beeindruckt die Buchhalterin Aloisia Johanna Kaes mit einem selbst gebauten Elektrofahrrad. 1903 heiraten die beiden.

Gefährt nicht. Als Teststrecke dient die vier Kilometer lange Hauptallee im Prater. Das deutet daraufhin, dass für den Bräutigam weniger die Hochzeitsreise als vielmehr eine Ausfahrt im Zentrum des Interesses steht. Arbeit hat immer Vorrang. Aloisia weiß, worauf sie sich bei ihrem Ehemann einstellen muss. Das Paar übersiedelt in eine Wohnung in der Berggasse am Alsergrund, ganz in der Nähe der Firmenzentrale von Lohner und nur wenige Häuser von Sigmund Freud entfernt. Beide Herren bleiben einander unbekannt.

Das erste Kind der Porsches kommt nicht am Alsergrund, sondern schon in Wiener Neustadt zur Welt. Es ist ein Mädchen und wird Louise getauft. Sohn Ferdinand – zeitlebens nur »Ferry« genannt – wird fünf Jahre später geboren. Das Geschwisterpaar bleibt ein Leben lang eng verbunden, wobei die Erstgeborene Louise tonangebend ist und ihrem jüngeren Bruder vor allem finanziell den Rücken freihält. Jahre später wird Ferry eine Zeit lang sogar im Haus von Louise wohnen.

Nach dem Phaeton entwickelt Ferdinand Porsche für seinen neuen Arbeitgeber Ludwig Lohner das revolutionäre Konzept eines elektrischen Radnabenmotors. In der Patentschrift vom 27. Mai 1896 für ein »Antriebslenkrad mit Elektromotor« wird das »System Lohner-Porsche« vorgestellt. Damit taucht der Name »Porsche« erstmals auch offiziell in der Kraftfahrzeug-Technikgeschichte auf. 1899 skizziert Ferdinand für den Hoflieferanten Lohner den »Lohner-Porsche«. Es ist das weltweit erste Automobil mit Allradantrieb. Bei der Pariser Weltausstellung 1900 ist der 3,40 Meter lange, formschöne Viersitzer mit Elektroantrieb aus Wien-Floridsdorf eine Attraktion für die internationalen Besucher des österreichischen Pavillons.

Porsches Schaffensdrang scheint schier unerschöpflich. In nur wenigen Monaten nimmt er die Automobilentwicklung der nächsten 120 Jahre vorweg: Elektroauto, Vierradantrieb und Hybridwagen. Ein Jahr nach der Pariser Weltausstellung präsentiert das Duo Porsche-Lohner einen »Mixte«-Wagen. Der wegen seiner mangelnden Reichweite schon am Beginn des 20. Jahrhunderts als unzureichend geltende elektrische Antrieb wird durch zwei benzingetriebene Einzylindermotoren unterstützt. Porsche tauft seine Erfindung »Semper Vivus«. Mit seinen knapp drei Pferdestärken und einer Reichweite von angeblich zweihundert Kilometern ist der »Immer lebendig«-Wagen durchaus schon alltagstauglich, aber er wird für die Firma Lohner kein Verkaufserfolg. Er kostet 33 000 Kronen. Das ist selbst für einen Porsche teuer – zu teuer.

Bei seinen technischen Entwicklungen lässt sich Ferdinand Porsche nie von Marktüberlegungen bremsen. Auch die Entwicklungskosten sind ihm egal. Obwohl sich Thronfolger Franz Ferdinand von Ferdinand Porsche persönlich in einem »Mixte« chauffieren lässt und Porsche am Steuer seiner eigenen

Konstruktion Bergrennen mit Respektabstand gewinnt, werden in Summe nur 65 »Semper Vivus« verkauft. Auf Dauer können sich die Lohner-Werke einen genialen, aber auch teuren Konstrukteur nicht leisten. In wenigen Jahren verbraucht Ferdinand Porsche für seine Entwicklungsarbeit eine Million Kronen.

Bei der Firma Austro-Daimler in Wiener Neustadt sucht und findet Porsche größere Möglichkeiten und neue Herausforderungen. Mit Beginn des Ersten Weltkrieges beginnt eine stürmische technische Entwicklung, die durch schier unerschöpfliche Finanzmittel aus dem Kriegsbudget finanziert wird. Porsche entwickelt für die k. u. k. Armee Flugmotoren für Luftschiffe, benzin-elektrische Zugmaschinen für schwere Artilleriekanonen, rein elektrisch betriebene Feuerwehrautos und seinen ersten »Benziner«. Den Kleinwagen nennt er Maja, nach der Tochter eines k. u. k. Diplomaten, der als Autohändler und Rennfahrer in Nizza zu Wohlstand kommt: Emil Jellinek. Auch dessen zweite Tochter wird Taufpatin eines vierrädrigen Gefährtes. Sie heißt Mercedes, vollständig Mercédès Adrienne Ramona Manuela. »Maja« bleibt eine Kuriosität, »Mercedes« wird zur Weltmarke. Und Ferdinand Porsche wird Direktor von Austro-Daimler, der mittlerweile ein Rüstungsbetrieb geworden ist. Doch selbst seine genialen technischen Erfindungen können den Untergang der Habsburgermonarchie nicht verhindern.

In der Depression nach der Niederlage und dem Zerfall des Wirtschaftsgebietes der alten Monarchie übernehmen Glücksritter und Spekulanten die Industriebetriebe. Mit dem neuen Eigentümer der Austro-Daimler-Werke, dem Industriellen Camillo Castiglioni, kann ein selbstbewusster, manchmal auch selbstherrlicher Techniker vom Schlage eines Ferdinand Porsche auf Dauer nicht zusammenarbeiten. Er wirft hin, nicht ohne Castiglioni das Götzzitat nachzurufen und ihn antisemitisch zu beschimpfen. Dabei sind Porsche und Castiglioni einander in ihrer Hingabe an die Motortechnik, der Leidenschaft für Autos und Flugzeuge durchaus ähnlich. Der Spekulant und Investor

Ferdinand Porsche am Steuer eines elektrisch angetriebenen Gefährtes mit revolutionärem Radnabenmotor

Camillo Castiglioni wird zum Gründer der BMW AG und zum großen Kunstmäzen. Er finanziert für Max Reinhardt das Wiener Theater in der Josefstadt und den Beginn der Salzburger Festspiele.

Da ist die Familie Porsche schon in Stuttgart, wo Ferdinand Porsche für Daimler-Benz mehrere Mercedes-Modelle konstruiert und am Rennwagenprogramm mitarbeitet. Seine diktatorischen Ansprüche, alles müsse der technischen Entwicklung untergeordnet werden, führen schließlich zu seinem Abgang. Der Konstrukteur muss den Schritt in die Selbstständigkeit wagen und gründet in der Stuttgarter Kronstraße ein eigenes Konstruktionsbüro: die Porsche GmbH. Neben dem jüdischen Unternehmer Adolf Rosenberger ist auch ein Wiener Rechtsanwalt mit 15 Prozent beteiligt: Anton Piëch, der Schwiegersohn. Louise Porsche heißt jetzt Piëch. Der Advokat Piëch berät seine tatkräftige Frau und den Schwiegerpapa juristisch geschickt. Louises Bruder Ferdinand »Ferry« arbeitet schon als 14-Jähriger im Konstruktionsbüro mit. Ihre künstlerischen Ambitionen verfolgt Louise nicht weiter. Immerhin hat sie bei Josef Anton Engelhart, einem der Mitbegründer der Wiener Secession, Zeichnen und Malerei studiert.

Das Konstruktionsbüro der Porsches beschäftigt in Stuttgart eine Handvoll Techniker, die dem Patriarchen von Austro-Daimler in Wiener Neustadt nach Stuttgart gefolgt sind. Es ist eine eingespielte, eingeschworene Mannschaft. Strukturen braucht es nicht. Ferdinand Porsche ist der Chef, das genügt.

Nachdem Mercedes-Liebhaber Adolf Hitler in Berlin an die Macht kommt, will der Nationalsozialist seinen Traum von einer motorisierten Nation verwirklichen. Auf den Reichsautobahnen, die ab 1933 aus dem Boden gestampft werden, will der NS-Reichskanzler deutsche Arbeiter auf Sonntagsfahrt sehen. Er fordert von der deutschen Industrie einen leistbaren Kleinwagen. Die Anforderungen diktiert der »Führer« gleich selbst. Platz für vier bis fünf Personen (die deutsche Familie hat Kinder), einen Benzinverbrauch von maximal sieben Liter für hundert Kilometer, eine Spitzengeschwindigkeit von 100 km/h und ein Preis knapp unter tausend Reichsmark. Porsche unterschreibt im Juni 1934 einen Entwicklungsauftrag mit dem Reichsverband der Automobilindustrie, den die deutschen Autofirmen finanzieren müssen. Es ist durchaus opportun, die Wünsche des autoritären »Führers« zu erfüllen. Ein »Volkswagen« soll entstehen. Die großen deutschen Automobilunternehmen halten eigentlich wenig von dem Projekt. Es würde ihnen nur Konkurrenz machen, und außerdem beurteilen sie die politischen und wirtschaftlichen Vorgaben Hitlers als unsinnig (laut sagen tut das natürlich keiner) und nicht umsetzbar. Ferdinand Porsche versucht es. Er erkennt die Chance für sein Konstruktionsbüro und akzeptiert die illusorischen Wünsche des autobegeisterten Reichskanzlers, der die »Volkswagen«-Idee als Propagandavehikel für seine Idee eines »völkischen Sozialismus« instrumentalisiert. Vorarbeiten hat Porsche schon geleistet. Für die NSU

Motorenwerke hat die Firma bereits 1931 einen Vorläufer des Volkswagens gebastelt. Ferdinand Porsche verrechnet dafür 125 000 Reichsmark als Honorar. Allerdings konnten die NSU Motorenwerke später die nötigen Millionen für einen Produktionsstart nicht aufbringen.

Adolf Hitler kündigt sein Prestigeprojekt, das später auch als KdF-Wagen (also Kraft-durch-Freude-Wagen) mit einem Ansparmodell angepriesen wird, Jahr für Jahr in großen Reden bei der Berliner Automobilausstellung an. Doch es dauert deutlich länger als vertraglich vereinbart, bis wenigstens drei Prototypen aus der Stuttgarter Garage rollen. Ferdinand Porsche hat in der Zwischenzeit ein spannenderes Projekt entdeckt, den »Volkswagen« vernachlässigt. Er konstruiert für die Auto-Union (einen Zusammenschluss von vier sächsischen Autofabriken) einen Rennwagen, der den Mercedes-Silberpfeilen den Auspuff zeigen soll. Hitler hat dem Rennfahrer Hans Stuck persönlich versprochen, ihm einen Rennwagen zu finanzieren. Konstrukteur Porsche baut einen revolutionären Boliden mit einem neuartigen Mittelmotor.

Neben dem Versprechen einer (Auto-)Mobilisierung der Massen setzen die Nationalsozialisten auf die Propagandawirkung des Rennsportes. Die »stählerne Romantik« der deutschen »Silberpfeile« und »Helden« wie Hans Stuck, Rudolf Caracciola und Bernd Rosemeyer sollen auf den europäischen Rennstrecken die Überlegenheit des deutschen Nationalsozialismus beweisen. Hitlers Helden werden von den Massen bejubelt. Mercedes gegen Auto-Union, Caracciola gegen Stuck. Finanziert wird die Raserei mit vielen Millionen Reichsmark. Und dank günstiger Verträge verdient Ferdinand Porsche Hunderttausende Mark. 1934 siegt Hans Stuck am Nürburgring in einem von Porsche konstruierten Wagen und bedankt sich am Siegespodest bei »unserem Führer«.

Mit den »Volkswagen« geht es nicht so flott voran. Immerhin kann Porsche am 20. April 1939 zu Hitlers 50. Geburtstag dem zum Krieg bereiten Reichskanzler das erste Exemplar, ein schwarzes Volkswagen-»Cabrio«, übergeben. Der zeigt sich vom Geschenk angetan. Zwölf weitere Käfer werden an hohe Nazibonzen geliefert. Einfache deutsche Arbeiter werden vertröstet. Bis zu Kriegsbeginn wird kein einziger »Volkswagen« ans Volk geliefert. Die für die Massenproduktion geplante größte Autofabrik der Welt wird gerade erst als Symbol »der nationalsozialistischen deutschen Volksgemeinschaft« auf der grünen Wiese in Fallersleben gebaut. Die dafür notwendigen Grundstücke hat der NS-Staat der Familie der Grafen von der Schulenburg enteignet. Die »modernste Arbeiterstadt des deutschen Reiches«, die drumherum entstehen soll, wird Wolfsburg heißen. Und die ersten paar Hundert Arbeiter kommen aus Mussolinis faschistischem Italien. Der »Duce« exportiert Arbeitslose in den Norden.

»Wolf« ist der Codename Adolf Hitlers. Wolfsburg seine Autostadt. Ferdinand Porsche wird vom Regime vereinnahmt, und er lässt es widerstandslos geschehen. Er wird von den Möglichkeiten des totalitären NS-Staates verführt. Hitler macht Porsche zum ersten und mächtigen Direktor der Volkswagenfabrik, die mit Kriegsbeginn statt Cabrios Fahrzeuge für die Wehrmacht in Massenproduktion erzeugt: Der deutsche Mann muss bald mit dem »Kübelwagen« an die Front fahren statt mit einem »Volkswagen« ins Wochenendvergnügen. Porsche ist Techniker und vor allem Familienunternehmer. Er nutzt die persönlichen Beziehungen zu Adolf Hitler aus wirtschaftlichem Interesse. Die Nähe zum Regime gibt ihm die Chance, gegen die großen und mächtigen Autokonzerne zu bestehen. Die Weltanschauung der Nazis teilt er nicht, aber er hat keinerlei Berührungsängste. Nur in irgendeiner Uniform mit Hakenkreuzbinde wird man Porsche nie sehen. Der aus Böhmen Gebürtige gibt auf »Anregung« Hitlers erst in den 1930er-Jahren seine tschechische Staatsbürgerschaft zurück, für die er sich 1918 entschieden hat. Auch damals keineswegs aus innerer Überzeugung: Es war für einen Angehörigen einer »Siegernation« nach dem Ersten Weltkrieg leichter ins Ausland zu reisen als für ehemalige k. u. k. Österreicher.

Das Stuttgarter Konstruktionsbüro übernimmt derweil Ferdinands Sohn Ferdinand »Ferry« Porsche. Als enger Mitarbeiter seines Vaters war er für die Versuchsfahrten des KdF-Wagens (des späteren VW Käfer) verantwortlich. Den Gesellschafteranteil des jüdischen Kompagnons Adolf Rosenberger übernimmt Ferry Porsche zum Nominalwert. Unter dem Hakenkreuz ist es nicht sehr förderlich, jüdische Mitbesitzer zu haben. Porsche junior folgt dem Sturmwind der Zeit. Obwohl er – wie sein Vater – an Politik eher desinteressiert ist, bewirbt er sich um die Mitgliedschaft in der SS.

Die mittlerweile weiter angewachsene Familie der Porsches zieht sich in die Beschaulichkeit des Salzburger Pinzgaus zurück. Ferry ist mit der Stuttgarterin Dorothea Reitz verheiratet. Das Paar bekommt vier Söhne. Der Erstgeborene wird gemäß der Familientradition Ferdinand Alexander getauft.

Am Ufer des Zeller Sees, weitab von der Front und den zerbombten Städten, leben die Enkel am idyllischen Schüttgut, das der Familie seit 1941 gehört. In den letzten Kriegsmonaten verlegt Ferry Porsche das Konstruktionsbüro aus Stuttgart in die kleine Kärntner Stadtgemeinde Gmünd im Liesertal. Er will dem Bombenhagel entkommen. In provisorischen Holzbaracken arbeiten rund zweihundert Techniker weiter an Lösungen. Am Südrand der Hohen Tauern scheint der Weltkrieg unendlich weit weg zu sein.

Nach dem Zusammenbruch des Deutschen Reiches wird der 70-jährige Ferdinand Porsche von den Alliierten kurzfristig interniert und von Engländern und Amerikanern verhört. Sie machen dem »politisch Naiven« keine rechtlichen Vorwürfe. Das Thema »Zwangsarbeiter« bei Volkswagen kommt erst in den 1990er-Jahren zur Sprache, da ist Ferdinand Porsche schon lange tot.

Allerdings gerät der Seniorchef zwischen die Fronten eines undurchsichtigen französischen Machtkampfes zwischen den Firmen Renault und Peugeot. Der 70-Jährige wird in der französischen Besatzungszone auf Anweisung des kommunistischen Justizministers verhaftet, nach Paris gebracht und dort eingesperrt. Der Aktion liegt eine (angebliche) Anzeige des Autofabrikanten M. Peugeot zugrunde, dessen Werk von den deutschen Besatzern requiriert worden war. Es geht um den Verdacht der Kollaboration (der Firma Renault) mit den Deutschen. Die Vorwürfe sind fadenscheinig. In Wahrheit sollte der Konstrukteur als eine Art Geisel gezwungen werden, am Aufbau einer französischen »Volkswagen-Produktion« mitzuwirken. Tatsächlich wird der Renault 4CV schließlich in Frankreich als eine etwas kleinere Version des KdF-Volkswagens gebaut, während der VW Käfer aus den zerbombten Werkshallen in Wolfsburg seinen Siegeszug um die Welt antritt.

Um das Lebenswerk des in Frankreich internierten Vaters vor der drohenden Beschlagnahmung der Besatzungsmächte zu schützen, gründen Ferry Porsche und seine Schwester Louise am 1. April 1947 die österreichische Porsche Konstruktionen GmbH in Gmünd. Die Geschwister teilen sich die Geschäftsführung. Um die Finanzen ist es nicht gerade rosig bestellt. In dieser Zeit erhält die österreichische Firma einen Auftrag des Turiner Industriellen und passionierten Rennfahrers Piero Dusio. Die Firma Porsche soll einen Grand-Prix-Rennwagen mit Allradantrieb zu bauen. Ein Exemplar des Cisitalia 360 (auch Porsche Cisitalia genannt) wird zwar tatsächlich am Turiner Autosalon gezeigt, geht aber nie an den Start. Das Auto ist in der Fertigung einfach zu teuer. Piero Dusio bezahlt den vereinbarten Preis für den Konstruktionsaufwand. Mit dieser Summe können die Geschwister gerade eben so die Kaution für ihren inhaftierten Vater hinterlegen und ihm damit nach fast zwei Jahren in französischer Haft eine Heimkehr nach Österreich ermöglichen. Im Mai 1948 wird Ferdinand Porsche offiziell freigesprochen, nur die Rücküberweisung der Kaution verzögert sich.

Gesundheitlich ist der alte Herr angeschlagen, die karge Kost im Zuchthaus hat ihm, der so gern Szegediner Gulasch gegessen und dazu nicht nur ein Pilsner getrunken hat, auf den Magen geschlagen. In den Kärntner Bergen kuriert er sich aus.

Sein Sohn Ferry hat die Abwesenheit des Vaters genutzt und das Familienunternehmen ohne Konflikte übernommen. Die zweite Generation wird den Namen »Porsche« als eigenständige Marke etablieren. Im Kärntner Maltatal entsteht bis zum Frühsommer 1948 der erste Sportwagen, der den Familiennamen und die Konstruktionsnummer 356 trägt. Eine Legende ist geboren, zusammengeschweißt aus vielen Teilen des »Volkswagens«. Die heute noch charakteristische Form aller wichtigen Porsches geht auf das Design des von Ferry persönlich entworfenen 356 »Nr. 1« zurück. Auch der Vierzylindermotor mit seinen 35 Pferdestärken kommt aus Wolfsburg. Die Geschichte des Porsche 356 nimmt ihren Anfang. Ferdinand Porsche trägt noch zum Design des Autos bei, aber er ist längst nicht mehr im Vollbesitz seiner körperlichen Kräfte. 1950 besucht er ein letztes Mal das Automobilwerk in Wolfsburg. In der Nacht darauf erleidet der 75-Jährige einen Schlaganfall, von dem er sich nicht mehr erholt. Er stirbt Monate später.

In Wolfsburg entscheiden die englischen Verwalter des VW-Werkes, dass Hitlers Volkswagen tatsächlich vom Band laufen soll. Dabei sind sie von der Qualität des Produktes nicht überzeugt. Die Besatzungsmacht lässt drei Prototypen in England auf Herz und Nieren prüfen. »Das Projekt ist keinen Heller wert«, lautet das klare Urteil. Die damals in England produzierten Autos seien viel besser als der veraltete KdF-Wagen Porsches. Die englische Militärverwaltung will das Wolfsburger Werk loswerden und bietet die Anlagen zum symbolischen Preis von einem Dollar Henry Ford II. an. Der Amerikaner lehnt ab. Und wird sich Jahre später über diese atemberaubende Fehleinschätzung ärgern. So wird – der Not gehorchend – eine GmbH gegründet, die über ein paar Ecken dem Bundesland Niedersachsen gehört. Porsches Techniker sind für den Start der Produktion notwendig. 1947 sucht der kommissarische Leiter des Volkswagenwerkes, der englische Offizier Ivan Hirst, einen technischen Leiter für das Werk und findet ihn im ehemaligen »Wehrwirtschaftsführer« Heinrich Nordhoff, der während des Krieges für den Bau des Lastwagens Opel Blitz verantwortlich war. Die Besatzer brauchen tüchtige Deutsche zur Ankurbelung der Wirtschaft. Über Verstrickungen ins NS-Regime wird bald hinweggesehen.

So verhandelt das ehemalige SS-Mitglied Ferry Porsche mit dem neuen Generaldirektor jenen Vertrag, der die Familie reich machen sollte. Für jeden produzierten Volkswagen soll es eine Mark Lizenzgebühr geben, und Porsche darf auf Basis des Käfers einen Sportwagen bauen; das Porsche-Konstruktionsbüro liefert langfristig Technikleistungen, und die Familie bekommt das alleinige Recht, Produkte von Volkswagen nach Österreich zu importieren. Dieser umfassende Vertrag wird in Bad Reichenhall von Ferdinand Porsche, Ferry Porsche, Louise Piëch, Anton Piëch und VW-Generaldirektor Nordhoff unterschrieben. Letzterer wird zu einem der »Väter« des deutschen Wirtschaftswunders in den 1950er- und 1960er-Jahren. Heinrich Nordhoff ist auch ein Freund der Familie. Nach dem Tod von Anton Piëch wird der VW-Generaldirektor zum Berater der Witwe Louise und so etwas wie der Patenonkel der Kinder Ernst, Louise, Ferdinand und Hans Michel. Der Piëch-Sohn Ernst ehelicht die Nordhoff-Tochter Elisabeth. So werden Familienbande gewebt und verstärkt.

Die beiden Porsche-Familien teilen sich die Welt auf. In Stuttgart herrschen die Porsches, in Österreich die Piëchs. Das gilt in der Familie lange Zeit als ungeschriebenes Gesetz und wird zunächst von allen acht Cousins eingehalten.

Porsche wird in Stuttgart Sportwagen produzieren, Louise

Piëch und ihr Mann Anton ziehen ab 1949 eine österreichische Importorganisation auf. Die Zentrale dafür wird in die Alpenstraße in Salzburg verlegt, aber beide Unternehmen bleiben im gemeinsamen, wechselseitig verschränkten Besitz der Familien. Schon sieben Jahre nach dem Neubeginn ist Volkswagen der unbestrittene Marktführer in Österreich. Louise Piëch führt nach dem Tod ihres Mannes das Unternehmen allein und wächst über die Grenzen der Alpenrepublik hinaus. Die Porsche-Holding wird zum höchst ertragreichen europäischen Automobilhandelshaus.

In seiner Autobiografie beschreibt Ferdinand Piëch, wie sich anhand einer an sich wenig bedeutenden Sachfrage in einer komplizierten Familienstruktur ein tiefer Konflikt aufbauen kann. Es geht vordergründig um die »Ventilsteuerung mit zwei oben liegenden Nockenwellen« des geplanten 917er-Rennwagens. Tatsächlich lautet die Frage aber: Wer wird nach dem Abgang der beiden Kinder des legendären Ferdinand Porsche unter den acht Enkeln die Nummer eins? Finanziell scheint alles geregelt. Jeder Enkel bekommt zehn Prozent der Porsche-Holding geschenkt. Auch Ferry und Louise begnügen sich mit je einem Zehntel. Das ist großzügig von den Stammeltern, hat aber auch und vor allem Vorteile bei der Bemessung der Erbschaftssteuer.

Porsche und Piëch, das ist die Geschichte einer Familie und die Story eines weltweit agierenden Autokonzernes, der schon zu groß ist, um sich fundamentale Fehleinschätzungen leisten zu dürfen. Es ist auch die Geschichte harter Machtkämpfe in einer Dynastie, in denen Cousins um ihren Platz in einem Unternehmen rangeln, Affären ausgelebt und Intrigen gesponnen werden. Ein Unternehmen, das von einem Patriarchen gegründet und von ihm mit einer kleinen Gruppe von Vertrauten geleitet, danach von seinen beiden Kindern auf eine neue Ebene gehoben und von den Enkeln fortgeführt wurde und in vierter Generation ganz neue Strukturen brauchte, um überleben zu können.

Louise ist mit ihren drei Söhnen und ihrer Tochter die Stammmutter des Piëch-Teils des Clans. Einer ihrer Söhne wird das Clangefüge später wiederholt kräftig durchrütteln: Ferdinand Piëch akzeptiert die regionale Aufteilung der Porsche-Welt nicht. Er ist der erste tatsächlich studierte Ingenieur in dieser Technikerdynastie und will bei Porsche in Stuttgart werken. Dort stürzt er sich kopfüber in die Entwicklung des Typs 917. Piëch hat offenbar viele Gene seines Großvaters mitbekommen. Sein Machtanspruch ist groß, sein technisches Verständnis ebenso, und der Hang, bei Entwicklungsprojekten alle Kostengrenzen zu sprengen, auch. Damit kommt er seinem Cousin Hans-Peter Porsche, der Produktionschef bei Porsche ist, in die Quere. Fünf Cousins in einer Firma, das ist zu viel. Ferdinand Piëch verlässt den Familienbetrieb, geht kurz zu Mercedes und wird dann im Volkswagen-Konzern zum »Mister Audi«. Der Porsche-Enkel ist ein Machtmensch und wird in seinen diversen Cheffunktionen bei Volkswagen zum bestimmenden »Automenschen«: bewundert, gefürchtet, vielleicht auch skrupellos, umstritten allemal.

So intensiv sein Managerleben ist, so abwechslungsreich ist auch sein Privatleben. Seit Studententagen mit seiner Jugendliebe verheiratet, beginnt es ausgerechnet zwischen der Frau seines Cousins Gerhard »Gerd« Porsche, Marlene, und ihm zu knistern. Dienstreisen bieten sich an, Mailand ist das Ziel, Taubenfüttern am Domplatz. Ein Mann, auch wenn er verheiratet ist und fünf Kinder hat, wird gelegentlich schwach. Noch dazu, wenn die Frau so stark ist: »Sie besaß das gewisse Etwas zum Verwirren der Männer«, entschuldigt Ferdinand Piëch in seiner Biografie den innerfamiliären Ehebruch. Also Marlene war schuld.

Die Beziehung führt im Porsche-Clan naturgemäß zu einigen Spannungen zwischen den Erben. Gerhard Porsche ist über die Affäre seiner Frau wenig amüsiert, sie bleibt kein Strohfeuer. Ferdinand Piëch und Marlene Porsche leben in mehr oder minder »freier« Partnerschaft zwölf Jahre miteinander. Er zeugt drei weitere Kinder mit Marlene und zwei weitere Nachkommen. Eine außereheliche Affäre reicht nicht. »Ich lebte in dieser Zeit in ziemlicher Freiheit, die auch meine Gefährtin sich genommen hat.« So kann man es natürlich auch sehen.

Gerhard Porsche schaut lange zu, ehe er sich von Marlene scheiden lässt. Mit der Aufteilung seines Zehn-Prozent-Anteils an der Porsche-Holding »verrutscht auch die geometrische Klarheit des Familienbesitzes«. Nachdem Piëch sich 2015 nach einem langen Machtkampf aus den Gremien des VW-Porsche-Konzernes zurückziehen musste, gilt Wolfgang Porsche, der heute beinahe achtzigjährige Enkel des Dynastiegründers Ferdinand Porsche und jüngste Sohn von Ferry und Dorothea Porsche, als Gewinner eines Machtkampfes, der Ferdinand Piëch offenbar viel Kraft gekostet hat. Er stirbt 2019 mit 82 Jahren überraschend nach einem Restaurantbesuch.

Seither ist Wolfgang Porsche unangefochtener Wortführer der Porsche-Familie, Aufsichtsratschef des Mehrheitsaktionärs der Volkswagen AG, der Familienholding Porsche SE. Wolfgang Porsche ist aber auch Biobauer, ohne dafür täglich im Stall zu stehen. Auf den Wiesen seines Schüttgutes im Pinzgau weiden rund zweihundert Rinder, die vermutlich bis zu ihrem Tode glücklich und zufrieden in der wunderbaren Landschaft grasen dürfen.

Das mehr als sechshundert Jahre alte Anwesen mit einer kleinen Kapelle hat Ferry schon in den 1930er-Jahren bei einer seiner Ausfahrten entdeckt und später gekauft. Das Gut bei Zell am See gilt als Stammsitz der Porsche-Familie, ein Rückzugsort, ein Kraftort. Es ist nicht der einzige Besitz, den die Großfamilie über die Jahrzehnte rund um den Zeller See erwirbt.

Der Pinzgau ist Porsche-Land. Viele Besitztümer, etwa das prächtige Renaissanceschloss Prielau am Nordufer des Sees, kosten vom Unterhalt her sicher mehr, als sie einbringen. Prielau ist eine beliebte »Hochzeits-Location«, und nur wenige Gäste wissen, dass das Schloss einst im Besitz der Witwe des Dichters

Hugo von Hofmannsthal war, die es 1932 erwarb, ehe sie von den Nationalsozialisten enteignet wurde und das Schloss Josef Thorak, einem von Hitlers Lieblingsbildhauern, als großzügiges Atelier zur Verfügung gestellt wurde. In der kleinen barocken Kapelle, die einst für einen Bischof vom Chiemsee neben dem Jagdschloss errichtet wurde, schließen viele Paare unter geistlicher Assistenz den Bund fürs Leben. Auch Wolfgang Porsche hat nach dem Tod seiner zweiten Frau noch einmal geheiratet, allerdings in Salzburg. Diese Eheschließung kam überraschend. »Aber bei Porsche ist man halt schnell.«

Tauernwirt Geisler

»Treubesorgte Gastleute«

In der 126. Sitzung des Nationalrates der Republik Österreich am 14. Juli 1922 tritt der Abgeordnete Simon Geisler ans Rednerpult des einstigen Reichsratssitzungssaales auf der Wiener Ringstraße. Der Christlichsoziale aus dem Salzburgischen gilt als wortgewaltiger Vertreter der Bauern. Ein Mann der ersten Stunde. Der Wirt aus Krimml gehört der Volksvertretung schon seit den Nachkriegstagen 1919 an. Er kämpft um Weiderechte für die Almbauern und setzt wichtige Servitutsrechte gegenüber den neu gegründeten Bundesforsten durch. Das einst den Habsburgern gehörende Land, und seien es nur die steinigen Berggipfel und die Besitzungen des k. k. Hofärars, wird in der jungen Republik zusammengefasst. Die Bauern kämpfen um ihr Recht auf das Land, das sie zum wirtschaftlichen Überleben brauchen.

Vor hundert Jahren haben Bauern noch eine – auch politisch – ganz andere Bedeutung als heute im dritten Jahrtausend. Mehr als vierzig Prozent der österreichischen Bevölkerung arbeiten anno 1920 in der Landwirtschaft. In der Hungerzeit nach dem Ersten Weltkrieg sind viele Städter auf die Landbevölkerung nicht gut zu sprechen. Während viele Wienerinnen und Wiener hungern, können sich die Bauern in den westlichen Bundesländern gut ernähren. Die Preise für Vieh und Getreide sind in der Inflation teuer geworden, die Lieferungen nach Wien haben stark abgenommen.

Im Sommer 1922 wirbt der Salzburger Abgeordnete Simon Geisler aber für den Anbau eines besonderen Genussmittels: Tabak. »Da es der Staatsmonopolverwaltung im Jahre 1919 infolge der wirtschaftlichen Verhältnisse nicht möglich war, den

Rauchern genügende Mengen von Tabaksorten zur Verfügung zu stellen, wurde die Regierung von der Nationalversammlung aufgefordert, die Anpflanzung von Tabakpflanzen in den sogenannten Hausgärten zu bewilligen.«

Berichterstatter Geisler stellt den Antrag, die Erlaubnis zum privaten Tabakanbau im Vorgarten um ein Jahr zu verlängern. Die Sozialdemokraten sind darob empört, weniger aus ideologischen Gründen denn aus formalen. Der ehemalige Landeshauptmann von Niederösterreich und Krankenkassenbeamte Albert Sever unterbricht Geisler mit einem lauten Zwischenruf: »Es ist eine Unanständigkeit, die Sie da verüben.« Es nützt nichts. Das Pflanzen von Tabakstauden im Gemüsegärtchen wird für ein weiteres Jahr erlaubt.

Simon Geisler kann zufrieden mit der Westbahn ins heimatliche Krimml dampfen und dort seinem Tagesgeschäft als Bauer und Gastwirt im Tauernhaus nachgehen. Der gebürtige Tiroler aus Gerlos ist ins Salzburgische zugewandert und hat im Pinzgau das Tauernhaus übernommen. Im politischen Nebenerwerb ist Geisler auch Bürgermeister der Gemeinde. Nur wenige Wirtshäuser können einen urkundlich belegten Stammbaum wie das Krimmler Tauernhaus vorweisen. Die »taberna« wird 1389 erstmals urkundlich erwähnt und ist ab 1437 (als Wirtshaus) bezeugt. In den fast 650 Jahren (wahrscheinlich noch viel länger) durchgehender Geschichte hat der Holzbau (das heutige Tauernhaus stammt in großen Teilen aus dem 16. Jahrhundert) schon etliche Stürme überdauert und Hunderttausende Reisende beherbergt. Die holzgetäfelte Stube blieb erhalten und gilt als die älteste Gaststube – zumindest im oberen Pinzgau. Der Wein, der hier getrunken, die Geschichten, die hier erzählt, die Pfeifen, die hier geschmaucht wurden, die wirklichen und die ein bisschen geschummelten Heldentaten von Schmugglern und Jägern? Sie würden Bände füllen und übers Leben in den Jahrhunderten vor uns erzählen. Das Tauernhaus war immer mehr als eine Gaststätte, es ist im buchstäblichen Sinn eine Herberge, ein Schutzhaus.

Durchs Tal der Krimmler Ache führt der Tauernweg, eine jahrtausendealte Verbindung zwischen dem Norden und dem Süden. Auf dem Saumpfad zwischen dem Pinzgau und Kasern in Südtirol wurden von den »Säumern« jahrhundertelang Waren aller Art auf dem Rücken ihrer Pferde transportiert. Salz und Eisen aus dem Norden, Wein und Schnaps auf dem Rückweg, und was es an Schmuggelgütern sonst noch geben mochte.

Die aus dem Süden kommenden »Welschweine« wurden überwiegend kurz nach der Lese im Herbst eingeführt, das waren weniger Weine als Most, der dann erst im Keller des Wirtes zu Wein (oder vielfach auch zu saurem Essig) vergor. Die Händler mussten sie im Herbst als »trübe Weine« einkaufen, »damit solche süß und cräfftig erhalten werden können«. Nicht nur aus dem südlichen Tirol wurde Wein ins Salzburgische getragen, auch in Nordtirol wuchsen Weintrauben.

Wandernde Handwerker und Bauern benützten den mühsamen Weg über den Krimmler Tauern als Nord-Süd-Verbindung über die Alpen. Über die 2665 Meter hohe Birnlücke führt der schmale Weg, den schon römische Legionen der Provinz Noricum nützten.

Der Pfad über den Tauern gerät auch in der Völkerwanderungszeit nicht in Vergessenheit. Im Mittelalter dient der Krimmler-Tauern-Weg als Ausweichroute, wenn es nicht ratsam erscheint, leichter zu querende Alpenpässe zu benützen. Der spätere Kaiser Karl IV. wandert im Jahr 1340 über den Tauern nach Italien. Das Wetter war damals rau, aber Könige und Kaiser hatten gut zu Fuß oder zu Pferd zu sein. Mit Sicherheit ist er bei einem Vorgänger von Simon Geisler eingekehrt, aber über die »taberna« ist aus diesen Tagen noch nichts überliefert.

Die Hütte oberhalb der Krimmler Wasserfälle war quasi ein durch die damalige Herrschaft eingerichtetes Rasthaus. Der Wirt des Tauernhauses hatte die Pflicht, Reisende zu beherbergen und zu verpflegen, notfalls auch ohne einen Kreuzer dafür zu kassieren. Seine Familie war auch zur Pflege des Tauernweges verpflichtet, er musste gangbar bleiben. Als Gegenleistung erhielt der Wirt von der Salzburger Hofkammer des Erzbischofs Getreide zugeteilt.

Es gab zum Krimmler Tauernhaus auf der Südseite des Alpenhauptkammes ein Gegenstück, das »Kasr am Taurn«. Der dortige Wirt stellte mittelalterlichen »Turnschuh-Reisenden« wollene Mützen, feste Handschuhe und Seile zur Verfügung. Diese Ausrüstungsgegenstände sammelte der Tauernwirt im Norden ein und ließ sie von Säumern wieder über den Pass zu seinem Kollegen im Süden bringen. So funktioniert Nachbarschaftshilfe.

Doch der Tauernkamm ist über Jahrhunderte hinweg keinesfalls als harte Grenze zwischen Nord und Süd, zwischen Salzburg und (Süd-)Tirol zu verstehen. Bis heute treiben Bauern aus dem Süden ihr Vieh über den Saumpfad auf die saftigeren Almweiden des Nordens. Traditionell kehren die Rinder der Südtiroler Bauern am dritten Freitag im Oktober wieder in den heimatlichen Stall zurück. In früheren Zeiten grasten mehrere Hundert Stück Vieh von 15 Bauern im Krimmler Hochtal – heute sind davon nur mehr drei Bauern übrig geblieben.

1906 kauft Simon Geisler, Besitzer des Hanlbauerngutes und Urgroßvater des jetzigen Eigentümers, das Tauernhaus. Simon heiratet im Mai 1906 in Salzburg Theresia Auer. Sie wird acht Kindern das Leben schenken.

Damals gibt es im Süden am Pass noch keine Carabinieri-Station, Südtirol gehört zur k. u. k. Monarchie. Schon im 16. Jahrhundert wird das Krimmler Haus jedenfalls über fünf Generationen von einer Familie Geisler (in unterschiedlichster Schreibweise) geführt. Zufall oder Verwandtschaft? Die Namen der Tauernwirte sind bis ins frühe Mittelalter dokumentiert. Demnach übernahm 1389 ein Albert Martin als Erster die Wirtschaft. Solche Herkunft verpflichtet.

Für die »alte Taferne in der Achen« beginnt mit Geisler ein neues Zeitalter. Die Handelsrouten haben sich dank Eisenbahn

Seit urkundlich belegten 650 Jahren dient das Krimmler Tauernhaus als »taberna« – als Raststätte und Schutzhütte auf dem Weg über die Alpen.

und Straßen verschoben, dafür kommen immer mehr Bergbegeisterte ins pittoreske Krimmler Achental – auch sie wollen einkehren. 1894 haben sich – laut *Dillinger's Reisezeitung* – 444 Bergwanderer ins Hüttenbuch eingetragen. 15 Jahre später sind es bereits deutlich mehr. Die Anreise mit der Pinzgauer Lokalbahn von Zell am See hat die Naturschönheit der Krimmler Wasserfälle für den Tourismus erschlossen. Die Berge sind zu Sehnsuchtsorten einer städtischen Klientel geworden.

Simon baut das alte Schutzhaus mit seiner Frau Theresia zum Wirtshaus aus. Im Obergeschoß wird ein Lager für Bergwanderer gebaut, die Stube bleibt unverändert. Dabei ist der Tauernwirt ein Förderer der Technologie. Durch den Bau eines Kleinkraftwerkes gibt es schon kurz nach Kriegsende elektrisches Licht in der alten Stube, und bald darauf können Wanderer am Berg telephonieren (das »ph« war noch nicht einer Rechtschreibreform zum Opfer gefallen). Die *Salzburger Wacht* berichtet:

»Am 24. November 1927 wurde die zur Annahme und Abgabe von Telegrammen ermächtigte öffentliche Sprechstelle Krimmler-Tauernhaus dem Verkehre übergeben.« Dieser technologische Jahrhundertfortschritt hat ursächlich mit der politischen Karriere des Krimmler Bürgermeisters, Bauernführers und Nationalratsabgeordneten zu tun. Simon Geisler muss ja jederzeit vom Wiener Parlament aus erreichbar sein. Und gute politische Beziehungen zur Post- und Telegrafendirektion haben auch nicht geschadet. Ganz neu ist die »Sprechstelle« im Tauernhaus nicht. Die k. u. k. Post betreibt bereits seit Beginn des Jahrhunderts jeweils von 15. Juni bis 30. September »öffentliche Telephonsprechstellen« in Ausflugsregionen von der Schafbergspitze bis zum Moserboden und eben auch im Tauernhaus.

Der politische und wirtschaftliche Erfolg des Bauernpolitikers und Wirtes wird nur durch privates Ungemach getrübt. Im November 1918 stirbt seine zwölfjährige Tochter Theresia an der Spanischen Grippe. Das gefährliche Virus hat es selbst ins entlegene Krimmler Achental geschafft. Die *Salzburger Wacht* berichtet: »Seine Frau und die anderen sieben Kinder liegen schwer krank und können es nicht ertragen, dass das Treserl fortgegangen ist.«

Vier Jahre nach Einrichtung einer »öffentlichen Sprechstelle« wird der 63-jährige Tauernwirt in Krimml zu Grabe getragen. Wie viele seiner Zeitgenossen hat er dem Tabak in ungesundem Maße zugesprochen. Es ist – fast – ein Staatsbegräbnis. »Unter ungeheurer Beteiligung, vorab der Männerwelt, wurde die Leiche des so schnell aus voller Tätigkeit gerissenen Pinzgauer Nationalrates Simon Geisler auf dem Ortsfriedhofe in Krimml zur Ruhe bestattet«, schreibt die *Salzburger Volkszeitung*. Dabei muss die »Männerwelt« einiges an witterungsbedingter Unbill ertragen, um ein gestandenes Mannsbild bei seinem letzten Gang zu begleiten. »Ein schweres Schneegestöber in den Morgenstunden breitete über das ganze Tal tiefwinterliches Gewand; erst als man am offenen Grabe stand, besserte sich das Ungemach der Witterung, so daß sich die Trauerfeier in aller Form und ungekürzt vollziehen konnte.« Aus Wien waren Dutzende Trauergäste angereist, sogar der ehemalige Bundeskanzler und Zweite Präsident des Nationalrates Rudolf Ramek und der Obmann der christlichsozialen Landesparteileitung Wien Leopold Kunschak hielten Ansprachen: Simon Geisler habe Überzeugungstreue und Charakter stets durch die Tat und sein Wirken bewiesen. Der Chefredakteur der *Reichspost*, Friedrich Funder, notiert die Trauerreden gewissenhaft.

Nach dem Tod Simon Geislers führt sein Sohn Friedrich mit Ehefrau Elisabeth Gabriela Unterwurzacher, kurz »Liesl« genannt, das Schutzhaus weiter. Friedrich hat die »Sandbichltochter« 1932 recht nobel im Salzburger Dom geehelicht, auch das ein Zeichen wirtschaftlichen Wohlstandes.

Es sind politisch bewegte Zeiten. Aus dem Norden weht ein scharfer Wind ins Salzburgische. Ideologien interpretieren Kameradschaft neuerdings völkisch. Selbst die Berge werden mit dem »Anschluss« Österreichs an Nazideutschland ideologisiert. Friedrich Geisler setzt ein (Kreuz-)Zeichen. Er baut eine Kapelle beim Tauernhaus. Die Sprache ändert sich, ein neuer (Un-)Geist zieht ein. Über dem Tauernhaus weht die Hakenkreuzfahne und »grüßt die fleißigen Senner«. Erzieher vom NS-Lehrerbund »aus allen deutschen Gauen« wandern zwecks körperlicher Ertüchtigung durch die »Wunderwelt der deutschen Hochgebirgslandschaft« und »erfühlen den Kampf mit Boden und Naturgewalten«. Die Salzburger Berge werden zum »schönsten deutschen Gebirgsland um das Krimmler Achental«. Und die christlichsoziale Wirtsfamilie wird im Nazipathos zu »treubesorgten Gastleuten«.

Die »Tage der Kameradschaft« im Krimmler Tauernhaus enden abrupt mit Kriegsbeginn. Friedrich Geisler muss der Einberufung zur Wehrmacht folgen, diese aber bald wieder verlassen. Er wird auf der Alm zum Arbeiten gebraucht. Im März 1943 verunglückt der Wirt tödlich. Sein Tod ist dem *Salzburger Volks-*

blatt nur eine kurze Notiz wert: »Der Besitzer des Tauernhauses, Friedrich Geisler, war mit Arbeiten an der Kreissäge beschäftigt, als plötzlich ein grobes Stück des brüchigen Sägeblattes absprang und Geisler mit voller Wucht an der Brust traf. Das Metallstück durchtrennte Herz und Lunge, so dass der Tod auf der Stelle eintrat.« Die Witwe Liesl Geisler bedankte sich für die »aufrichtige Teilnahme am Verlust des Gatten« in einer Kleinanzeige des *Völkischen Beobachters*. Der zweitgeborene Sohn der Witwe ist zu diesem Zeitpunkt erst vier Jahre alt.

Die gelernte Köchin Liesl führt den Betrieb als Witwe für ihre Söhne Franz und Adolf weiter. Bergtouristen verschlägt es in den letzten zwei Kriegsjahren selten auf die Alm. Dafür sind Soldaten eines Bautrupps und Grenzschützer einquartiert. Das Kommando aber führt die resolute Witwe Geisler, ehe sie nach dem Krieg, die Berge sind jetzt wieder österreichisch, den Berg- und Skiführer Bert Scharfetter heiratet.

In den letzten Wochen des Krieges werden der Tauernpass und das Krimmler Achental wieder zum Verkehrs- und Fluchtweg. Nach dem Zusammenbruch der deutschen Südfront in Italien drängen Tausende Soldaten nach Norden. Die Wehrmachtssoldaten wollen der französischen oder britischen Kriegsgefangenschaft entgehen und heimkehren. Am 28. April 1945 erreicht der Rosentalwirt Bruno Huber aus Neukirchen am Großvenediger als Erster von geschätzten acht- bis zehntausend Soldaten den Krimmler Tauern. Ortskundige wählen dieses alte Schlupfloch über die Berge. Es sind Gruppen von Männern, die dem Tod entronnen, erschöpft, enttäuscht und vielfach ausgehungert sind. Ihre Waffen lassen sie einfach liegen. Das idyllische Bergtal wird zur Mülldeponie für nutzloses Kriegsgerät. Liesl Geisler lässt einen Stier schlachten und Suppe kochen. Das Tauernhaus wird wieder zur Herberge. Zwei Jahr später führt eine andere Fluchtbewegung übers Krimmler Achental. 1947 werden zwischen fünftausend und achttausend jüdische Überlebende des Holocaust von der Hilfsorganisation Brichah illegal über den Krimmler Tauern nach Italien geschleust, um später über Genua ins britische Mandatsgebiet Palästina gebracht zu werden. Der Tauernpass bildet das einzige Stück Grenze zwischen der amerikanischen Besatzungszone und Italien.

Während die US-Militärbehörden die Auswanderung der Juden Richtung Italien und Palästina dulden, in Wahrheit sogar unterstützen, versuchen die Engländer, eine jüdische Masseneinwanderung nach Palästina zu verhindern. So werden das Almgebiet und das Tauernhaus ein Nebenschauplatz der Weltpolitik. Liesl Geisler sind die komplizierten Zusammenhänge herzlich egal. Sie und ihr Mann betreuen die jüdischen Auswanderer, die meist auf offenen Militärlastwagen aus einem amerikanischen Displaced-Persons-Lager bei Saalfelden nach Krimml gebracht werden. »Täglich kamen oft 200 bis 300, wir haben halt wieder in der Waschküche gekocht und aufgewärmt. Es waren arme Menschen dabei, sie hatten nicht einmal einen Rucksack, da waren kleine Kinder, die hatten sie in einer Schachtel am Rücken, das Haus war oft voll. In der Nacht habe ich noch Mehlpapperl für die armen Kinder gekocht, in der Nacht kamen auch Gruppen.«

Der junge Ehegatte Bert organisiert derweil einen steten Nachschub an Konservendosen, die von den GIs in Saalfelden zur Verfügung gestellt werden. Mit dem Pferd bringt er den Proviant durchs Achental zum Tauernhaus. Die Krimmler Einheimischen schauen dem Treiben mit gemischten Gefühlen zu. Es soll durchaus auch böse Stimmen gegeben haben, dass für die Flüchtlinge amerikanische Konserven zur Verfügung stehen, nicht aber für die notleidende heimische Bevölkerung.

Am frühen Nachmittag marschieren die Gruppen – meist zwischen achtzig und 250 Personen – übers Windbachtal und suchen nach Sonnenuntergang den nächtlichen Übergang über den Krimmler Tauern nach Kasern, um sich von dort auf den Weg nach Genua zu machen, wo Schiffe für die Überfahrt ins »Gelobte Land«, nach Palästina, bereitstehen. Der 22-jährige

Franz Geisler, Egon Vogl, Wirt auf der Richterhütte, und Berg-
führer Viktor Knopf begleiten den Marsch über den Krimmler
Tauern mit ihrem Saumpferd. Die Säuglinge werden in Schach-
teln und Kisten transportiert.

Die dritte Generation, Adolf und Franziska Geisler, führt das
Tauernhaus fast vierzig Jahre lang bis ins Jahr 1999. Parallel zum
Aufstieg des Landes in den Jahren des Wirtschaftswunders und
der touristischen Hochkonjunktur wird aus dem Tauernhaus
eine moderne Gastwirtschaft, Landwirtschaft wird nebenher
immer noch betrieben. Seit der Schaffung des Nationalparks
Hohe Tauern ist das Krimmler Tauernhaus der einzige Bauernhof im gesamten Schutzgebiet. Derzeit steht die vierte und fünfte
Generation am Herd, im Stall und in der Stube. Für Nachwuchs
ist gesorgt.

Sie müssen nicht weiterlesen ...

Nachwort

... aber schön, dass Sie es doch tun. Liebe Leserin, lieber Leser, Sie haben jetzt 14 Geschichten von sehr unterschiedlichen Familien aus unterschiedlichen Zeiten gelesen und hoffentlich ein bisschen etwas Neues, Interessantes und auch Unterhaltsames erfahren. Ich möchte diesen 14 Kapiteln noch ein 15. hinzufügen, das meiner Familie gewidmet ist.

Wie gesagt – Sie müssen nicht weiterlesen, so spannend ist die Familiengeschichte nicht, eigentlich sehr durchschnittlich, sogar unbedeutend. Sagen Sie also nicht, ich hätte Sie nicht gewarnt.

Ich bin in Wien geboren, anno 1954, also im vorigen Jahrtausend. In Wien-Favoriten, meiner näheren Heimat, waren da noch »die Russen« stationiert. In der Familie, soweit ich mich erinnern kann, wurde die sowjetische Besatzungsmacht eher nicht als »Befreier« erlebt, die anderen drei ein bisschen mehr, was wahrscheinlich am amerikanischen Kaugummi und an den britischen Corned-Beef-Dosen lag. Die Franzosen blieben unauffällig.

Der legendäre Nachkriegsbundeskanzler Leopold Figl sprach am 15. Mai 1955 bei der Staatsvertragsunterzeichnung von »17 Jahren Unfreiheit« und setzte damit die sieben Jahre Naziherrschaft mit Vertreibung, Verfolgung und Krieg mit den zehn Jahren des Besatzungsregimes gleich. Sowjet-Außenminister Molotow applaudierte im Schloss Belvedere dazu. Meine Eltern waren im Schlosspark dabei, als Figl den Staatsvertrag vom Balkon aus zeigte, und sie empfanden das als Befreiung.

Mir war altersgemäß die Weltpolitik vollkommen egal, meine Stoffwindeln wurden noch »ausgekocht«. Mein Vater Franz war

Bauingenieur und bei der Bahn, nebenbei war er stolz auf seinen Meisterbrief als Spengler und leitete neben seinem Beamtenjob eine Bau- und Galanteriespenglerei. Meine Mutter Augustine, immer »Gusti« genannt, saß im Geschäft, schrieb die Rechnungen und zahlte den Wochenlohn der Arbeiter in Papiersackerln ein, die am Freitag übergeben wurden – in bar. In den 1960er- und 1970er-Jahren haben die beiden gearbeitet, viel gearbeitet, und die Jahre des Wiederaufbaus und des Wirtschaftswunders genützt. Und sich auch was geleistet, ein erstes Auto: einen Wanderer W 24, dann einen Ford Taunus 12m, mit dem sie bis zum Nordkap reisten, schließlich einen schwarzen Mercedes 190 D, als sichtbaren Ausdruck, in der bürgerlichen Mittelschicht angelangt zu sein.

Warum mein Vater, der immer ein begeisterter (und sehr guter) Autofahrer war, zur Bahn ging, ist typisch für das Österreich der Nachkriegsjahre. Er hatte sich nach dem Kriegsdienst in der Wehrmacht und dem Studium an der Technischen Hochschule bei der niederösterreichischen Landesregierung und den ÖBB beworben. In Niederösterreich wurde er gefragt, ob er Mitglied beim CV, dem katholischen Cartellverband, sei, bei der Bundesbahn nicht. Der junge Diplomingenieur Franz Jelinek hatte keine Ahnung, was der CV ist – im Arbeiterbezirk Favoriten gab es gar keine Cartell-Verbindung –, und so landete er bei der »roten« Bahn statt bei der »schwarzen« Landesregierung.

Zur Politik kommen wir später wieder.

Mein Vater war fesch, durchtrainiert, meist »braun gebrannt« – wie auf alten Fotos ersichtlich – und hatte Charme. Er war im Freundeskreis der »Franzl«, meine Mutter, eher vom Typ »Wiener Mädel«, die »Gusti«, immer mit Dauerwelle vom Friseur.

Beide passten gut zueinander, obwohl ihre Nachkriegsbeziehung eigentlich unmöglich war. Denn Franzl war ein »Böhm«, die Eltern meiner Mutter hingegen – eine geborene Blitzner – waren aus dem Sudetenland in die k. u. k. Residenzstadt zugewandert. Sudetendeutsche und Tschechen, das war über Jahrhunderte hinweg keine sehr harmonische Völkerbeziehung. Mein Großvater Adolf Blitzner soll angesichts der Partnerwahl entsetzt reagiert haben: »Jetzt bringst uns einen Behm ham!« Doch Liebe überwindet nationale Dünkel und soziale Schranken.

Den Großvater habe ich nicht gekannt, er starb bald nach meiner Geburt. Kaum über siebzig Jahre alt ist er geworden. Seine geliebten Virginias haben ihn früh umgebracht. Er war aus dem mährischen Bautsch (heute Budišov nad Budišovkou) als Spenglergeselle nach Wien gekommen und hatte sich im Nachkriegsjahr 1919 selbstständig gemacht, eine Werkstatt eröffnet und später um 15 000 Schilling ein Haus gekauft, offenbar ohne Kredit.

Ursprünglich soll der Blitzner-Opa ein Sozialdemokrat der ersten Stunde gewesen sein, mit dem Wechsel in die Selbstständigkeit wurde er ein bekennender Christlichsozialer im Herzen des tiefroten Arbeiterbezirkes Favoriten. Die politische Struktur war damals klar. Die Arbeiter waren »Rote«, die Handwerker »Schwarze«, der Rest waren die Deutschnationalen, die immer mehr in Richtung der »Braunen« kippten.

Spenglermeister Blitzner und seine Familie blieben Christlichsoziale. Die Familie galt unter den Nazis als »politisch unzuverlässig«. Was nach Ende des kurzen »Tausendjährigen Reiches« eine Art Adelstitel war. Und das kam so: Der Hausmeister vom 6er-Haus in der Leibnizgasse trug nach dem »Anschluss« im März 1938 eine braune SA-Uniform und glaubte, in diesen neuen Zeiten eine Respektsperson zu sein. Als solcher forderte er meinen Großvater auf, die Häferln und Töpfe vom Gehsteig vor dem Geschäft »für Haus- und Küchengeräte« wegzuräumen. Adolf Blitzner dachte nicht daran. Ein Handwerker und Hausbesitzer lässt sich von einem Hausmeister mit Hakenkreuzbinde nicht herumkommandieren: »Ich lass mir weder von roten noch von braunen Bolschewiken was anschaffen«, sagte der Großvater und hatte es sich damit mit den Nazis verscherzt. Meine

Mutter durfte – zu ihrem Leidwesen – später auch nicht dem BDM (Bund Deutscher Mädel) beitreten und kassierte für das Tragen weißer Stutzen, wie sie von der HJ getragen wurden, eine Ohrfeige vom Vater. Aber: Widerstandskämpfer gab es in der Familie nicht. Die jüdische Familie aus dem ersten Stock des großelterlichen Wohnhauses zog fort. Wohin? Keine Fragen.

Die NS-Zeit und den Krieg überlebte die Familie Blitzner mehr oder minder unbeschadet. Im Hof wurden Hasen gehalten, und Geschäftsleute fanden Wege, untereinander Waren zu tauschen, ohne streng auf die »Marken« zu schauen. Im April 1945 kam das Übel von oben. Eine amerikanische Bombe traf die offenbar kriegswichtige Leibnizgasse 7, fuhr durchs Dach bis zum ersten Stock und blieb dort hängen, ohne zu detonieren. Die Familie konnte sich aus dem verschütteten Keller ins ebenfalls zerstörte Nachbarhaus (das »Erbsenhaus«) retten. Die letzten Kriegswochen überlebte man im zerbombten Haus, die Wohnung des Hausherrn war heil geblieben, statt übers Stiegenhaus kletterten die Bewohner über den Schuttkegel in die Wohnung. Andere hatte es schlimmer getroffen. Die Hasen aber überlebten, und ein Porzellankruzifix wurde unbeschädigt aus den Trümmern geborgen. Es hing dann Jahrzehnte in unserem Stiegenhaus, als Erinnerung an ein kleines Wunder.

Mein zukünftiger Vater war in den letzten Kriegstagen als Wehrmachtsgefreiter auf dem Heimweg durch Tschechien nach Wien. Streng genommen waren er und ein paar Kameraden in den letzten Kriegstagen desertiert – mit der indirekten Hilfe seiner Vorgesetzten. Als Angehöriger der Fallschirmjäger-Panzer-Division 1 »Hermann Göring« hatte er einen Marschbefehl »zur Wiederaufstellung der Division ins Reich, Senftenberg 12A« bekommen. Orte mit dem Namen Senftenberg gibt es in Deutschland und Österreich Dutzende. Die Postleitzahl »12A« stand für Wien. Mein Vater interpretierte den Befehl als Aufforderung heimzumarschieren. Das tat er auch und entledigte sich im tschechischen Heimatort seiner Mutter der Waffen und seiner Luftwaffenuniform, die alle im Garten des Onkels vergraben wurden. Deutsche Soldaten waren in Tschechien im Frühjahr 1945 nicht beliebt. Es gab damals mannigfaltige Möglichkeiten, zu Tode zu kommen: SS-Einheiten auf der Jagd nach deutschen Deserteuren, tschechische Partisanen und die vorrückende Rote Armee. Die »Russen« kassierten meinen Vater dann bei der Wiener Reichsbrücke und reihten ihn in einen langen Gefangenenzug Richtung Osten ein. Manche Entscheidungen von lebenslanger Tragweite trifft man in Sekunden: Bei einer der nächsten Straßenkreuzungen sprang er mit einem Kameraden in eine Bombenruine, versteckte sich dort und war Stunden später daheim bei seiner Mutter. Für ihn war der Krieg aus. »Ich habe immer Glück gehabt«, sagte er bei seinem 80. Geburtstagsfest – er war dankbar dafür, wem gegenüber? Ich glaube, an ein höheres Wesen glaubte der getaufte Katholik nicht.

Diplomingenieur und Bahnbeamter, aber mit dem Familienerbe und der Herkunft war es nicht weit her. Sein Vater, ebenfalls mit Vornamen Franz, war bereits sechs Jahre nach der Geburt seines einzigen Sohnes im Jahr 1929 an Lungenentzündung im Wiedner Spital gestorben. Angeblich hatte sich der gelernte Dreher beim Bau der Sokol-Säle in Wien-Favoriten verkühlt. Die Sokol-Bewegung war ein tschechischer Turnverein mit durchaus nationalistischen Ambitionen. Die Deutschen hatten ihren Turnerbund, die Juden ihre Hakoah und die Tschechen den Sokol. Es gab auch tschechische Komensky-Schulen und -Kindergärten, in den letzten verbliebenen – gegenüber unserem Wohnhaus – bin ich dann ein Jahr lang gegangen, weil ich aus dem Waldkloster zum Schrecken der Klosterschwestern abgepascht bin. Es wurde Deutsch gesprochen, nur Kinderlieder wurden gelegentlich auf Tschechisch gesungen. »Prsi, prsi, den se lese« hieß eines davon – es hat etwas mit Regen zu tun.

Leider habe ich die slawische Sprache nicht gelernt. Das wäre im Wien der späten 1950er-Jahre auch gar nicht angesagt gewesen. Tschechisch galt als minderwertig. Die Tschechen selbst haben sich, seit sie aus den Kronländern als billige Arbeitskräfte nach Wien gewandert sind, immer rasch integriert, viele ihrer Traditionen und die Sprache abgelegt. In Favoriten waren die »Ziegelbehm« daheim; sie formten aus dem Lehm vom Wienerberg die Grundsteine für den Bauboom der Gründerzeit und die Zinshäuser, die mit ihren Zimmer-Küche-Wohnungen aus dem Boden gestampft wurden und noch heute das Wiener Stadtbild prägen. Die billigen Quartiere draußen in der Vorstadt hatten zwar die Bassena und das Klo am Gang, sind aber noch heute als typische Gründerzeithäuser begehrter als so mancher Neubau der 1970er-Jahre.

In Favoriten waren die meisten Handwerker und die Fuhrleute auch Hausbesitzer, nicht selten standen im Hof Kühe, während vorn im Milchgeschäft die Kannen der Käuferinnen gefüllt wurden. Ich kann mich noch an Milchkannen erinnern, die (aus Weißblech gemacht) in der Spenglerei des Großvaters gelötet wurden, wenn sie undicht waren. Das Leben war bescheiden, aber »nachhaltig«. Auch das Bier beim Wirten wurde in Häferln nach Hause getragen; daran kann ich mich nicht erinnern, wohl aber an die Eismänner, die auf der Schulter Eisblöcke trugen und sie dann in den »Eiskasten« schoben. Auch später hieß es bei uns nie »Kühlschrank«. Der Gehsteig war das Trottoir, die Mülleimer waren Coloniakübel, und geheizt wurde mit dem Meller-Kamin. Ein damals in Favoriten hochbekannter und gebührend geschätzter Sandler war der »Baron-Karl«. Die Bezirksberühmtheit ließ sich beim Opa seine Häferln löten, in denen er beim Wirten den »Hansl« (den abgestandenen Rest aus dem Bierfass) geschnorrt hat. Über den »Baron-Karl«, der natürlich kein Adeliger war, hat Peter Henisch übrigens ein Buch geschrieben. Und ich meinen ersten Artikel in den *Favoritner Nachrichten*.

Meine Großmutter konnte natürlich »Böhmisch«, mein Vater übrigens auch. Und wenn die Oma aufgeregt war, »Jessas, Maria«, dann sagte sie ein paar Sätze auf Tschechisch. Der Garten hieß »Zahrada« und das Brot »Kleba«, mehr ist mir nicht erinnerlich, außer »Pivo« (Bier) natürlich. Sie lebte im zweiten Stock auf Zimmer, Küche, Kabinett, das Wasser und das Klo am Gang. Geheizt wurde nur das Kabinett, und zwar mit einem schwarzen Kanonenofen. Das Schlafzimmer wurde von einem Doppelbett und zwei furnierten Schränken dominiert, die Onkel Mateja, der Tischler angefertigt hatte. Es gab zwischen den beiden Fenstern eine »Psyche« – also ein Ankleidespiegel mit Tischchen. Gegenüber dem Bett hing eine Pendeluhr und über dem Bett ein Marienbild. Dort durfte/musste ich als Kleinkind meinen Mittagsschlaf halten. Irgendwie fand ich das gar nicht gut. Dafür war das winzige Kabinett mit der durchgelegenen Ottomane im Winter meist überheizt und daher sehr gemütlich.

In der Lade des winzigen Schreibtisches wartete eine »Autobahn« aus Metall mit zwei Autos auf mich. Die wurden mit einem Schlüssel aufgezogen und fuhren dann wie in einer kleinen Hochschaubahn rauf und runter. Tausendmal, es wurde nie langweilig. Die Oma sammelte alte Ansichtskarten, die von einem Gummiringerl zusammengehalten ebenfalls in der Lade lagen und mich sehr interessierten. Höhepunkt eines Oma-Besuchs war das Aufmachen des Kathreiner-Malzkaffee-Packerls. Findige Marketinggenies hatten in jedem Malzkaffee eine Plastikfigur versteckt. Welch Freude, wenn es ein Indianer war, den ich aus dem Kaffeeersatz herausklaubte.

Indianer waren einfach beliebter als Cowboys. Und kein Kind wäre jemals auf die Idee gekommen, dass es keine Häuptlingsfiguren sammeln dürfe, weil das »kulturelle Aneignung« sei.

Indianer und Karl May. Das war die Jugendlektüre. Der *Lederstrumpf* war mir zu brutal. *Winnetou II* habe ich sieben Mal gelesen. Für die exakt 318 Seiten der Ausgabe des Ueberreuter-Verlages brauchte ich zweieinhalb Tage – erstaunlicherweise hatte jeder Band 318 Seiten. Und ich wundere mich noch immer, wie Karl May diese Geschichten immer auf die gleiche Zeilenlänge gebracht hat. *Winnetou III* las ich allerdings immer nur bis zum Zeitpunkt, an dem der Apache tödlich verwundet wird. Der

Häuptling stirbt ja über mehrere Dutzend Seiten. Das war zu viel für meine schwachen Nerven. »Charlie, ich bin ein Christ!«

Wenn ich schon ins Nebensächliche abschweife, dann sei mir noch ein Hinweis erlaubt. Natürlich war ein Karl-May-Film mein erstes cineastisches Erlebnis; ausgerechnet im burgenländischen Kobersdorf durfte ich im Kino den *Schatz im Silbersee* sehen. Großartig. Die späteren Filme, die ich unter Umgehung des Jugendverbotes sah – wie aufregend war es, sich an der Billeteurin vorbeizuschleichen oder wenigstens wie 14 zu wirken –, blieben mir weniger in Erinnerung. Franz Antels Sexklamauk der *Wirtinnen*-Serie mit der Ungarin Teri Tordai erfüllte ja nur zum Teil die erotischen Erwartungen eines ahnungslosen Pubertierenden. Interessanter war da schon die Zeitschrift *Jasmin – Die Zeitschrift für das Leben zu zweit*, die meine Eltern erstaunlicherweise herumliegen hatten. Im Nachhinein reifte in mir die Erkenntnis, dass auch Eltern gelegentlich Sex haben. Im Mittelteil der Zeitschrift verriet ein »Lexikon der Erotik« das, was man von Dr. Sommer im *Bravo*-Heft nie erfuhr.

Im Gymnasium in der Favoritner Ettenreichgasse hüllte ich mich, was dieses Thema anlangte, immer in Schweigen, was zwar meine mangelnde Erfahrung widerspiegelte, von den Schulkameraden (so hieß das damals noch) aber als besonderes Insiderwissen gedeutet wurde. Ich konnte mit diesem Status gut leben. Mein Banknachbar (und späterer Zahnarzt) pflegte ja während des Unterrichtes unter der Bank erstens den *Kurier* zu lesen und zweitens die Bände der *Angélique*-Reihe. Kann sein, dass uns dadurch gewisse Lehrplaninhalte entgingen. Ich schaffte es trotz fünf negativen Noten im zweiten Semester der Maturaklasse zur Reifeprüfung, wahrscheinlich war ich doch intelligent.

Mit der Oma, wohin ich von den berufstätigen Eltern zwecks Beaufsichtigung abgeschoben wurde – darunter litt ich nicht –, verbinden mich kulinarische Prägungen. Ihre Germknödel (natürlich nicht aus der Tiefkühltruhe), ihre Zwetschkenknödel, natürlich mit Mohn, Zucker und viel Butter, und ihre picksüße Dillkräutersauce mit hartem Ei gehören zum unerreichten Geschmack der Kindheit. Die andere Oma (mütterlicherseits) war immer ein wenig strenger (bilde ich mir ein), sie wohnte im gleichen Haus, und mangels (glücklicherweise) fehlender Obsorge meiner Eltern wuchs ich zwischen Oma und Oma, Tante und Cousine im Familienhaus auf. Dort fand meine spätere berufliche Prägung statt. Ich pflegte die jüngere Cousine durch das Verlesen von »Zeit im Bild«-Nachrichten, ausgeleuchtet von einer Nachtkastllampe, zu beeindrucken.

Unten – Erdgeschoß – war das Geschirrgeschäft, das die Schwester meiner Mutter führte, im ersten Stock wohnten die Tante und die Großmutter, darüber wir – ein Mehrgenerationenhaus in der Leibnizgasse. Das Geschirrgeschäft war ein toller Spielplatz, ich stand hinter der Budel, durfte irgendwelche Reindln und Häferln aus den Holzregalen holen und mit den Kundinnen (Männer mieden ein Geschirrgeschäft) tratschen. Vormittags sorgte der Bauernmarkt in der Leibnizgasse für eine gewisse Frequenz. Wer Marillen kauft, braucht vielleicht auch Einmachgläser.

Den Markt mit den Gemüsestandlern, den »Marktfieranten«, gibt es seit einem Jahrhundert (schätze ich mal). Er ist weder besonders schick noch berühmt, dafür laut, bunt und noch immer billig. Heute wird er von der dritten Generation der Migranten geschätzt, die dort säckeweise Gemüse kaufen (»drei Gurken – ein Euro«) und sich dabei wahrscheinlich ins heimatliche Balkandorf oder nach Konya (aus der Region kommen die meisten Türken in Favoriten) träumen.

Sie müssen jetzt wirklich nicht weiterlesen, weil ich ja vom Hundertsten ins Tausendste komme, Sie dürfen aber gern.

Meine Oma, die vom Papa, kam als 12-jähriges Mädel aus dem heimatlichen Křižanov in Mähren nach Wien zum Onkel »in Dienst«. Das war damals so, böhmische Dienstmädchen machten die Hausarbeit für die Herrschaft, jede einigermaßen (klein-)

bürgerliche Familie hatte natürlich ein »Mädel«. Das meiner anderen Oma hieß Lintschi und war zu der Zeit, als meine Erinnerung einsetzt, schon nicht mehr da. Die Standesunterschiede sind damit klar definiert. Die Mutter kam aus bürgerlichen Verhältnissen, Hausbesitz und Kleingewerbe, der Vater aus einem Arbeiterhaushalt, dessen Vater schon lange verstorben war. Die Mutter brachte den Sohn, später auch noch einen angeheirateten Buben aus ihrer zweiten Ehe, durchs Leben, ließ die Burschen in die Mittelschule – so hieß damals das Realgymnasium – in der Jagdgasse gehen und finanzierte auch noch das Technikstudium der beiden Söhne. Da war sie schon zweimal verwitwet.

Nach der Zeit »im Dienst« (sie war auch ein paar Monate bei einer Schweizer Familie) hatte sie eine Greißlerei in der Hasengasse aufgemacht, am Eck. Viele ihrer Kunden ließen unter der Woche »anschreiben« und vergaßen manchmal zu zahlen. Mein Vater erblickte in der Greißlerei das Licht der Welt, die Mutter stand schon am nächsten Tag wieder hinter der Budel. So war das damals, und es war normal.

Der Aufstieg aus der mährischen Provinz (der Vater), wo alle Vorfahren bis ins 18. Jahrhundert zurück irgendwie fleißige und – nehmen wir mal an – brave Handwerker (Tischler, Wagner etc.) waren, ins kaiserliche Wien. Die aus dem Sudetenland (deutsche Sprachinsel Iglau) stammende Familie meiner Mutter mit ein bisschen Grundbesitz, der später von den Kommunisten enteignet wurde.

Das alles ist nichts Besonderes. Es beschreibt eine »typische« Wiener Familiengeschichte, die relativ unbeschadet die aufregenden Zeitläufe des 20. Jahrhunderts überstanden hat. Und das ist gar nicht wenig. Wozu also verpflichtet eine solche Herkunft? Wahrscheinlich einfach nur dazu, sie sich immer wieder bewusst zu machen.

Quellenhinweise

Die Eppensteiner
Am Anfang war »Rot-Weiß-Rot«

Franz Tyroller, »Franz, Eppenstein, Grafen von«, in: *Neue Deutsche Biographie*, Band 4, Berlin 1959.
Herwig Wolfram, *Die Geburt Mitteleuropas*, Wien 1987.
https://www.academia.edu/8723146
https://www.deutsche-biographie.de/pnd139763961.html#ndbcontent

Die Fugger
»Stillschweigen stehet wohl an!«

Max Häberlein, *Aufbruch ins globale Zeitalter. Die Handelswelt der Fugger und Welser*, Stuttgart 2016.
Martin Kluger, *Die Fugger in Augsburg. Geschäfte mit Kirche und Kaiser*, Augsburg 2020.
Wiener Salonblatt vom 17. Juni 1934.
https://anno.onb.ac.at/cgi-content/anno?aid=wsb&datum=19340617
&query=%22Nora%22+%22Fugger%22&ref=anno-search
https://www.fugger.de

Die Bruegel-Familie
»Solange das Geld in Strömen in meinen Beutel fließt, kriecht mir jeder in den Arsch.«

Andrea Wandschneider (Hg.), *Die Bruegel-Familie*, Dortmund 2015.
https://artemisia.blog/2018/09/27/mayken-verhulst-die-lehrerin-der-bruegel-dynastie
https://www.bruegel2018.at/wer-ist-pieter

Familie Miseroni
»Der Kaiser ist ein Liebhaber von Steinen.«
Beket Bukovinská, *Bekannte – unbekannte Kunstkammer Rudolfs II.*,
    Band 1: *Kunstkammer – Laboratorium – Bühne*, Berlin 2003.
Gudrun Swoboda, *Die Wege der Bilder. Eine Geschichte der kaiserlichen
    Gemäldesammlungen von 1600 bis 1800*, Kunsthistorisches Museum
    Wien, Wien 2010.
https://de-academic.com/dic.nsf/dewiki/576776
https://www.arthistoricum.net/themen/portale/renaissance/lektion-vi-
    die-italienischen-hoefe-des-15-jahrhunderts/9-der-hof-der-sforza-
    in-mailand
https://www.habsburger.net/de/anselm-boethius-de-boodt
https://www.habsburger.net/de/kapitel/der-hradschin-die-prager-burg
http://www.jurziczek.de/miseroni/the_art_of_miserony/the_art_of_
    miserony.html
http://jurziczek.de/miseroni/the_links/the_links.html

Familie Mozart
»Er hat seinen Vater nie gekannt und ist dennoch an ihm zerbrochen.«
Allgemeine musikalische Zeitung vom Oktober 1841, Leipzig.
Carl Bär, *Mozart. Krankheit, Tod, Begräbnis.* Schriftenreihe der Interna-
    tionalen Stiftung Mozarteum, Band 1, Salzburg 1972.
»Mozart, Wolfgang Amadeus (Sohn)«, in: Constantin von Wurzbach,
    Biographisches Lexikon des Kaiserthums Oesterreich.
Felix Czeike, *Wien – Innere Stadt. Kunst- und Kulturführer*, Wien 1993.
Herbert Lachmayer (Hg.), *Mozart. Experiment Aufklärung im Wien des
    ausgehenden 18. Jahrhunderts*, Ostfildern 2006.
Arthur Schurig, *Wolfgang Amadeus Mozart. Sein Leben und sein Werk*,
    Leipzig 1913.
Wiener allgemeine Musikzeitung vom 3. August 1844.
https://anno.onb.ac.at/cgi-content/anno?aid=awm&datum=18440803
    &query=%22Wolfgang+Amadeus+Mozart+Sohn%22&ref=anno-
    search&seite=4
https://www.biographien.ac.at/oebl/oebl_H/Haibel_Sophie_1767_1846.xml
https://dme.mozarteum.at/DME/briefe/letter.php?mid=1662
https://www.onb.ac.at/forschung/forschungsblog/artikel/mozart-ein-
    freimaurer

https://www.schumann-portal.de/op-20.html
http://www.wienmozart.de/raume/die-freimaurerloge
https://www.wolfgang-amadeus.at/de/Nachkommen_von_Mozart

Juwelen aus dem Haus A. E. Köchert
**»Da fällt's wahrhaftig schwer, mit dem Präludieren des Auswählens zu
Ende zu kommen.«**
Janos Kalmar/Mella Waldstein, *K. u. k. Hoflieferanten Wiens*, Graz/
Stuttgart 2001.
Monika Salzer/Peter Karner, *Vom Christbaum zur Ringstraße. Evangeli-
sches Wien*, 2., verbesserte Auflage, Wien 2009.
https://www.geschichtewiki.wien.gv.at/Alexander_Emanuel_Köchert
https://www.geschichtewiki.wien.gv.at/Hugo_Wolf
https://www.habsburger.net/de/kapitel/napoleon-schoenbrunn
https://www.koechert.com/geschichte-des-hauses/
https://museum.evang.at/persoenlichkeiten/alexander-emanuel-
koechert/alexander-emanuel-koechert-die-schatzkammer-seiner-
majestaet/

Die Zuckerbäcker Zauner
»Wie noch ganz Leitomischl beim Zauner war in Ischl«
Gaby von Schönthan/Joseph M. Grumbach-Palme, *Konditorei Zauner.
Bad Ischl und das Salzkammergut. Eine kleine Kulturgeschichte*,
München 1982.
Josef Zauner, *Das große k. u. k. Mehlspeisenbuch. Die besten Rezepte
vom berühmten Zuckerbäcker aus Bad Ischl*, Elsbethen 2017.
https://deutschelieder.wordpress.com/2013/10/14/peter-alexander-wie-
boehmen-noch-bei-oestreich-war/
https://docplayer.org/18732315-Historische-neuausrichtung-und-leitbild-
fuer-die-stadt-bad-ischl.html

Die Quandts
»Ich bin ein Erbe.«
Joseph Goebbels, *Tagebücher*, hg. von Ralf Georg Reuth, 4. Auflage,
München/Zürich 2008.
Rüdiger Jungbluth, *Die Quandts. Deutschlands erfolgreichste Unterneh-
merfamilie*, Frankfurt am Main, 2002.

Ian Kershaw, *Hitler 1936–1945*, Stuttgart 2000.
https://www1.wdr.de/stichtag/stichtag-harald-quandt-100.html
https://en-academic.com/dic.nsf/enwiki/10876328
https://www.deutsche-digitale-bibliothek.de/search/newspaper?query=
&sort=sort.publication_date+desc&fromDay=1&fromMonth=1&from
Year=1948&toDay=17&toMonth=9&toYear=1949&page=2
https://www.maz-online.de/lokales/prignitz/quandts-bleiben-der-
heimatstadt-treu-L65BXJRROJV2KGMNJXL5CRX3GM.html
https://www.spiegel.de/panorama/justiz/arme-milliardaerin-klatten-
sah-anzeige-gegen-erpresser-als-einzige-chance-a-591906.html
https://www.stern.de/wirtschaft/news/familiengeschichte-die-
quandts-3900624.html

Die Theaterdynastie Steiner
»Unermüdlich, vom Theater besoffen«
Die Bombe, Nr. 31 vom 30. Juli 1899, Wien.
Adolf Loos, »Das Andere«, Beilage zur Halbmonatszeitschrift von Peter
Altenbergs *Die Kunst*, 15. Oktober 1903, Wien.
Hans Pemmer/Ninni Lackner, *Der Prater. Von den Anfängen bis zur
Gegenwart*, Wiener Heimatkunde, Wien/München 1974, S. 152 ff.
Norbert Rubey/Peter Schoenwald, *Venedig in Wien – Theater- und Ver-
gnügungsstadt der Jahrhundertwende*, Wien 1996.
Die Stunde vom 31. Mai 1933, Wien.
www.habsburger.net/de/kapitel/es-werde-licht-gas-und-strom-
beleuchten-wien
https://de.musicainfo.blog/2021/12/28/vom-winde-verweht-max-
steiner-zum-50-todestag/

Familie Wittgenstein
»Wir sind in unserer Haut gefangen.«
Isabella Ackerl/Friedrich Weissensteiner, *Österreichisches Personenlexi-
kon der Ersten und Zweiten Republik*, Wien 1992.
Oberösterreichische Landesbibliothek, urn:nbn:at:AT-OOeLB-1794442
Ursula Prokop, *Margaret Stonborough-Wittgenstein. Bauherrin, Intellek-
tuelle, Mäzenin*, Wien 2003.
Monika Salzer/Peter Karner, *Vom Christbaum zur Ringstraße. Evangeli-
sches Wien*, 2., verbesserte Auflage, Wien 2009.

Irene Suchy/Allan Janik, *Empty Sleeve. Der Musiker und Mäzen Paul Wittgenstein*, Innsbruck/Wien/Bozen 2006.

Alexander Waugh, *Das Haus Wittgenstein. Die Geschichte einer ungewöhnlichen Familie*, Frankfurt am Main 2009.

https://www.alws.at/de/trattenbach-1920-1922

https://anno.onb.ac.at/cgi-content/anno?aid=aze&datum=18930922&seite=2&zoom=33&query=%22Karl%2BWittgenstein%22&ref=anno-search

https://anno.onb.ac.at/cgi-content/anno?aid=gre&datum=19040504&seite=4&zoom=33&query=%22Rudolf%2BWittgenstein%22&ref=anno-search

https://www.biographien.ac.at/oebl/oebl_W/Wittgenstein_Karl_1847_1913.xml

https://de.mahlerfoundation.org/mahler/contemporaries/karl-wittgenstein/

https://www.deutschlandfunk.de/die-gebrueder-wittgenstein-100.html

https://www.deutschlandfunk.de/lange-nacht-ueber-die-familie-wittgenstein-wir-sind-in-100.html

https://de.wikipedia.org/wiki/Tractatus_logico-philosophicus

https://www.gedaechtnisdeslandes.at/personen/action/show/controller/Person/person/wittgenstein.html

https://www.geschichtewiki.wien.gv.at/Karl_Wittgenstein

https://museum.evang.at/persoenlichkeiten/karl-wittgenstein/karl-wittgenstein-der-stahlbaron-seiner-majestaet/

https://www.nachrichten.at/archivierte-artikel/serien/wir-oberoesterreicher/Das-Geld-der-Wittgenstein;art11547,561859

https://www.onb.ac.at/bibliothek/sammlungen/handschriften-und-alte-drucke/ein-ungluecklicher-heiliger

Familie Trapp
»Edelweiß, Edelweiß, ach, ich hab' dich so gerne.«

Gerhard Jelinek/Birgit Mosser-Schuöcker, *Die Trapp-Familie. Die wahre Geschichte hinter dem Welterfolg*, Wien 2018.

Ulrike Kammerhofer-Aggermann/Alexander G. Keul (Hg.), *»The Sound of Music« zwischen Mythos und Marketing*, Salzburger Landesinstitut für Volkskunde, Salzburg 1988.

Renate Langer, *Harmonie und Horror. Die Trapp-Familie aus psychoanalytischer Sicht*, Studien zur Kinderpsychoanalyse, Band 17, Salzburg 2001, S. 86–117.

Georg von Trapp, *Bis zum letzten Flaggenschuß. Erinnerungen eines U-Boot-Kommandanten*, Salzburg/Leipzig 1935.

Georg & Agathe Trapp Foundation, https://www.georgandagathe.org/home.html

https://www.archives.gov/publications/prologue/2005/winter/von-trapps.html

https://austria-forum.org/af/Kunst_und_Kultur/Bücher/Bücher_über_Österreich_2019/Jelinek_-_Trapp-Familie

http://forum.supremacy1914.com/showthread.php?101356-Georg-Ludwig-Ritter-von-Trapp&langid=16

https://www.geni.com/people/Augusta-Kutschera/6000000017757285807

http://www.heeresgeschichten.at/marine/u_boote/holland_boote/holland_1.htm

http://www.militarian.com/threads/the-sinking-of-the-leon-gambetta.7289/

http://www.salzburgmuseum.at/trappfamilie.html

http://www.schloss-leopoldskron.com/ueber-das-schloss-leopoldskron/the-sound-of-music.html

http://www.textundkommentar.at/pdf/sn/2007/einelegende.pdf

https://vontrappfarmstead.com

https://www.wearethemighty.com/veterans/sound-of-music-von-trapp-veteran/

Die Kennedys
»Wir wollen keine Verlierer in unserer Familie.«

Günter Bischof, *Der Wiener Gipfel 1961*, Innsbruck/Wien/Bozen 2011.

Robert Dallek, *John F. Kennedy – ein unvollendetes Leben*, Frankfurt am Main 2005.

Seymor Hersh, *Kennedy. Das Ende einer Legende*, Hamburg 1998.

Gerhard Jelinek, *Affären, die die Welt bewegten*, Salzburg 2011.

Gerhard Jelinek, *Reden, die die Welt veränderten*, Salzburg 2009.

Marilyn Monroe, *Tapfer lieben*, Frankfurt am Main 2010.

Randy Taraborrelli, *The Secret Life Of Marilyn Monroe*, New York/Boston 2010.

Robert W. Welkos, »New Chapter in the Mystery of Marilyn: Her Own Words?«, in: *Los Angeles Times*, Los Angeles, 5. August 2005.

http://articles.sun-sentinel.com/1985-10-28/features/8502170297_1_marilyn-monroe-joe-kennedy-mcguire-sisters

http://www.coverups.com/monroe/countdown.htm

https://www.deutschlandfunkkultur.de/politiker-dynastien-der-usa-fast-koenigliche-familien.979.de.html?dram:article_id=344010

https://www.focus.de/wissen/mensch/geschichte/kennedys-geheimes-tagebuch-als-jfk-im-hofbraeuhaus-war-wusste-er-was-hitlers-staerkste-waffe-war_id_32425493.html

https://www.g-geschichte.de/plus/kennedy-und-die-deutschen/

https://www.hdg.de/lemo/biografie/john-f-kennedy.html#jpto-top

https://www.jfklibrary.org/learn/about-jfk/the-kennedy-family/robert-f-kennedy

https://pubmed.ncbi.nlm.nih.gov/32341184/

http://www.smh.com.au/news/world/how-bobby-betrayed-marilyn/2007/03/16/1173722744316.html?page=1

http://www.smh.com.au/news/world/kennedy-link-to-death/2007/03/16/1173722744304.html?page=2

http://www.tagesanzeiger.ch/kultur/kino/Allein-Ich-bin-immer-allein/story/12254887

https://www.tagesschau.de/ausland/amerika/kennedy-robert-usa-101.html

https://vault.fbi.gov/Marilyn%20Monroe

Familie Porsche
»Bei Porsche ist man halt schnell.«

Stefan Aust/Thomas Amann, *Die Porsche-Saga*, Köln 2012.

BArch, NSDAP-Mitgliederverzeichnis – Zentralkartei, 3100/M 0076. BArch, DS B 0037.

Klemens Dorn, *Favoriten. Ein Heimatbuch des 10. Wiener Gemeindebezirkes*, Wien 1928.

Gerhard Jelinek, *Sternstunden Österreichs*, Wien 2018.

Guido Knopp/Stefan Brauburger (Hg.), *Mario Sporn. Hitlers Manager*, München 2004.

Erich Kurzel-Runtscheiner, »Österreichs Anteil an der Entwicklung des Automobils«, in: *Zeitschrift des Österreichischen Ingenieur- und Architektenvereins* 5/6, Wien 1924.

Hans Mommsen/Manfred Grieger, *Das Volkswagenwerk und seine Arbeiter im Dritten Reich*, 3. Auflage, Düsseldorf 1997.

Neue Freie Presse, Morgenblatt, Nr. 26.430 vom 9. April 1938.

Martin Pfundner, *Die Auto-Österreicher*, Klosterneuburg 2006.

Ferdinand Piëch, *Auto. Biographie*, Hamburg 2002.

Alfred Wolf, *Doch die Wurzeln reichen tiefer. Ein Beitrag über die Anfänge des Automobilbaus auf dem Alsergrund*, Heimatmuseum Alsergrund, Wien 1986.

https://austria-forum.org/af/AEIOU/Egger%2C_Ernst

https://www.erih.de/wie-alles-begann/geschichten-von-menschen-biografien/biografie/porsche

https://www.handelsblatt.com/unternehmen/industrie/dynastien-die-brachialen-vollgas-familien-porsche-und-piech-seite-6/3629328-6.html

https://www.motorsport-total.com/oldtimer/news/vw-historie-nordhoff-ein-ungeliebter-vater-des-wirtschaftswunders-18111201

https://www.n-tv.de/wirtschaft/Das-ist-der-Porsche-Piech-Clan-article21233728.html

http://othes.univie.ac.at/600/1/04-22008_9403959.pdf

https://www.porsche-holding.com/de/geschichte/louise-piech-ferry-porsche/eine-marke-entsteht

Tauernwirt Geisler
»Treubesorgte Gastleute«

Roland Floimair (Hg.), *Über die Berge dem Gelobten Land entgegen. Alpine Peace Crossing*, Salzburg 2006.

Herbert Klein, »Der Saumhandel über die Tauern«, in: *Mitteilungen der Gesellschaft für Salzburger Landeskunde*, Salzburg 1950.

https://alpinepeacecrossing.org/zur-erinnerung-an-liesl-geisler-scharfetter/

https://anno.onb.ac.at/cgi-content/anno?aid=sbw&datum=19271201&query=%22Krimmler+Tauernhaus%22&ref=anno-search&seite=3

https://anno.onb.ac.at/cgi-content/anno?aid=dil&datum=18941220&query=%22Warnsdorfer+Hütte%22&ref=anno-search&seite=7

https://anno.onb.ac.at/cgi-content/anno?aid=sch&datum=19090527&query=%22Krimmler%22+%22Tauernhaus%22&ref=anno-search&seite=3

https://anno.onb.ac.at/cgi-content/anno?aid=svb&datum=19380816&seite=5&zoom=33&query=%22Krimmler%2BTauernhaus%22&ref=anno-search

Bildnachweis

Wikimedia Commons/PLauppert/CC BY-SA 3.0 (12), ANNO/Österreichische Nationalbibliothek (21), Archiv Amalthea Verlag (25, 225), mauritius images/ACTIVE MUSEUM/ACTIVE ART/Alamy/Alamy Stock Photos (41), KHM-Museumsverband (50), Siegel, Karl von Ritter/ÖNB-Bildarchiv/picturedesk.com (53), Austrian Archives (Ö)/brandstaetter images/picturedesk.com (65), Wikimedia Commons/Dorotheum (82), Archiv Köchert/Foto: Gerhard Jelinek (83 oben), Gerhard Jelinek (83 unten), Archiv Zauner (89), Bundesarchiv, Bild 183-B03535/Fotograf: Dorneth (111), Luckhardt, Fritz/ÖNB-Bildarchiv/picturedesk.com (125), Ronald Grant Archive/Mary Evans/picturedesk.com (131), Schmutzer, Ferdinand/ÖNB-Bildarchiv/picturedesk.com (139), D'Ora-Benda, Atelier/ÖNB-Bildarchiv/picturedesk.com (155), Archiv Franz Wasner/ Foto: Gerhard Jelinek (164, 175), Daniel/Interfoto/picturedesk.com (187), Unternehmensarchiv Porsche AG (206, 209)

Creative Commons:
https://creativecommons.org/licenses/by-sa/3.0/deed.en

Namenregister

Namenregister